U0438916

Meister
der
Dämmerung

Peter
Handke
Eine
Biographie

晨曦中的大师：
彼得·汉德克传

［德］马尔特·赫尔维希 著

张 培 译

人民文学出版社

Malte Herwig

Meister der Dämmerung: Peter Handke Eine Biographie

Copyright © 2020 by Deutsche Verlags-Anstalt, an imprint of Verlagsgruppe Random House, München, Germany

Simplified Chinese language copyright © 2024 by People's Literature Publishing House, Beijing, China

图书在版编目（CIP）数据

晨曦中的大师：彼得·汉德克传 /（德）马尔特·赫尔维希著；张培译. -- 北京：人民文学出版社，2024. -- ISBN 978-7-02-018965-6

I. K835.215.6

中国国家版本馆 CIP 数据核字第 2024VX3678 号

责任编辑　欧阳韬
装帧设计　黄云香
责任印制　张　娜

出版发行　人民文学出版社
社　　址　北京市朝内大街166号
邮政编码　100705

印　　刷　河北博文科技印务有限公司
经　　销　全国新华书店等

字　　数　294千字
开　　本　880毫米×1230毫米　1/32
印　　张　13.375　插页3
印　　数　1—3000
版　　次　2024年10月北京第1版
印　　次　2024年10月第1次印刷

书　　号　978-7-02-018965-6
定　　价　78.00元

如有印装质量问题，请与本社图书销售中心调换。电话：010-65233595

献给马库斯

你将长存

"他是那个白色恶魔。"
"是的,我是这个白色恶魔。"
——克林特·伊斯特伍德《老爷车》

魔鬼潜伏在我的身体里,
上千个魔鬼潜伏在我的身体里。
——《风暴依旧》

目 录

前言 ... 001
增补版前言 ... 004

第1章 战争 ... 001
旅馆序曲 ... 001
多么优美！多么高贵！ ... 003
被爱的亡者 ... 007
婚姻场景 ... 018
父亲们去死吧 ... 025
如此记录 ... 030
伪装的恶魔 ... 034

第2章 写作 ... 049
世界的呼喊 ... 049
冒险的我 ... 051
那个陌生人是我 ... 054
头脑中的火 ... 060
当自以为是无济于事时 ... 065

坦岑贝格　　　　　　　　　068

　　东翼中的一个象牙塔　　　072

　　神父，我?　　　　　　　076

　　等待有尽头　　　　　　　081

第3章　荣誉　　　　　　　　083

　　新经验　　　　　　　　　083

　　你讲讲吧!　　　　　　　085

　　一个永恒的阴影　　　　　089

　　向前的句子　　　　　　　093

　　爱我吧　　　　　　　　　099

　　交叉质询会中的修女们　　102

　　这些故事的结局　　　　　106

　　你们将睁开眼睛并侧耳倾听　111

　　"我旋转我的魔戒"　　　114

　　1966　　　　　　　　　　123

　　这里的演出让你们参与其中　126

第4章　门槛　　　　　　　　139

　　文化批评和老鼠屎　　　　139

　　厌恶　　　　　　　　　　142

　　仇恨之舞　　　　　　　　148

　　绿衣亨利　　　　　　　　160

左撇子女人　　　　　　　　　　162

　　我真的想死　　　　　　　　　　165

　　我不想你杀死你自己　　　　　　174

　　伦茨和迈过门槛　　　　　　　　179

第5章　家乡　　　　　　　　　　　189

　　一无所有者和哈布斯堡皇室　　　189

　　忧郁的浪荡者　　　　　　　　　194

　　只有一支铅笔作为武器　　　　　198

　　生活是一个建筑工地　　　　　　208

　　恐怖女读者　　　　　　　　　　214

　　关于男女　　　　　　　　　　　216

第6章　南斯拉夫　　　　　　　　　226

　　国葬　　　　　　　　　　　　　226

　　大师的黄昏Ⅰ　　　　　　　　　230

　　岛屿　　　　　　　　　　　　　234

　　孤独的牛仔　　　　　　　　　　239

　　无家可归旅馆　　　　　　　　　241

　　上千页的孤独　　　　　　　　　244

　　秃鹫鹦鹉　　　　　　　　　　　255

　　K.博士的诗　　　　　　　　　　260

第7章 风暴 265
　　这是战争 265
　　诗人的临时军事法庭 268
　　他照亮他人 278
　　她们在他的句子中的位置 284
　　格里高尔的花园 290
　　来自天堂的风暴在呼啸 296

第8章 天选之子 301
　　公布于世 301
　　大师的黄昏 II 303
　　野猪牙和颂歌 309
　　执迷不悔 311
　　米洛舍维奇和权力 314
　　驱逐的幻想 317
　　（并非）一个复仇故事 321
　　一步步走向叙事诗 326
　　穿过森林 328
　　变得坚定 329
　　永远的草莓地！ 332
　　魔鬼们 337

致谢 339

年表	341
缩写和缩略符号	347
注释	354
译后记	411

前　言

一切都在不断变化。如果有人要写一位仍然活着的艺术家的传记，那么这位撰写者应该对艺术和世界中不断发生的变化永葆好奇。他有权利将文学的面具和他谈话伙伴的脸看得同等重要，因为后者最终可能也会呈现为面具。

当然，会有那些常见的经过记录来证实的统计资料，但生平并不等同于传记，就像脚手架不是一座房子，一具骨骼不是一个有血有肉的人一样。

在他的小说《我在无人湾的岁月》中，汉德克写道："当我思考我这一生迄今为止的经历时，我发现，它既不是童年时所经历的战争，也不是从被俄罗斯占领的德国回到奥地利，抑或是那段在寄宿学校与世隔绝的青春时光，同样不是在经历了诸多内心风暴后写下的那行安静的文字，我知道自己当时还在路上，另外，也不是我与妻子或孩子共处的时光，我所经历的只是变化。"

很少有作者像彼得·汉德克一样，如此坚守

自己的使命并以极端方式规划自己的生活。一个作家不仅创作自己的作品，反过来，他的作品也会塑造他，就像一个法则并不能描述一个社会的自然状态，但却会影响社会的发展进程。当彼得·汉德克开始写作时，他就已经给自己充满变数的生活制定了一条规则。

汉德克曾告诉我，如果有一天他给自己写书立传，他会将其命名为《思错录》。这个书名背后没有假谦虚或抖机灵，而是对自我认知的渴望，或许这是汉德克写作的最大动力。因此，传记作家不应只写那些优美的、有益的或期望发生的故事部分，而应不带任何偏见地阅读和调查。因此，以下您将阅读的内容，除了事实还是事实。

传记作家的任务是展现传记人物生活的起起伏伏，并追寻他人生中的变化轨迹。源于生活的作品不可能是完整连贯的，它也无须如此。传记作家应该抓住那些实质性的内容，对这个血肉丰满的人感到好奇，这个人是一个"完整的人"，就像一个英国作家所说的那样。是非对错可由他人评判。

我告诉汉德克我想写一本关于他的书，他立即表示赞同。多年来，汉德克使我有机会读他的信件、家庭文献、日记和其他文字资料，也多次与我进行谈话。他介绍我认识他的朋友，也接受我与他的反对者交往。他从未干涉过我的写作过程，除了偶尔问一下："您还没有放弃吗？""您的钱还没花完吗？"

如果要写一位在世艺术家的传记，首先要做的就是近距离接触他和他的作品。要成为一个认真的读者、观察者和提问者。与此同时也要保持距离，不干涉传主的行为，不与事件中的人物亦步亦趋。不过，如果对传记人物没有好感，那么他收集的素材在传主活着的时候就已不再鲜活了。

"一位艺术家并不希望被崇拜，而是希望被审视，这种审视中带有讽刺，而讽刺中又见真诚与关照。"汉德克在《重温之想象》中写道。我就是这么做的。

马尔特·赫尔维希
汉堡，2010年7月

增补版前言

"降临在我身上的所有的好事和坏事,我想:'这些都只能降临在我的身上。'——'为什么?'——'因为只能如此!'"汉德克在2020年10月10日的日记里写下这段自问自答的话。

十年前这本传记出版时,几乎没有人会想到诺贝尔奖会"突然降临"在汉德克头上——因为之后引发的争论,还有什么词比"降临"这个词更合适呢?汉德克也接受了争议。从斯德哥尔摩回来几天后,汉德克在写给我的信中提到:"尽管发生了很多事,但这真是一段美好的、令人难忘的时光。"[1]

除了汉德克,还有其他同时代作家对文学作坊以及社会对艺术家提出的要求持断然拒绝的态度吗?有比汉德克更加自由的作家吗?

他的极端态度从一开始就吸引着我,正是他的这种极端性使这本传记成为一本关于诗人精神生活的"冒险小说"。

汉德克的特立独行常常使他显得格格不入。

他有时脾气暴躁、蛮不讲理、惹人讨厌，但有时却对他人热心体贴、关怀备至（通常是那些被忽视的人）。

汉德克既是艺术家，也是一个普通人，他坚持人以类聚的原则，这并不奇怪。有人甚至认为，可以把世界分为"汉德克追随者"和"汉德克反对者"两个阵营，在决战来临之际，人们必须找到自己的阵营。

我的目标始终是还原一个完整的汉德克，记录下他生活中的起起落落，功过是非留给这本传记的读者去评断。我并不想写关于汉德克作品的研究，而是想探讨他的作品所产生的影响，即他的生活和写作之间的关联。

1972年，汉德克解释说："因为我意识到我能通过文学改变自己，文学能够让我更加清醒，我也坚信我能通过我的文学改变他人。"[2]这不是使命般的热忱，而是一种贡献。

如果在汉德克的书中只感受到慢节奏的自然观察和隐秘的自我折射，那就无法体会到另一种阅读的魅力。撰写情节很容易，这年头有些作者甚至用Excel表格来编排小说的情节。但是，汉德克是在真切地感受着写作，他的作品有种让读者为之一振的力量。

汉德克所呈现的正好与这个时代相契合。如今大家都在谈专注、冥想、放慢节奏（但要赶紧放慢节奏！）。其实，无须大费周折就能做到这些，无须文化悲观主义也能在这个混乱的、看起来如此陌生的世界里重新找到自己。

汉德克在为我们指路：走吧。看吧。读吧。

马尔特·赫尔维希

汉堡，2020年4月

第 1 章 战争

不在忙着出生的人就在忙着死去。

——鲍勃·迪伦

旅馆序曲

克拉根福，1942年春天。年轻的玛利亚·肖茨正恣意享受着大城市的生活。对她来说，这是一种无比大的自由：白天在一家旅馆工作，晚上跳舞、聊天，纵情欢乐到深夜。

尽管仗已经打了三年，这里的人们却没有受到太大战争的影响。纳粹的旗帜在维尔特湖上投下了倒影，从国民收音机里传出来的领袖的声音还有安抚民心的作用，周末的阿道夫·希特勒广场上热闹非凡。

玛利亚在这个新的民族大集体中如鱼得水。她一直都搞不懂，为什么她的父亲和兄弟们对他们的斯洛文尼亚祖先感到那么自豪。无家可归的短工、雇农、民工——这可真是一长串漂亮的族谱！不，她一定要走出这个叫格里芬的边境小村，她在这里做农活时磨破了自己的手,在这里她看不到自己的未来。

未来属于德国人,自1938年以来,她的耳边尽是这些声音。整个克恩滕州都属于德国。农舍的墙上甚至都贴着那些横幅标语,上面写着:"一个民族、一个帝国、一个领袖"。屋里挂着的大牌子在提醒人们:"克恩滕人说德语。"[1]斯洛文尼亚语是玛利亚祖先的语言,自从奥地利"加入"希特勒德国后,这门语言就被明令禁止了。

在那个春天的晚上,玛利亚肯定没有说斯洛文尼亚语。她把自己好好拾掇了一下。当她拐进天堂巷,进入老虎旅馆时,她的心情有些小小的激动。这家有些年头的旅馆是备受克拉根福上层社会喜爱的社交场所。市议员、国防军军官、商人和情侣在这里济济一堂。1918年后,在克恩滕后方服役的主要官员们也在这里碰头,他们在这里策划"防御战",反对南斯拉夫人新成立的国家。

玛利亚不怕跟人打交道。她刚打开旅馆餐厅的门,便看到了坐在位子上的那个人,他就是那个对她献出各种溢美之词的德国国防军士兵。他叫埃里希·舍内曼,个头比她矮,比她大十三岁,头顶几乎秃成一片,而且,他已经结婚了。

有很多原因可以让二十二岁的玛利亚·肖茨选择在这一紧要关头转身离去,回到她似成定局的生活当中。那是一种古老的生活,这种生活对"既定事实"[2]的敬畏大于一切:出生、出嫁、怀孕、在乡村度过一生然后死去。这种生活让人绝望。

玛利亚回乡下老家探亲时,一切是天壤之别。她穿得时髦优雅,站在她旁边的姐姐被她映衬得像是一个养猪的村婆子,她的姐姐骂起人来确实跟村妇没什么两样:"我躺在羊圈后面的破草上睡觉,你却在老虎旅馆的双人床上跟一头德国'公山羊'打滚。"当玛利亚与一个德国士兵共度春宵时,她的亲人们却正在家里的小院里辛苦干活。玛利亚会感到良心不安吗?

不,她不会,她不容任何人对她指指点点。她只听他的,他是她热恋的人。埃里希·舍内曼世故老成,这位机智的军官知道该如何表现自己,他是连队的军需官。如果玛利亚用刀子切碎了土豆,他便指责她不懂礼仪。在和平年代他曾是储蓄所职员,不过这早已是老皇历了。在战乱那些年他的运气也不算差,他只进过一次野战医院,还是因为痔疮。[3]

他们一起去郊区远游,他送她香水,同时奉送上的还有他温柔的笑容。他的妻子和他们刚出生的孩子在北德的家中盼他归来。难道玛利亚不知道自己在干什么吗?

在老虎旅馆度过的那些夜晚并不是春过无痕。在埃里希·舍内曼告别此地,投身家乡的婚姻战线之前,玛利亚发现自己怀上了他的孩子。

多么优美!多么高贵!

一阵啼哭声从这间低矮、逼仄的屋子里传了出来。这不像是一个新生儿的哭叫声,反倒像是从坟墓深处发出的嘶喊声。[4]一个叫安娜·麦恩的乡村接生婆的怀里抱着玛利亚·肖茨的孩子,她不久前刚嫁为人妇,现在她的名字正式变为玛利亚·汉德克。[5]这个孩子怒吼着,似乎为自己诞生到一个这样的世界、一个这样的小屋子里感到愤怒。街上甚至有人跑来看热闹，他们惊奇地注视着这个与众不同的孩子：多么优美！多么高贵！[6]

1942年圣尼古拉斯日[①]18点45分，玛利亚在父母家产下一子，这个出生在马克特区阿尔腾马克特25号的孩子从一开始就拒绝母乳。他出身贫寒，对世界的憎恶使他变得高贵。[7]他天使般的面孔上那双深色的眼睛将对世人投以阴郁的目光。

魔鬼们伴他出生，可他们不是真正的魔鬼，而是假扮成魔鬼的村民。按照旧俗，在圣尼古拉斯日的前夜，村民们在街上游行，他们一路上叮叮当当、吵吵嚷嚷。地狱般的喧嚣便是他的摇篮曲：这位叫彼得·汉德克的作家至今仍然认为"我最根本的恐惧来自我出生前的那几个小时，这些扮成魔鬼的家伙带着链条和荆条穿过村庄，他们的鬼哭狼嚎摧毁了一切"[8]。尼古拉斯的魔鬼随从克拉普斯是一个"潜在的接生婆，他让我觉得百爪挠心般难受，这种难受却与恐惧无关。我不觉得我是一个胆小的人，但一丁点儿声响都会让我抓狂"。

这个男孩在附近的格里芬修道院里接受了洗礼，他的教名是彼得。他出生登记册上登记的教父名字是格里高尔·肖茨，这是他的舅舅，他是纳粹德国国防军士兵，当时还在战场上打仗，所以他的姐姐乌苏拉代表他出席了受洗礼。受洗婴儿的姓是随一个叫阿道夫·布鲁诺·汉德克的士官，他是柏林人，11月4日，汉德克的母亲在格里芬的修道院里嫁给了他。

直到他十八岁，这个男孩都不知道他的生父是谁。只有一次，一

---

① 12月6日，欧洲流行的宗教纪念日。——译注。本书页末注为译注，书末注为原注。以下不再一一标明。

个面生的人带着"莫名的思绪"俯下身子,端详着这个六个月大的孩子。[9]从此之后,埃里希·舍内曼在年幼彼得的生命中消失了十八年,后来,母亲在儿子的追问下才把真相告诉了他。

彼得·汉德克这一名字本身就已隐含着浸透到他生活和作品中的紧张关系以及永远的无家可归感,汉德克永远在路上。《去往第九王国》(1986)的叙述者讲述道,他来自斯洛文尼亚的祖先家里只要有了第一个儿子,都会给他取名叫格里高尔,祖祖辈辈都是如此。[10]汉德克的外祖父是这样,1886年出生的格里高尔·肖茨也是如此,汉德克1913年出生的大舅也不例外,唯独这个男孩叫彼得。假如这是巧合,这也是机缘巧合,因为这个出身贫寒的孩子有斯拉夫血统,他与正在流亡的南斯拉夫国王彼得二世的名字完全一样。

"汉德克"?彼得·汉德克的作品使他的名字成为具有一流水准的奥地利文学的代名词。整个奥地利姓汉德克的人不超过十二个,而仅仅在柏林的电话簿上就有八十多人姓汉德克。仅仅是他的"德国"姓,就已让彼得·汉德克在克恩滕州这个叫格里芬的村子里成了一个异类。

在此地孕育,在彼地出生:这个孩子是热情自由的结晶还是浪荡激情所滋生的怪物?作家在描写自己的童年时,常常会提到诅咒这个词,他认为他的家族被施了魔咒。

2010年出版的汉德克戏剧作品《风暴依旧》讲述了他的家族以及"二战"时克恩滕游击队员的故事,作家的化身即第一人称"我"一出生便被灾星所笼罩。"我"母亲最年轻的哥哥在战争中阵亡,她却怀了一个德国士兵的孩子。这些事发生后,"我"的外祖父开始诅咒德国:"你那被奸情搞大的肚子里这该死的德国小崽子,这该死的孽种。"母亲的两个哥哥从前线休假回家,他们骂这个野孩子是"小侏儒,敌人和篡权者的坏子,家庭公敌,人民公敌。从摇篮里滚出去,带着这个私生子滚到狗棚里去!"[11]

这段文字表明作者从他非同一般的出生经历中汲取了相当多的灵感。在《去往第九王国》中,德国出身的污点使"我"在家族那些骄傲的斯拉夫人中沦为异类。《去往第九王国》的叙述者"我"研究自己家族的斯拉夫血统,却发现家族并没有为此感到骄傲,而是把它与贫穷和衰落联系到一起。

正因如此,汉德克在他设计的角色中总把自己归到麻风病患者和被唾弃者之列,这就不足为怪了。局外人这一角色是现代派文学的根基,对像汉德克这样的作家写出的作品更是如此,因为他感同身受,他知道身为局外人究竟意味着什么。

当今几乎没有一位作家像汉德克一样如此深刻地探讨自己以及自己对过去的回忆。探讨的结果并不是对自身感受的过度剖析。汉德克的作品是一部厚厚的《忏悔录》的碎片,他在进行自我探索时所具有的那种极端和冷酷无人能及。一个人写自己,同时也是在写所有那些没有被这个世界淹没的人,他们从来不曾更多地关注自己。

自我实现之路经由叙述的语言:"通过写作,我敢说我就是以前的我。"[12]是的,通过他的讲述,"故事的怀抱"托付着汉德克,没有了"故事的怀抱",他会做什么呢? 在他所有作品当中,自传因素与那些可能不符合外在现实但却符合内在现实的因素紧密地交织在一起。

幻想促使汉德克把过去的经历"与新生活相融"。回忆没有抹掉过去,因为回忆,过去才真正为人所知:"有意识的、可命名的、有声音的、可判断的。"[13]

童年是自我审视这部浩瀚的作品最重要的经验来源。汉德克常常在他的小说里重返童年,回到他最初的印象、经历和情感之中:"昨日重现时我才有了真正的感悟。"[14]只有通过写作,汉德克被恐惧、贫穷和孤独支配的童年和青年时代才成为那个"克服和改变恐惧经验的训练营"[15]。

被爱的亡者

汉德克来到这个世界上,无家可归。他母亲的家族是农工和木匠组成的"雇工家族",他们居有定所,但也四处漂泊。不幸的两种矛盾状态。在他们尘封的家族记忆中,这种生活境遇是"在陌生环境中四处讨生活的赤贫者持续了几个世纪的噩梦"[16]。一个来自童年的回忆:在年幼的彼得看来,板着脸不停转动收音机按钮的外祖父像是一个被遗忘在孤独前哨上的人,他绝望地寻找着归途的信号。[17]回去,回哪里呢?

汉德克长、短篇小说中的主人公们总是翻越卡拉万克山的边境山脉,向着南斯拉夫出发,寻找自己的斯拉夫根脉。他们从克恩滕州詹费尔德平原最东部出发,这里是他们的故乡,或从林科拉赫出发(《我在无人湾的岁月》,1994)[18],又或者从林肯贝格出发(《去往第九王国》)——这两个小城距离汉德克的出生地格里芬不到十公里。为了不让自己由于无聊而发疯,这个少年不得不在这个无关紧要的百慕大三角里自己给自己讲故事。

众多无名之辈组成汉德克长长的家谱,其中至少有一个人在不幸中拥有万幸:他就是汉德克的外祖父格里高尔·肖茨,1886年他出生在阿尔腾马克特25号,是个小农户,也是木匠,经营着一家小农舍,也可称其为小农庄。

在年轻的汉德克的眼里,外祖父是除了母亲之外最重要的领路人,尽管他极其严格又脾气暴躁,不过汉德克跟他的父亲们也没法相处。汉德克作品中能找到原型的人物角色都来自母亲这边的亲戚,排在第一位的就是他的外祖父。

1920年,克恩滕州全民公决时,格里高尔·肖茨投票赞成自己所在的奥地利南部地区并入新成立的南斯拉夫,所以他村里的德国邻居威胁要打死他。[19]

汉德克外祖父斯洛文尼亚的祖先的姓还是西夫克,外祖父不怕被别人恐吓也不会让别人剥夺他对自己出身的自豪感。"二战"夺去了他两个儿子的生命,老人这时才一蹶不振。"后来他总是读左翼周刊。他备受打击。这与政治脱不了干系。儿子的死击垮了他。"汉德克回忆道。[20]

家人和村子里的人叫外祖父"奥特",这个名字来自外祖父的斯洛文尼亚名字"奥尔"。七十年代初,玛利亚·汉德克受汉德克外祖父的嘱托,曾寄给汉德克一张格里芬修道院的明信片,这张古老的明信片足以说明汉德克和外祖父之间亲密无间的关系:"你在上一封信中提到弗莱堡的宾馆房间闻起来有一股修道院的味道,我把这告诉你的外祖父了。在我还小的时候,他就有这张明信片了。他感谢你明信片上的祝福。他的右手已经很僵硬了，抖个不停。他让我向你和你的利普伽特致以诚挚的问候。衷心的问候，妈妈。"[21]

十八岁的汉德克在一封给母亲的信中如此描述自己的外祖父："一个人，因为单纯而伟大，因为优点而伟大，因为弱点而伟大，他有着农民自然本真的情感，不管是虔诚，还是身体的疼痛或劳累，都不能主宰他的生活，他用浑浊却伟大的眼睛注视着一切，他的情感简单素朴，但他的情感历程却比我们丰富、复杂得多。在他的情感里，我们的暴怒、焦躁、不安、反感等都是愤怒；在他那里，我们的舒适、安宁、愉悦或仅仅是没有痛苦都为喜悦。所以，所有淳朴的人，他们的感觉、感知和感情要比我们的更为宽广、丰厚，也更为广博，在这一点上，他们超越了我们。"[22]

字里行间流露出汉德克对简单、质朴以及与大自然亲近的渴望，但作为知识分子，他终其一生都与这些无缘。从汉德克"对奥特的赞美"中可以看出，这位未来的诗人在粗粝的大自然中一定是产生了强烈的陌生感，但同时又被它深深吸引。在一张照片上可以看到城堡山山脚下在田间劳作的格里芬村民。

高处的城堡早已失去昔日的辉煌。巨石阴影笼罩下的农民正在用犁耕地，他们看上去仍然与农奴无异，是自己残酷命运的囚徒。

格里高尔·肖茨是一个农家姑娘的私生子，他日后有自己的地皮和耕地要归功于他的出身。"他的母亲好歹是一个富裕农家的女儿，他的父亲当时在这家当长工。父亲对他而言不再只是'生父'。不管怎样，他的母亲借此得到了购置一小片田产的钱。外祖父的祖辈们都是一贫如洗的雇工，他们的洗礼证明填得残缺不全，寄人篱下，出生又死去,几乎没有留下什么遗产,唯一的财产就是带进坟墓里的节日礼服。从外祖父开始,生活的环境才终于让人真正有了家的感觉,不再是通过每天的劳动勉强换来的栖身之所。"[23]

1913年1月27日,格里高尔·肖茨迎娶了二十六岁的乌尔苏拉·卡诺斯。五个孩子很快相继出生:格里高尔(1913年11月2日)、乌尔苏拉(1915年10月13日)、格奥尔格(1918年5月3日)、玛利亚(1920年10月8日)和汉斯(1922年12月27日)。儿女们在外祖父租用的土地上干活,格里高尔在郊区当木工。格里高尔·肖茨省吃俭用,二十世纪初,经济大萧条中他失去了所有积蓄,接着又开始存钱。在讲述母亲生活和自杀的小说《无欲的悲歌》中,汉德克提到了这位严格的家长强迫家人做到"魔鬼式的无欲求"。他不喝酒也不抽烟,只在周日打打牌。子女,尤其是两个女儿玛利亚和乌尔苏拉的教育,根本不在考虑之列,最多是在她们工作或结婚时为她们置办一身行头。

贫穷的乡村生活似乎已成定局。这种想法太根深蒂固了。按照家族传奇的记载,家里最小的儿子汉斯在克拉根福神学院待了几天就回来了。那天是个周六,他回到家后,做的第一件事就是拿起扫帚清扫院子。

不久,战争爆发了。三个儿子都被国防军征兵入伍,被派往希特勒大帝国越拉越长的前线打仗。在格里芬这个有上帝神明的隐匿昏暗角落里,十字架下面是神秘莫测的、闪闪发亮的国民收音机,人们虔诚地收听收音机播送的节目。玛利亚给一个在前线打仗的哥哥写信:"我在地图上找找你现在可能在什么地方。"[24]

1943年7月1日,已多次负伤的二等兵汉斯·肖茨在战场上阵亡,他是三兄弟中第一个倒下的，年仅二十岁。他被安葬在俄罗斯北部的"诺沃·帕夫洛夫卡英雄陵园"。11月2日，一等兵格里高尔·肖茨在克里米亚半岛牺牲。他的墓地也很有名，他被安葬在德尚科伊陵园的375号墓地。[25]

年幼的汉德克成长于一个悲痛之家。"我母亲挚爱的已故至亲就在我们的周围，如影随形。"[26]在压抑的气氛中，"生死不明的人跟已经确定死亡的人不一样，前者让亲人们一刻不得安宁，他们举手无措，但最终他还是离开了他们"[27]。还是孩子的汉德克经常去木质长廊上外祖父的旧箱子旁。奥特把他"一战"时期的刺刀和防毒面具放在了箱子里，里面还有一些书。

"一些非常古老的书散乱地放在箱子里。我在农庄里长大，我知道这些箱子和这些书。房子的一层有个护墙，那里有个箱子。我都是在那里读书。在那里我找到了所有的书，我还依稀记得书中很多内容。我竟然把一些书中的情节跟别的读过的书或自己的亲身经历搞混了。"[28]

对这个孩子来说，在这个箱子里找到的另外一个特别的宝贝才是最重要的：已故的舅舅们在战争中写的信件被当作遗物放在了这个箱子里。这些信件成为这个孩子的启蒙读物。

尽管汉德克并不认识他的舅舅格里高尔，可他却成了幼时彼得的"写作先祖"。格里高尔同时也是他作品中很多主人公的名字：《大黄蜂》（1966）中的格里高尔·贝内迪克特，《真实感受的时刻》（1975）以及《我在无人湾的岁月》（1994）中的格里高尔·科伊施尼西，《去往第九王国》（1986）中的格里高尔·科巴尔，《关于乡村》（1981）和《短信长别》（1971）中的格里高尔。

格里高尔·肖茨1932年至1937年在马里博尔的农业学校上学。

舅舅手写的关于水果种植的大学生学习手册在汉德克位于巴黎近郊沙维尔镇的现住所里，它占据了汉德克书房里一个特别的位置：它被挂在圣像角里。"我时不时抬头看看它。"[29]

"我脑海里的很多画面都源于他对那段相对而言既宁静又勤勉的时光的讲述，"汉德克在1996年的一次采访中承认，"我舅舅在那段时间俨然成为一个真正的斯洛文尼亚人，他以斯洛文尼亚人的身份回到克恩滕，一跃成为家族中的宣传者。我母亲的姐姐说，他作为具有民族情结的斯洛文尼亚人，他人回到了家，也把战争带回了家。"[30]

于是，这个舅舅成为汉德克文学世界中与德国父亲们截然相反的、梦想中的英雄形象。汉德克在讲述舅舅的故事时，总是让已故的他复活。汉德克的第一部小说《大黄蜂》的引子就是对死者的召唤："**你走了还会回来 / 不会在战争中死去**。"2003年出版的叙事诗《图像消失》把同样的魔咒置于书中开头部分，它甚至还变成了拉丁语预言。文学实现了这个悲痛之家无法实现的夙愿：通过讲述，让失去的亲人回家。"我不是要找到这个哥哥，而是要讲述他的故事。"《去往第九王国》中如此写道。在这部小说中，国防军士兵格里高尔变成了一名被虚构出来的游击队员。[31]

在《风暴依旧》中，以舅舅为原型的人物摇身一变成为救世主，他从马里博尔回到这个到处是虐待者的国家，并为自己是斯洛文尼亚人而感到自豪。他建了一个水果种植园，带领家人们摆脱了贫民生活。

格奥尔格是老格里高尔·肖茨唯一在战争中幸存的儿子，也是一家生意兴旺的木工作坊的老板。装配式房屋取代了果园，这里自然不会诞生出文学的乌托邦。更为糟糕的是：尽管他的斯洛文尼亚语说得比汉德克的母亲还要好，这个叫格奥尔格的有着经商头脑的舅舅战后却一跃成为奥地利右翼政党自由党的乡镇代表。汉德克一直在寻根，他从未忘记他的斯洛文尼亚血缘，几十年过去了，他依然感到失望："唯一在生活中获得成功的人从木匠变成了自由党乡镇代表。"[32]

在这个外甥的眼里，这个叫格奥尔格的舅舅只有一点值得肯定：他至少是一个真正的肖茨，而不是汉德克。与《大黄蜂》的叙述者不知怎么面对的"沉默的、什么都不敢享受"的父亲不同，"会喝酒会娱乐"的舅舅至少找到了属于自己的语言。[33]

谁是汉德克长久以来必须视为父亲的人呢？埃里希·舍内曼和汉德克的母亲分开后，怀着身孕的玛利亚跟另一个德国国防军士兵好上了，1942年11月，她嫁给了他。这个叫布鲁诺·汉德克的士官是柏林人，战前是有轨电车司机，汉德克后来在《无欲的悲歌》中写这个男人很早就盯上了这个年轻乐观的姑娘，他跟战友打赌，说自己会得到她。"她讨厌他，可大家劝她要有责任感（给孩子一个父亲）：她生平第一次服了软，笑容从脸上褪去了一些。"[34]

不管怎样，玛利亚结婚后就可以申请婚姻生活贷款了。她本来以为她的丈夫过不了多久就要从格里芬去前线，肯定不会活着回来。"可是后来我忽然担心起他来。"据布鲁诺的军事档案记载，他曾多次负伤：左边大腿里有步枪弹头（布朗济，法国），右边小腿里有炮弹碎片（百里斯托克，俄罗斯），左边手肘被射穿（塞贝什，俄罗斯）。[35]他活了下来。不过，他在东部前线已经打了好几年的仗，半个身子都被子弹射穿了，这样的人回到现实生活中来，他还能有多少生命力呢？

1944年，玛利亚带着儿子前往柏林，他们住在她的公婆家。"我的丈夫太懦弱了，他无法在这里（格里芬）过活，直到今天我搞不懂自己当年为何会嫁给他"，玛利亚·汉德克在1961年写给她的旧情人埃里希·舍内曼的信中追忆过去。[36]母子俩却没有在这个被炮弹频频轰炸的城市待很久，同年他们就回格里芬了。

尽管小彼得才一岁多大，却对柏林有了依稀的印象，同样感受到了这个受到战争威胁的帝国之都的气氛："当时我对大城市已经有了些概念——先是战争末期，然后是战后时期，一切都让人感到害怕，这对我产生了决定性的影响。"[37]在1982年的一次采访中，汉德克表示对战争的恐惧是他"挥之不去的创伤"[38]。

格里芬也未能逃脱炮火纷飞的战争，这个旧住处已非同往昔。[39]汉德克对儿时最初的记忆是"紧急情况发生时拉响的警报，在乡下也一样，老百姓往被当作防空洞的岩石洞里跑，村里的第一个弹坑后来成了游戏场所和垃圾坑"[40]。

格里芬的城堡岩中有溶洞，洞的入口在村庄教堂的后面，这些溶洞在战后成了彼得·汉德克年少时的避风港。现在没有紧急警报让他跑到溶洞里去了，让他乐颠颠地往那里跑的是那些五光十色的钟乳石，有了它们，溶洞看起来犹如一个珍宝库。他借着手电筒的光亮，探索它还未被开发的内部世界。

"我上小学的时候，我们举着蜡烛在洞里爬高爬低，兜里装满了拨弄下来的钟乳石。如今，这里的一切被电子灯光照亮，气氛浪漫，参观者们睁大他们无比浪漫的双眼，为浪漫的入场券买单。"十九岁的汉德克在一封给他生父的信中写道。[41]

1999年，在一个关于安塞尔姆·基弗①的演讲中，汉德克把他青年时代的珍宝洞与柏拉图有名的洞穴比喻相联系，他把他的珍宝洞比作"柏拉图的另一个洞穴"。他在演讲中把洞穴之喻的含义进行了一定的反转，因为对他而言，洞穴是一个脆弱的想象空间，这里面的宝藏几乎没有藏身之地：

"那些洞穴里长满了潮湿的、多彩的、玻璃状的钟乳石，在手电筒灯光的照耀下，洞穴看起来犹如一个个珍宝库。越是在山的纵深处，越是远离日光，珍宝库里那些大小不一的石头柱就愈发珍贵。石洞如今已成为（小小的）旅游胜地，而且还有'奥地利最多彩的钟乳石洞穴'之称，但真正'多彩的'其实是我们当时对它进行的破坏活动：我们削掉了整个石林，把特别闪亮的碎块搬运到外面的空地上，每个人都带一些石块回家，并且把它们当作宝贝珍藏起来。我们偷走了洞穴的颜色，残垣断壁中只剩下这样或那样的颜色（五彩斑斓与没有形状的彩色是两回事）。这些碎石和碎石柱在外面、在空地上、在空气中或是在太阳光下迅速有了变化：石钟乳、石柱和石笋不再往下滴水，而是慢慢变干，那些看起来像玻璃一样、闪着光的钟乳石逐渐失去光泽，颜色也渐渐褪去。在这之前我们从来没有在石洞里或在田间小道上见过比这些更难看、更灰暗、更没有特色的钟乳石。"[42]

通过对久远的少年时代的回忆，汉德克表达自己对写作的怀疑，即便作为一名成熟的作家，他依然心存怀疑：写作是"进入图画和语句中去的矿山"[43]，但是，叙述者能做到把地下的珍宝藏起来继而往

---

① 安塞尔姆·基弗（Anselm Kiefer，1945—　）：德国新表现主义代表画家之一，主要作品有《多瑙河之泉》《占领》等。

外拿吗？它们会不会像那些彩色石头一样，一旦离开了家乡村子里的钟乳石洞，在日光的照耀下就会变得哑然失色、暗淡无光？然而，他做得到。他做不到的话，谁又能做到呢？成为作家的雄心壮志、写作的意愿以及珍藏这些"彩色石头"的渴望在当时是那么强烈。格里尔帕策[①]和阿达尔贝特·施蒂弗特[②]成为汉德克一生的文学偶像并非毫无来由。

不过，有一点汉德克永远不会忘记：这个钟乳石洞曾经是军事掩体。每个多彩的珍宝库都折射出历史的灰暗面所透出的那种苍白的光亮。在汉德克的创作中，战争和纳粹主义一直都发挥着特殊作用。

克恩滕是"二战"期间德意志帝国中唯一一个较有规模的反抗行动的区域。游击队员约计五百名，其中大多数是斯洛文尼亚少数民族成员，他们在克拉根福南部卡拉万肯山的山谷中与德国国防军进行小规模战斗，因此，纳粹分子对克恩滕南部的少数民族展开了无比血腥的迫害。不过，克恩滕斯洛文尼亚人进行的反抗斗争并没有得到其他民族的认可：克恩滕德奥民族的人认为他们是"祖国的叛徒"，因为他们站在南斯拉夫一边。

南斯拉夫人与德意志大帝国的斗争（与德国结盟的克罗地亚乌斯塔莎纳粹分子除外）成为汉德克精神故乡的根基，他的精神故乡因此也蒙上了某种神话色彩："如果这个世纪的欧洲有英雄的话，南斯拉

[①] 弗兰茨·格里尔帕策（Franz Grillparzer，1791—1872）：奥地利剧作家。主要作品有《太祖母》等。

[②] 阿达尔贝特·施蒂弗特（Adalbert Stifter，1805—1868）：奥地利小说家。主要作品有《晚夏》《彩石集》等。

夫游击队员就是我心目中的英雄。"[44]2004年，汉德克在《费加罗报文学周刊》的一次采访中如是说，这些斯洛文尼亚人——他母亲所属的民族——通过反抗希特勒挽救了克恩滕州的尊严。[45]汉德克还在2010年完成的剧本《风暴依旧》中记录了克恩滕州的斯洛文尼亚游击队员对德国人的反抗，"这也与我的家人有关"[46]。汉德克的生父和继父都是德国国防军士兵，他对他的父亲们并没有太多感情，他的舅舅汉斯、格奥尔格和格里高尔也是国防军士兵。

斯洛文尼亚游击队员的英勇抵抗最终以失败告终，战争的创伤是这位名叫彼得·汉德克的作家一生的主题。战争结束六十五年后，这位剧作家用自己的一部作品为"他的"游击队员们庆祝。在《风暴依旧》中，他的舅舅格里高尔从国防军中逃了出来，并以"约那坦"这个作战名字（他最喜欢的苹果品种名称）加入了游击队。战争结束两周后，这个叫格里高尔的虚构人物才如梦初醒，他意识到和平原来比抽屉里的一个苹果更容易腐烂。冷战开始了，奥地利的投机分子与他们的英国占领者结盟。沿着斯洛文尼亚的边界，在距离格里芬后面几公里的地方，铁幕就此拉开。格里高尔的水果种植园曾经是乌托邦式的花园或伊甸园，如今被夷为平地，因为坦克要停放在这里。格里高尔以及他的同类人成为历史中的失败者，就像剧本中的"我"所控诉的那样："你们的语言再一次被仇视……如果你们还想庆祝你们的古老节日，还想表演你们的戏剧，就要做好准备：一切都将被打乱。他们会想方设法阻止你们的庆祝和表演。"两次世界大战期间，汉德克的母亲玛利亚曾在人民剧院表演节目。一张老照片上可以看到这个梳着长辫儿的姑娘，她当时是业余表演队的。"那个时候他们肯定是在演一个斯洛文尼亚的民间戏剧。"汉德克猜测道。[47]

在汉德克还未对游击队员的命运、南斯拉夫和历史中的失败者投入兴趣时,他已经开始着手写自己的家人。他父母的婚姻犹如一个战场,在战场上先倒下的那位是他的父亲。

婚姻场景

玛利亚·汉德克坐在家里的桌子旁,身子挺得笔直。站在窗旁的丈夫背对着她,背部的衬衫从裤子里钻了出来,双手深深地插在兜里,断断续续的几声轻声咳嗽打破了业已凝固的寂静。[48]

这个情景看上去平平无奇,儿子见到过不少类似的情景并把它们写进了《无欲的悲歌》;如果只看到这一幕,旁人无法成为家庭暴力的见证者。汉德克在他的其他作品和所接受的采访中多次回忆起家庭暴力,他用看似冷静的笔触揭开了父母婚姻不幸的内幕。

"一定存在过某种形式的原始恐惧。我的父母不在家,然后他们回来了,开始在房间里大喊大叫、打成一团,我躲在被子下面。有时我觉得,那是小孩所置身的恐惧状态。"[49]

布鲁诺·汉德克对貌美的玛利亚的追求也被灾星所笼罩:难道不是打赌造就了命运充满罪恶的挑战吗?如果真有这么一个赌的话。这种男人根本不会真正在乎他的继子,他的继子也一定把他视为篡权者,因为他擅自成为儿子所深爱的母亲的丈夫还有这个家庭的掌权者。家里的长子 —— 这个与众不同、独一无二的人 —— 如何应对这个竞争对手呢?他让他的继父在舞台的活板门中消失了。

1944年，玛利亚和儿子从柏林回到了克恩滕老家。还在打仗的布鲁诺不仅很快从玛利亚的视线中消失了，也很快被她遗忘了："她忘了她的丈夫，她紧紧地搂着孩子，搂得孩子哭了起来。"[50]正因如此，在《无欲的悲歌》中，这位作家在年幼时就已经把自己置于继父的位置上。

汉德克的母亲不情不愿地结了婚，她和汉德克继父的婚姻也属凑合："战后不久，我的母亲想起了她的丈夫，尽管没人需要她，她还是又去了一次柏林。那个男人也忘了自己曾经因为打赌追求过她，他和一个女朋友住在一起。那时不是有战争嘛。可她把孩子带过去了，两个人便百无聊赖地履行起了义务。"[51]

这听上去并不是一桩爱情至上的婚姻，也不必如此。短篇小说《无欲的悲歌》从一开始就埋下伏笔，父亲对母亲的不幸难辞其咎。如果有人仔细阅读了汉德克在1972年出版的自白书，就一定会发现在这本女性之书里，每个男性形象都背负着罪责。只有母亲最爱的儿子无罪，他想通过这部小说帮他的母亲找回她应有的权利。

有了这些前提条件，玛利亚·肖茨一生中其他所有男人的角色都已设定完毕：他们的生平必须服从这部小说的法则，因为"虚构越多，对别人来说，故事可能就越有趣，因为与纯粹的报道事实相比，人们更容易与小说中的叙述产生共鸣"[52]。

玛利亚·肖茨是苛求一个连自己都"厌恶"人当她儿子的继父吗？从这一时期拍摄的照片上看不出这些迹象。照片上是坐在桌旁、快乐优雅的玛利亚，身旁的布鲁诺含笑望着她，而她则神采奕奕地看着镜头。《无欲的悲歌》通过对另外一张照片的描写印证了母亲对生活的热爱：照片上"一项小帽往下耷拉着，因为一个小伙儿把她的头和他的贴在一起，她却只是自顾自地朝镜头嫣然一笑"[53]。这是叙述者的原话。照片上的小伙子不是别人，而是布鲁诺。他把玛利亚的头发压在自己的士兵帽下，兴奋地从后面抱住了这个满面笑容的姑娘。这张抓拍照片记录了婚姻中的幸福时刻，这也是《无欲的悲歌》的叙述者给予继父的高光时刻。

汉德克同母异父的妹妹莫妮卡1947年出生，在这之后，这个年轻的四口之家就住在柏林潘科区的一个大房间里，"在这个被轰炸得千疮百孔的城市的东北边"，也就是当时的俄罗斯占领区。汉德克的继父在他的父母那儿住了一段时间，没过多久，他的父母就将他遣回到他的妻子和孩子们的身边。他们过着典型的战后生活，忍受着贫穷、困苦和饥饿。几十年过去了，汉德克依然能想起那灰色的"救济粥"，他得用勺子从一个俄罗斯产的铁盆里舀粥喝。这当然无法与父亲带回家的美食相媲美，比如"黑色的、闪着油光的黑面包，有了它，阴暗的房间一下子就亮堂了起来"。布鲁诺·汉德克当时是司机和面包师。汉德克后来说，他的父亲经常因为酗酒而丢了工作。所以，母亲不得不抱着小女儿去找他的上司，乞求他能重新雇用这个不负责任的人。

继父因此沦为一个爱打人的酒鬼，母亲却历练成为一个优雅、自信的女性：

"她高昂着头，走路自带风情。她现在可以驾驭所有的衣服，把衣服穿出自己的风格。她不需要在肩上围狐皮。她的丈夫酒醒之后，依偎在她的身边，表示自己是爱她的，她则冷笑着，同情地看着他。没有什么能再伤害她了。"[54]

玛利亚的丈夫也叫她"妈妈":"在她眼里,他从来不是什么心肝宝贝",这是《无欲的悲歌》的叙述者得出的结论。[55]可是,她爱她的儿子,他不离她左右,还会握着她的手:"母亲的食指上有一个小时候留下的息肉切痕,跟在她身边走的时候,就可以抓着这块硬硬的、隆起的肉。"[56]

汉德克的父母会吵架,也会打架,《无欲的悲歌》中有这样的情节。1948年,汉德克一家回到玛利亚的乡下老家后,依照小说里的描述,发生的变化不过是婚姻地狱从大城市转移到了农村:

"冬天,建筑行业的人有失业补贴,这些钱却被丈夫用在了喝酒上。为了知道他去了哪儿,她从一家酒馆找到另一家酒馆,他则幸灾乐祸地给她看剩下的钱。他打她,她躲开拳头,不再跟他说话。因为寂静而感到恐惧的孩子们紧紧地跟着懊悔的丈夫,因此,她疏远了孩子。巫婆!"[57]

他们共同的孩子莫妮卡(1947)和汉斯(1949)出生后,玛利亚·汉德克在丈夫不知情的情况下打掉了三个孩子,至少《无欲的悲歌》中是这么写的,1957年,她生下了罗伯特这个晚产的孩子。[58]

不过,如果逐字逐句地分析这位知名继子所说的话,布鲁诺·汉德克或许并不完全是人们眼中残忍的家庭暴君和打人的继父。虽然汉德克之后在访谈中也倾向呈现继父这样的形象,不过叙述者勾勒出的人物形象不同于这个男人的本来面目,他笔下的母亲的婚姻也与真实的婚姻有所不同。

继父受过不少打击且生性懦弱,他帮不上妻子一丁点儿忙,只能孤单一人借酒浇愁。汉德克的第一部小说《大黄蜂》展示了一桩失败婚姻的诸多场景,这些看似不经意、实则尖锐的描写记录了一段没有爱情、如死水般乏味的关系:"妻子的一只手里盘子摞着盘子,拇指压在盘子上面,另一只手里端着汤锅,像走钢丝一样走到桌前。我盲目地把胳膊伸向她,将盘子和汤锅放在面前的桌子上。丈夫的心里窝着火,执拗地看着报纸上的报道,而妻子则把汤碗推到报纸下面。他却一声不吭,只是坐在椅子上把身子直了起来,嘴里发出吧唧吧唧声,把那些没说出的话都咽了下去。"[59]

作为叙述者,儿子用六音部诗描述父亲这个失败者:"父亲默默地坐在厨房里,怒火中烧,脑袋深深地埋进报纸里,其实并没有读。"[60]面对这位如席勒笔下的端庄、贞洁的女性,这个无助到只能乱发火的失败者当然没有存在感。

玛利亚·汉德克是汉德克作品中所有坚强女性的典范。她可以用类似的方式嘲笑任何一个人,让他们迅速安静下来。布鲁诺·汉德克也被她强大的自信打倒了,儿子彼得回忆说:"只要丈夫开始讲他的一系列计划,就会受到妻子无情的嘲笑。于是,他很快就闭上了嘴,只是呆呆地望向窗外。"[61]

布鲁诺·汉德克生在大城市,又是德国人,所以从一开始他就是克恩滕州这个小村子里的一个边缘人。他也慢慢变成了这个家庭里的边缘人。孩子们发现,母亲对父亲并不好:"孩子们的目光中充满敌意,因为她是如此不留情面。父母外出时,他们会揣着怦怦乱跳的心去睡觉,等到凌晨,听见父亲推搡着母亲穿过房间,他们立马在被子里缩成一团。她总是停下来,向前迈一步,然后又被猛地向前推一把。两个人都恨恨地一言不发,直到她终于开口,为他送去话柄:'你这个畜生！你这个畜生！'有了这话，他就可以痛痛快快地揍她一顿了。而她每挨一下打，就对他发出一声嘲笑。"[62]

那个藏在被子里面、年龄最大的孩子还不知道，布鲁诺只是他的继父。他高中毕业时，母亲才把一切告诉他："当我的母亲说：你的父亲生活在德国时，我是多么高兴啊。我那时十七岁，有一天我突发奇想：我母亲的丈夫可能不是我的父亲。于是我问母亲。她流下了眼泪，跟我讲了这个故事。"[63]

他很快也意识到：他是一个特别的人，一个被选中的人。"谢天谢地，我是父母唯一的孩子。"[64]

布鲁诺·汉德克不仅在他的妻子面前感到无助，在孩子们面前也是如此——一个没有真正威严的父亲："真的，这个人在儿子们面前用同样的话吹嘘，我们不会这么快就把今天给忘了！如果可以说的话，他继续骂道，如果按他说的去做，我们现在就不是这样了！他剔着牙恼火地说，我们敢在他面前露面吗？这会让我们后悔的！他继续挑衅地说。你们这些该死的恶棍！他玷污了自己的名字。"[65]

然而，什么都没有发生，父亲的怒气很快又消失得无影无踪。

他总能感到玛利亚·汉德克对自己的厌恶。她的布鲁诺"不是坏人，但却不是个男人"，玛利亚在一封给她的旧情人舍内曼的信中写道。[66]玛利亚冷冰冰的客气和充满鄙夷的宽容只会让她的丈夫更为颓废。[67]她叫他"没骨气"，后来他真就变成了这样。他站在那儿，裤子松松垮垮地挂在屁股上，两条腿弯着。在妻子的眼中，他是一个可笑的角色——一个失败者。

"我希望有一个可以崇拜的人。"有一次她跟儿子彼得这么说道。

他不就是她可以仰慕的人吗？这个大有作为的儿子难道不是证明了她其实更好，值得被更好地对待？

后来，她跟她的大儿子一起读书，一起聊文学。从这以后，玛利亚·汉德克对她丈夫的态度再次发生了转变：

"对待丈夫，她变得宽容，由他把话说完，不再是一句话都没听完就拼命地点头来打断他，让他一下子就没了话。她同情他，她常常如此，因为同情失去了抵抗力——哪怕别人压根就不痛苦。"

"就连她看不上眼的丈夫都被她纳入了这种负罪感当中。如果他的生活里没有她，她就会真真切切地为他感到担忧。"68

随着年龄的增长，布鲁诺开始小病不断，性情也随之变得温和起来。"我丈夫变得安静了。"玛利亚告诉他的彼得。汉德克的母亲后来变得无比自信，她认为自己对她的丈夫来说一辈子都是一个谜。玛利亚·汉德克去世后，她的儿子如此描述或杜撰父母之间的关系："他们从未疏远过，因为他们从未真正在一起。"69

布鲁诺·汉德克也留下了信件，他的字迹整洁，有些话过于烦琐。他晚年忍受着肺结核和哮喘的折磨，不得不经常住院。在一封没有注明日期的信里，他祝他的继子生日快乐，并对上次送给他的书表示感谢。他说他又住院了，格里芬迎来了漫长的冬天，要小心了。他在信件的结尾处写道："不过这一切我都适应了，只希望它们赶紧过去。衷心地祝福你，再次祝你一切顺利！布鲁诺。"70

布鲁诺·汉德克在一封1977年写的信中抱怨自己的命运，他也埋怨自己无法做到向他的继子袒露心扉：

"亲爱的彼得，动笔写信并没有那么容易。我很想给你写信，可是总有个障碍物在那里挡着,我得先把它挪开。为什么会这样呢?起因肯定在我,因为大家只能忍受我一段时间,很快我就变成了一个多余的人。如果我腿脚能灵活些,不管怎么样,我都不用一直待在格里芬了……我总在审视我过去的生活,像阅兵一样,我一再问自己'什么做错了'。我无法摆脱这个问题,它像岩石一样压在人的身上,让人总也喘不过气来。"[71]

布鲁诺·汉德克的一生或许也是一首无欲的悲歌。他从来未能满足妻子和继子的期望。他的继子越成功,他骄傲的妻子就越看不起他。对此,彼得·汉德克认为自己并不是完全没有责任:"如今我觉得我影响了母亲对她丈夫即我继父的行为。我让她对他的看法比——没有我的时候——更加消极。"[72]他可以这么讲,却不想在作品中这么写。玛利亚最爱的儿子早就把他作品中的角色分配好了:母亲在1971年自杀后复活重生,继父却被永远钉在了十字架上。

父亲们去死吧

杀死了父亲的儿子在监狱里待了五年两个月零三天,却没有任何悔意:"在他睡觉的时候,我用斧子劈开了他的脑袋。直到今天,如果我在报纸上读到类似的新闻,我会在脑海里再一次挥舞手臂并且说:'做得对!'"[73]

这或许不是文学式的弑父,但却像是预谋杀人的行为。《问题游戏》(1989)中那个"当地人"并不是汉德克作品中的个例。1994年,汉德克承认自己在《我在无人湾的岁月》中讲述了"我如何想杀死自己父亲的故事。"[74] "我父亲是酒鬼,"《短信长别》的第一人称叙述者如此描述,"我躺在床上时,常常听到他在隔壁房间往酒杯里倒酒的汩汩声:一想起来,我就恨不得用打谷棒把他的脑袋敲下来,当时我只巴望自己快点儿睡着。"[75]

父亲这个幽灵在1997年出版的《筹划生命的永恒》中依然是被驱逐的对象:姐姐们说,她们的儿子没有父亲并且以后也没有,她们对此的评价:这对现在好,对现在的安生日子好,对以后也好。"[76]

在"复仇的故事"《第二把剑》(2020)中,叙述者最终决定提供部分供词:"是的,在我的一些行动中存在着暴力,在我的言语中,暴力也以另一种形式更加频繁和激烈地出现。如果出现在言语中,必定是通过言谈的方式,如同在书面语中那样,我愿称之为是在这种或那种公共场合为了发表而说出的特定的话。"[77]

文学中的暴力冲突也由来已久了吗?

自索福克勒斯的《俄狄浦斯王》问世以来,父亲与儿子争夺妻子的战争便成为一个王牌文学主题。汉德克总是巧妙地把自己设计成弑父者。1966年,汉德克在普林斯顿第一次惊艳亮相,他对四七社作者"描述力阳痿"的谴责绝对可以看作是对当时那些文学领域权威统治者的弑父尝试。

汉德克是卡夫卡的崇拜者,他熟悉卡夫卡《致父亲的信》。在这部富有传奇色彩的作品中,反抗并摆脱父亲从而获得内心的解放成为成功写作的前提。汉德克想成为作家,他很快就明白了一件事:只能通过反抗父亲们实现这一愿望,而不是与他们结盟。

在汉德克的生活和作品中,为什么父亲们从一开始便只能以敌对者的形象出现呢？想要解释这个问题，既不需要进行心理分析，也不需要探究有哪些文学手段被拿来使用：毕竟，在若干年后，母亲证实这个叫布鲁诺·汉德克的人是个"冒牌"父亲，而另一个叫埃里希·舍内曼的人在他的儿子出生之前就已经抛弃了他。

"我的父亲是个王八蛋，"汉德克如此评价埃里希·舍内曼，"不，我是出于友好才这么说的。外人从来不知道我的态度。他是一个自以为是的花花公子。他的性子又太过急躁，不适合做一个风流鬼。"[78]

对汉德克而言，父亲们在另一个层面上也属于敌对方：俩人都是德国人，他们代表着他长久以来批判的部分对象："我对这个国家心怀仇恨，仇恨是那么强烈，就像当年我对继父的仇恨一样。在我的想象中，这个男人常遭斧劈。"《圣山启示录》的叙述者直言不讳，逐渐开始他充满仇恨的激情独白，独白的对象是德国政客、"政客般的'艺术家们'"，以及"德国的地形地貌"、山谷、河流和山脉。在那些日子里他从德语和那些德国人身上学不到什么，完全一无所获，他感觉到处都"缺少赎罪精神"。[79]

在汉德克的笔下，这些德国父亲是战争和纳粹主义的化身。《无欲的悲歌》的叙述者看似不经意地把这个叫埃里希·舍内曼的士兵称为"纳粹党徒"。而汉德克的生父——不光是纳粹德国国防军的一分子（汉德克母亲的兄弟们也是国防军成员），甚至还是希特勒政党登记在册的一员！

父亲们是历史邪恶的幽灵，他们扰烦着汉德克的生活。在《去往第九王国》中，作为叙述者的"我"："命令自己：远离父亲。"[80]所以，汉德克的主人公们总是喜欢到大自然当中。他们希望能在那里摆脱施在家族身上的魔咒，挣脱往事的枷锁。他们心怀希望，有时祈祷："高悬在浮云上面的影子啊，请把我托起，让我摆脱先辈那致命的历史。"[81]

往事的幽灵却总是盘绕在他的身边；他们是不死者，他们支配着他。不过，这也有好的一面，因为汉德克在写作过程中对父亲们的仇恨日益深重，这是一个重要的创作来源——因为仇恨是变化的一部分，通过这些变化，汉德克把历史写入自己的作品中。

《大黄蜂》的叙述者与胡戈·封·霍夫曼斯塔尔①笔下的主人公洛特·钱多斯一样，不得不与语言危机作斗争。对钱多斯来说，抽象的语句"像腐烂的蘑菇"一样烂在了嘴巴里。年轻的汉德克写道："说出这些话之前，我已经在脑子里将它们分解成音节和字母。"[82]

什么能把这位作者从语言危机中解救出来呢？对于汉德克而言，解救者是父亲们的地下世界，是历史阴暗的隧道；他不知疲倦地进行研究，继而找到了自己的语言："对原因的探寻让他找回自己的语言，然后他开始痛恨自己。因为他被这些不死者所控制，好像他'跟他们是亲戚'。他心怀仇恨，更深地开始呼吸；呼出的气体将自己从墓穴的旋吸中抽离。'我从此没有父亲了'。"[83]

父亲们的诅咒由此变为对他的祝福。[84]作为布鲁诺·汉德克或埃里希·舍内曼的儿子，他只是某个人而已；在《缓慢的归乡》(1979)的结尾，他已经"谁也不是"了。变化开始了。

汉德克的作品常常有先知的意味，有一个乌托邦式的目标，作品

---

① 胡戈·封·霍夫曼斯塔尔（Hugo von Hofmannsthal, 1874—1929）：奥地利作家、诗人。代表作有《提香之死》《傻子与死神》《法伦矿山》。

展现一幅永远安宁的景象。如果有人认为这些希望的瞬间简单幼稚或牵强附会,他就理解错了:汉德克在创作初期描写的不是母亲们的天堂世界,而是对父亲们的仇恨。

汉德克着手写《圣山启示录》并非一时兴起。这部作品是如画般的自我探索,充满了塞尚的色彩,也带有那些源自他出身的黑色污点:他和继父剑拔弩张的紧张关系。他在这部作品中讲述了一个典型的男性成人仪式:尽管这个十八岁的小伙子是个色盲,他仍然通过了奥地利部队的入伍体检。"当我回到家中宣布体检结果('准予服兵役')时,继父——平时我们彼此不讲话——找到我说,他生平第一次为我感到骄傲。"[85]

汉德克说,继父的话立刻招引了他的反感。为什么这句话在记忆中是与布鲁诺·汉德克翻掘出的花园土壤所显现出的新鲜红褐色紧密相连呢?"某种程度上说,我自己不也是骄傲地带着这个消息回家的吗?""他身体里面那些黑色的污点"也属于我的颜色王国,这一切像是汉德克在施蒂弗特作品里读到的那样。他也在这里进行自我探索,在回忆中蓦然找到了自己,在"那片作为澄明之地的红湿地中,我能够理解自己,也能够理解那个曾经的士兵"[86]。往事的血腥土壤之上硕果累累——人们又如何能决定自己在哪一片土地上成长呢?

汉德克在《痛苦的中国人》中对他的生父做出处置,他让生父成为战争的第一个牺牲者,生父倒在了他想象出来的战场上;在看一本有阵亡者照片的书时,他开始思索:

"我的父亲在战争刚开始时就阵亡了,他从未见过他的儿子……在那张套着塑料封套的照片上,他与这本书中的很多面孔都不同,他的鼻子下面没有小胡子；可能他的照片被收录进去时他还太年轻。"[87]

汉德克又玩了一个精心设计的小把戏：他的家族当中唯一留希特勒式胡子的人是他的外祖父肖茨，一张老照片上有他外祖父留着胡子的模样。

"我只能跟我自己作斗争，无法与别人作斗争"，汉德克喜欢引用这句被当作伊斯兰格言的话。[88] "写作是对自我善意的围攻，自我最终发生转变并获得新生：又一次出现诸如希望战争发生的想象：战争或许有必要，因为它能释放外面的世界、剥去身体的死皮。"[89] 在反抗父亲的斗争中，汉德克也在与他的心魔相抗争。

尽管父亲们在汉德克的生活中严重缺席，不过，没有他们，他也无法写作。在童话《缺席》中，叙述者甚至通过一个仪式召唤他的父亲：

"我今天一整天都在父亲的照片中穿行，如同处在一个圆圈当中，一步又一步、一圈又一圈。在这里，乡村的一砖一瓦已经取代了我在世界大都市的房子。我只是思念我的父亲。我越来越想念他。此时此刻，就在此地，我头一次这么想他。我想你……父亲，出现吧！"[90]

汉德克终其一生都将无法摆脱德国和这个国家的历史："我眷恋着德国。不光是因为我父亲是德国人。我眷恋着这个国家、这里的风景……如果这一切在我眼前发生，我至今还会问自己：为何这些罪行偏偏在那里大行其道？"[91]

如此记录

文学中的父亲：好比儿童画书中的家庭暴君。现实中的父亲呢？"不能说有人在我的少年时代打压我,我无法指责任何人对我做了不公之事,包括我的继父。"汉德克在1973年接受的一次采访中言之凿凿。[92]

同年,他向《侧面》①的记者们讲述,当父母嘶喊打架的时候,他陷入"孩提时可怕的恐惧状态"中。这个势必涌现的童年回忆——哪个孩子想起争吵的父母不感到害怕呢,更何况是像年幼的彼得·汉德克这样对任何形式的响动都异常敏感的人——《侧面》的记者借用汉德克作品中的段落添油加醋,说他的父亲在他的作品里被描写成一个怒吼的酒鬼。如果作家塑造的人物自行其道,人们能因此对这位作家进行谴责吗?

事实上,布鲁诺·汉德克本人与那个塑造出来的文学形象并不相同。他并不是打人的酒鬼,至少在他的亲生长子也是彼得的异父弟弟的回忆中,他并非如此。

直到2013年7月25日离世,汉斯·汉德克一直住在格里芬阿尔腾马克特6号房子里。在孩子的资助下,布鲁诺和玛利亚在五十年代亲手搭建了这栋房子。妻子自杀后,布鲁诺·汉德克暂时成为房产主人,除了住宅,房产还包括两个花园、一小片森林和一个草坪。最后,他将房产连同所有固定在地上、墙上以及不好拿走的东西都赠送给了"我的儿子,彼得·汉德克先生"。1981年4月2号的赠予契约上是这么写的。

"当彼得知道布鲁诺不是他的亲生父亲并且后来认识了他的生父时,他开始无视布鲁诺的存在。"汉斯·汉德克提及他的异父哥哥时说道。他毫不掩饰地表示自己与父亲的关系更为亲密,大概是因为他

---

① 《侧面》(*Profil*)是奥地利发行量最大的政治评论周刊。

跟他的父亲一样,很少能满足那位严厉的母亲的要求——与这个天选之子完全不同。母亲把彼得视作近乎完美的儿子,"因为他聪颖"。可是他,这个叫汉斯的人,母亲有次甚至把他撵出了家门,"因为我跟他不一样"。

"所有的兄弟姐妹都觉得彼得更优秀。"汉斯的妻子罗斯玛丽说。

"他是我们所有人当中最聪明的,总是在读书。他跟我们一起做的事情就是放学后踢足球。"汉斯回忆道。这个哥哥常常大发雷霆。"他动不动就朝我大喊。"年龄还小的汉德克一向如此。他嘲讽他的妹妹莫妮卡,这跟他在戏剧《关于乡村》里写的完全一样。"他就是这个样子。他想表明他是比较厉害的那个人。"

母亲去世后,彼得·汉德克和他继父的关系才亲近了一些。"如果彼得在格里芬,他总是会去布鲁诺的房间——他得了哮喘,一身病——彼得跟他聊聊天。"

父亲殴打汉德克的母亲,让她遁入无欲的不幸中,他原谅父亲了吗?

"彼得那么写,只是为了与情节更加契合,"汉斯说,为了不说错话,他补充道,"他自己是这么讲的。"[93]

罗斯玛丽·汉德克补充道:"他没有那么差劲。他们参加舞会时可能吵过架。他经常跟他的妻子出去,他很宠爱她,总是有求必应。"

汉斯:"太宠她了!"

罗斯玛丽说:"他们还是小年轻的时候,大冬天他在外面洗衣服。别的女人日子过得比她还艰难。"

他是一个酒鬼吗?"是,每个人都是。""他跟别的工人一样,都是酒鬼。都是一个样。"

"他要发泄,因为在格里芬他是个外地人。"罗斯玛丽这么认为。

《无欲的悲歌》里的观察以及继父在隔壁房间里喝醉酒并且弄出声响的回忆是真实可靠的吗?

"并非如此,他从来没在他的房间里喝过酒。这不是实情。可如果彼得只写真实的情形,那就是另外一回事了。"

确实,《无欲的悲歌》成了一本与众不同的书,一本畅销书——也许还不止如此:这本书成为克恩滕人的家庭读物。有人说,在每个克恩滕人的家里,除了《圣经》,就是汉德克的这本书——它如此真挚地描写了一个农村妇女的不幸,她受到传统和丈夫的压迫:"她是,她成为,她一无所成。"[94]

在书中,汉德克的母亲和父亲只有在争吵的时候才会看对方,像决斗的猛兽一样盯着对方:

"在这种公开敌对的时刻,他从下往上看,她从上往下看,两个人都死死地盯着对方的眼睛。躲在被窝里的孩子们只听到推搡和喘气的声音,有时还有餐具柜里的餐具颤动的声音。第二天早上,孩子们自己做早餐。这时,丈夫一动不动地躺在床上,妻子则闭着眼睛躺在他旁边装睡。"[95]

汉德克式的家庭故事并没有斯特林堡《死亡之舞》①的故事那么极端。最晚从十九世纪末开始,书写婚姻不幸成为一个文学模式;汉德克把这一模式与母亲真实、悲剧性的一生相结合,使她成为所有隐忍女性普遍的、永恒的代表人物:"没错,这种描写方式像是抄来的,

---

① 奥古斯特·斯特林堡(1849—1912),瑞典作家,著作《死亡之舞》用幻想的方式表达了他的悲愤、伤感和绝望。

或是从别人的描述中借来的；能被替换，老生常谈，与所描述的那个时代无关；简而言之：十九世纪。"[96]

格里芬居民肯定更加了解实情。"格里芬人当时情绪很激动，"罗斯玛丽·汉德克回忆说，"因为被写成那样。"

"其中有一些并不是真相。"汉斯说。

"所有人都说，他打了她这个说法是不对的。我们就说：这不一定要符合实情，这是写作。"罗斯玛丽说。

在丈夫再次住院期间，玛利亚·汉德克在1971年11月19日到20日的夜里服用过量安眠药自杀。"如果我的父亲从疗养院回来，她就不会自杀成功了，"汉斯·汉德克说，"在她的眼里，彼得是个高尚的人，而父亲是个彻头彻尾的废物。她不想再跟布鲁诺在一起生活了——就是这么回事。"

父亲又是如何评价跟他相关的所有写作内容的呢？彼得·汉德克一完成手稿，就把它拿给继父看。只有在获得他同意的情况下，他才会把手稿交给雷西德茨（Residenz）出版社。

这个叫布鲁诺·汉德克的退休人员在经历了漫长、巨大的痛苦后，于1988年3月21日与世长辞，年仅六十八岁。3月25日，在唱过《安魂曲》后，他被安葬到格里芬修道院公墓里的一个墓穴里，他的妻子长眠于此，她在十七年前撒手人寰。

伪装的恶魔

死亡也无法打消汉德克对母亲丈夫的反感。作家不想在格里芬修道院的家庭墓地中永眠，2009年回乡探亲时，他说："我不想躺在这个人的骨头上。"[97] 他的态度一向如此。他十八岁时就告诉母亲，他对布鲁诺·汉德克除了蔑视还是蔑视。他觉得这个男人不可能是他的父亲，他不配。

玛利亚·汉德克一生当中从来没有那么震惊过，她的儿子当时就质问她，布鲁诺·汉德克究竟是不是他的父亲。她含着泪，把她与埃里希·舍内曼的爱情故事和盘托出，这之后她坐在桌旁给儿子的亲生父亲写信。这是一封也许只有母亲才能写出的信：充满绝望，却又无比坚定。语气果敢且不容反驳，她为自己的儿子争取拥有父亲的权利。

1961年8月14日，玛利亚·汉德克给她一生的挚爱——彼得的生父写信：

"事情总归有始有终，很抱歉，无法让你独享清净，为什么你也要面对这件事情呢，因为我独自一人已经承受了太长时间。两年来，彼得对我的丈夫除了鄙视之外就没有别的感情了，暂且不论这是对还是错，不管怎样，我试着在不让彼得察觉的情况下，尽力保持面上的和气，可这一切都无济于事。不是突然变成这样，也就是说，不是因为某件事情，而是因为各种各样的小事儿逐渐走到这一步，因为我丈夫，我不想在这里一一赘述。终于有一天，彼得对我说，他宁愿没有父亲，也不想要一个那样的父亲。你能想象出这一切让我感到多么痛苦，我的内心有多么纠结。我看得出他对此已经有隐隐的预感。他说，这个人不可能是我的父亲，在这一点上，你要相信我，他对我进行了最激烈、最令人痛苦的谴责。不过，我并不是想说我自己的处境，而是想说他，你的儿子，是的，我为什么害怕写出这一点呢？这是我的权利,我认为连成一个句子这甚至是我的义务,过去这些年,我不敢履行这一义务——如果不是一个特别的机缘巧合,随你怎么称呼它,这件事就不会发生,一切就不会浮出水面。高中毕业没多久,有天早上,彼得到我这来,单刀直入地问:你为什么没有告诉我,他不是我的父亲。我这辈子从来没有像当时那么震惊过。仿佛被刺穿了心脏,我当时就哭了。我又能怎么办呢?尽管对我来说这很难,我还是把一切都告诉了他。你知道他接下来说什么吗?这是迄今为止我生命当中最幸福的时刻!我也说不清原委。我随即问他,他是怎么知道的?他回答说他根本不知道,只是有种直觉,所以就试试如果他假装知道,我会有什么反应。他让我无比惊讶。或许这样也好。我想我已经做了我该做的事,也会继续做我的分内之事,我要求你(我不会请求你,你或许明白其中缘由)现在去做你该做的事。这样的话,对我就有公道可言了。我希望你有勇气且明白事理,你马上给他写信,我不期待你为我做什么,我对你提要求也是无稽之谈,但彼得还有很长的路要走,你要成为男子汉,去见他,你必须得见他。你没必要生气,不要想着我写这封信或提这些过分的要求是想让你处境尴尬或者想吓唬你,弄得好像我要敲诈似的,并不是这样,我是想让你感到惭愧——但也希望你感到自豪和喜悦。玛利亚真心希望是这样的结果。另外,再重复一遍:你马上写信。他想在某个地方见你,可以在慕尼黑见面吗?"[98]

几天后,埃里希·舍内曼回信了。8月21日,他请求对方解释清楚——出于一位精于财务事项的储蓄所职员的考虑——玛利亚"神秘的暗示"背后是否隐含着"对钱的要求"[99]。不过,他也问了儿子的大学课程规划。见面的事？如果玛利亚四个星期前给他写信，他们或许能在哈尔茨山见一面："他可以到我那里做客，我们试着与对方相处，之后他或许会更加失望。"

1962年的夏天，格里芬，儿子感到失望，至少《无欲的悲歌》的作者如此描述儿子与父亲第一次见面的情景。埃里希·舍内曼没有给儿子留下深刻的印象：

"还没有到约定的时间，我就和他在大街上不期而遇了。他被晒伤的鼻子上顶着一张折过的纸，脚上穿着凉鞋，牵了条苏格兰牧羊犬。"

"生活让他感到失望，"这位作家儿子第一次与父亲见面后便发现了这一点，"他愈发感到孤独。"[100] 其实舍内曼给玛利亚·汉德克写了封信，信中说他的婚姻"很遗憾是个巨大的错误"[101]。

与生父见面前，汉德克的内心充满了期待。1961年12月，他给他以前的德语老师莱因哈特·穆萨写信："我与父亲取得了联系，尽管只是书信来往；即便如此……我开心极了（'开心'这个词自然是空洞的表达，但同时也说明了一切）。他打算明年夏天开车来克恩滕州。我们开车随便去一个地方。"[102]

然而，叙述者后来在《无欲的悲歌》中把这位亲生父亲描写成一个戴着墨镜、穿着凉鞋、可笑的小市民形象，他来到格里芬与他的昔日情人和他们的儿子见面，却是一副手足无措的样子。儿子与父亲一样，不知该如何与对方相处，他们彼此保持着距离："我远远地站在投币点唱机前，点了首猫王的《伪装的恶魔》。"[103] 这首歌的几句歌词耳熟能详：

你以吻愚弄我

欺骗我，甚至已暗自谋划

上帝知道你是如何向我说谎的

你表里不一

不知道格里芬咖啡馆的投币点唱机是不是真的可以点唱这首歌，这或许也是文学虚构——不管怎样，昔日情侣久别重逢，这首歌是绝配的伴奏音乐。毕竟埃里希·舍内曼当年在克拉根福跟年轻的玛利亚谈恋爱时，已经有了家室。他跟玛利亚的孩子还没有出生，他就回到了妻子身边。二十年后，汉德克在小说中嘲笑他的母亲在受到一些"微不足道的按照礼仪指南书进行的撩拨"后，就被"储蓄所的那个人"迷得神魂颠倒，谁又能责怪这个儿子的讥讽呢？[104]

玛利亚的丈夫布鲁诺·汉德克知道这次已经约好的会面，他派他最小的儿子罗伯特担任"道德监察官"。据汉斯·汉德克的回忆，见面结束后，彼得、罗伯特、玛利亚和埃里希·舍内曼一起去南斯拉夫旅行。在《无欲的悲歌》中，儿子却是单独一人与父亲一起旅行，不管住在哪一家宾馆，父亲都强调他和他的同伴是父子关系，"因为他无论如何也不想让别人把我们当成同性恋（'第175条'①）"[105]。

通过这些看似不经意的描写，作家把他的父亲埃里希·舍内曼刻画成了一个怯懦的小市民形象。正因如此，他与父亲保持着距离，并把他置于某种可笑的境地；他凭借自己敏锐的观察力，坚守在真实的

---

① 德国《刑法》第175条于1871年5月15日颁布，该条例将男同性恋之间的性行为视为刑事犯罪。1935年，纳粹德国扩大了该条例的使用范围，并加重刑罚。

领域。汉德克以此证明自己是一个在字里行间谋杀亲生父亲的大师。

或许这个作家儿子想用这本书来弥补母亲因为被舍内曼抛弃而产生的失望感？这本书是儿子在母亲过世后对她的感谢之语，感谢她十年前给了他一个真正的父亲，从而让他找回了自己的权利？

事实上，年轻的汉德克当时很愿意与父亲一起出现在公众视野中，他在1962年7月给舍内曼的信里写道：

"当然，问题只是我们在哪儿见面。实话跟你讲，我想象着在格里芬与你见面的情景，这对我来说不是问题，因为很多人私下里都知道事情的真相。你也在信里说，这对你也不成问题——尽管如此，我觉得我们第一次见面的地方应该是我们都比较陌生的地方，这样更好，这样我们的见面就不同于平常了。"

他建议在克拉根福见面，他在信中接着写道：

"另外，我在称呼或其他方面没有任何问题。我必须得承认，当你在信中提及我该如何称呼你以及我们是否作为父子登记等等，我请你这么做——因为除了你，我还能称呼谁为父亲呢，难道不是这么回事吗？——我特别开心我有了父亲，因为我，你说不定能长命百岁呢——虽然我还不到二十岁，可是我觉得没有比见到你更美好的事情了……我必须向你坦承，我自己本人没有什么可写的：'再见'——因为不管我怎么回忆，我都想不起你的模样了。毕竟我当时才六个月大。"[106]《无欲的悲歌》里没有这些内容：对汉德克来说，与亲生父亲互通书信已经是敞开心扉了。"真是无法想象，这个寡言少语的人如此信赖你，而且这么快就与你熟络了起来，"这两个人取得联系的几周后，玛利亚·汉德克惊叹道，"因为我了解他。"[107]

若想了解年轻汉德克的生活、思想和感受，没有比这些为数不多的书信更加真实的来源了。他的母亲在这些信里向她的旧情人讲述他们共同的儿子。信里讲述的既是她那不幸爱情的结晶，也是令她心痛的幸福：

"被我们两个带到世上的这个人是多么独特。他在我们这里被看成是怪人、格格不入的人，可他不是这样的人，他只是不关心日常琐事，厌恶说一些不言自明的话。迄今为止，不管我称不称职，我都充当了他父亲的角色，但在精神生活方面，我已经无法满足十二岁的他的要求，相反，我已经开始向他学习了。现在你突然出现了，我们之间近到似乎触手可及，我很愿意告诉你关于他的一切，有这么一个孩子，我常常难以承受这种幸福，如今我可以跟你聊这些了，我很幸福。"[108]

自从有了往来，玛利亚·汉德克有机会再次向她大儿子的父亲倾诉心声。"我必须向你坦白，"1961年11月27日，玛利亚写信给她的埃里希，"自从我结婚以来，我就犯了重婚罪，我将与你再续前缘，我已经这么做了，在这儿我是在出卖自己的灵魂，谁又不晓得这一点呢？"[109]

这位不幸的已婚者诉说着她的绝望，生活总是事与愿违："是的，埃里希，久别重逢真是令人打心眼里感到高兴，当时我们的儿子也在场，这是好事，否则我们可能会说些镜花水月之事，希望的火苗将再次被点燃，最后却是竹篮打水一场空。"[110]幸福近到触手可及，但又无法企及，遥遥的幸福变成一首无欲的悲歌。

这个年轻人未来可期，找到亲生父亲对他来说无疑是一场救赎。

他们第一次见面前,他在信中写道:

"我亲爱的父亲! 我现在这么写道。我真是高兴极了,将近十九年之后,我终于有了一位不用强迫我叫他父亲的人。我与我母亲的丈夫压根不讲话,这种情况差不多持续两年了。我现在终于盼到了! 我真的不知道我能否相信在这里发生的一切。有时候,我觉得一切是那么奇特和不真实,仿佛一场梦,而你根本是子虚乌有。不过,我有你的这封信,我忍不住读了一遍又一遍。今年我无法见到你,这真是太扫兴了;我衷心希望以后还有机会,说得委婉一点,世界政治局势有点棘手。如果一切顺利,我们或许明年甚至早一些能见上面 [……] 你在忙些什么呢? 鉴于你的家庭情况,我或许不该这么问你,你肯定心里面觉得别扭。妈妈的婚姻也非常↓①,不过或许我对此也有责任。除了我,她还有三个孩子。上天啊! 我无法忍受这三位(至少那两个大些的),他们跟他们的父亲一模一样。我为妈妈感到惋惜,她的命很苦。但她会战胜命运,她是那么勇敢。有时她几乎就要缴械投降了,可她又挺过来了,接着过她的日子,甚至还兴高采烈的;希望以后我实现自己的目标后,能够感谢她所做的一切。全凭她一人的努力,现在我们也有了一个小房子,不过她要在二十五年内还清高额债务。我认为她真是令人钦佩。希望你的身体没那么虚弱。你在信中说你的健康状况不理想。你度假后身体或许好了一些,这应该是你一直以来所希望的。你的母亲多大岁数了呢? 我知道问这个问题不得体,不过我还是想知道答案,还有,你的父亲为什么那么早就去世了呢?

---

① 原文中使用的是这一符号。

他是干什么的呢？巴萨克萨①什么样呢？你还有兄弟姐妹吗？这一切都让我感到好奇。你对什么感兴趣呢？你会说这个人好奇心太重了。事实并非如此，我平常并不这样，我其实不愿意讲话，像人们所说的那样（另外，这是一个愚蠢的词：'沉默的'）——我认为，我有25%像妈妈，有25%（按照妈妈讲的关于你的事情）像你，剩下的50%可能是全新的。我猜测你或许想了解它们（这50%）；它们有些特别，如果我能够这么讲同时又不显得傲慢的话，他们甚至可以称为奇特。妈妈可能会给你写信。今天我打心里觉得自己是你的小彼得。"[111]

汉德克非常想与父亲交谈：

"我时常想，如果我有父亲的话，我将对他畅所欲言（当然除了特别私人的事情），并且倾听他的意见，我希望他理解我；因为只有拥有好的父母，我认为这是基本条件之一，人们以后才会实现自己孩子对父母的期待。这听起来像是夸夸其谈，但确实如此。我深爱着我的母亲，我想如果我见过你一次，我也会深爱着你。就像现在，一切看上去是那么抽象和不真实，不过，我一直试着想象你的样子，你如何评价这件或那件事情，你是否与我意见相同，你是否对一些事情持反对意见。自从我看穿了妈妈的丈夫后，我就希望自己有个父亲，一个真正的父亲，有威严、有同理心，还能做朋友。"[112]

1962年4月18日，汉德克给舍内曼写信："我认为，很多人根本没想过，**父亲**是什么，以及**儿子**是什么。这已经成为流行歌曲、伤感

---

① 巴萨克萨（Bad Sachsa）位于德国下萨克森州，距离哥廷根以东约50公里，因为治疗性气候成为疗养胜地。

的插画小说以及庸俗的艺术作品的一个题材。其实它是人类生存的一个根本问题。好吧，我们不要如此感伤地去描述它，索性说：它是非常人性化的。"[113]

正是由于这些信件，父子之间才变得更为亲密，尤其是儿子，他一直在望眼欲穿地等待着远方父亲寄来的信件中的每一行字："你给我写信我心存感激；我的感情无以言表。"[114]语气从一开始就充满了期待。儿子因此在信中写道："你亲切的话语就已经让我感到无比开心，我希望我永远不会让你失望。"[115]

数年后，汉德克让他的父亲回忆他们初次见面时的奇怪情形：

"你写的关于我妈妈的事情太美好了，令人伤心的是，当时你对我只字不提或所言甚少。但是，从另一方面来看，这也可以理解，你对我感到很陌生，我突然就出现了，这对你来说一定是一种强求。可是，许久以来我真心地希望，妈妈的丈夫不该是我的父亲——梦想突然成真，我真的好想见见这位真正的父亲，为什么呢，因为我在脑海里为他编织了一幅近乎完美的画面，尤其是我跟那个人平常都生活在一起，我心里早就清楚，自己不想让他当我的父亲，这当然也不公正。不过，这些问题早就不存在了，有过那些问题，这对我来说或许也不是坏事。"[116]

汉德克写给母亲的信一直以来都难掩温柔的关爱之情，即便如此，就坦诚和热情而言，这些信还是抵不过汉德克写给失而复得的父亲的信："我有时会招人厌，或许是我太高傲了，也或许可以用类似的话来形容；可我觉得我或许不是那个样子。"[117]但是，面对这位如今要做他父亲的陌生人，他有时也在不同的感情之间摇摆。一个务实的储蓄所职员！他究竟能不能理解他的儿子对文学的热爱？

"亲爱的爸爸父亲！你说得对，在信里写下这个词比说出它容易得多；不过，这是我现在不该再写下这个词的原因吗？你知道吗，当我们在一起时，如果我几乎不使用这个词了，那是因为所有的一切都向我袭来了，像一些未知和陌生的事物，因为天性使然，有些事情常常违背我的意愿，像枷锁一样紧箍着我，使我动弹不得，所以并不是别人，而是我自己让我感到陌生。你或许能够理解：仿佛一场梦：你不知被什么人支到一个冰窖里，你有一种感觉，所有的一切都是虚幻、伪装，你其实应该在别处，在另外一个世界里。然而，内心有些东西在瓦解，之后你醒了——这是同一个世界，现在你却再也感觉不到寒冷了，你挣脱了枷锁，如果我可以这样说的话。你离开之前那天晚上我听到你跟奥伯韦拉赫①的那位老妇人讲话，不知怎么的，这样像那天晚上的场景。我还能想起的是：你说格劳宾登州②有楼层所有权了，当时我突然觉得我似乎挨着你坐在了长椅上：这就是我的父亲。现在你一定会对我产生误解：在这之前我只是理性地接受了这个事实，事已至此，你必须是我的父亲；但只有在这一刻，我才搞明白这件事情。就是这么回事（希望这个比喻不是太玄乎）：就这么说吧，人们坐在那里，听到一个孩子在哭；人们一边听一边想：那里有孩子在哭。但这只是外部事物，它经过听觉进入大脑：感知在那里产生了。然而，人们一下子就明白了——孩子的哭声充斥着心灵和魂魄，现在它不再是纯粹的感知了，而是一种印象，人们永远不会忘记它。天知道，

---

① 奥伯韦拉赫，隶属于奥地利克恩滕州的小镇。
② 瑞士的一个州。

你是一个理性的人。所以你会觉得我的话有些可笑。不过，你也不是那么理性，我经常注意到这一点。如果你说，不知怎么的，我们之间总会感到生疏，我会同意你的说法。无法否认过去的十九年光景，而且我可不想骗自己。最近我写了一个故事，它是以前写的一个故事的续集，我已经把故事寄给你了（《一个孩子的热爱》：一个孩子可能因为在森林里迷路而发疯，你觉得这是不可能的；你记得吗？），如果你愿意的话，我想把副本寄给你。尽管就像你说的，你是一个'储蓄所职员'，不过你还是会在你的心里为一件傻事留点儿地。"[118]

不管怎样：就算是舍内曼也要承认他儿子聪颖过人。1962年3月13日，汉德克把他的高级中学毕业考试成绩寄给了这位骄傲的父亲：只有体育锻炼是"良"，其他科目都是一分[①]，总体评价："成绩优异，具备上大学的资格。"[119] "写书面毕业论文的时间是四个小时，儿子只用了半个小时就搞定了。"母亲自豪地说。[120] 玛利亚·汉德克在一封同年12月写的信中提到，他们共同的儿子"一定被智慧之鞭抽笞过，以至于他看上去愣愣的，但对我来说，他就是一切，他用他的存在弥补我所有的失望和劳累"[121]。

汉德克在格拉茨开始学习法律之后，常常会把他的成绩单寄给这位"亲爱的父亲"，成绩单里记录着他大学时的优异成绩，他也会把他在文学创作方面的最新进展与他分享；1962年3月13日，他信里写道："我刚刚收到奥地利广播电台的通知，我的一篇短篇小说将在5月3日在电台播放。我很开心今天能告诉你这个消息。如果你能听到就

[①] 奥地利考试等级为5分制，1分最好，4分及格，5分不及格。数字后面也会加"+""-"，比数字本身等级更好一点或差一点。

太好了！"[122]

除了几十封书信和明信片，埃里希·舍内曼还收到了他儿子用打字机敲出来的两部早期作品，这是汉德克最初的文学尝试：《一个孩子的热爱》和《一个小女孩的小说》。埃里希·舍内曼从一开始就以这种方式见证了汉德克逐步成为一名作家的进程。不过，作为一个脚踏实地的储蓄所职员，他对儿子的文学事业持怀疑态度，他或许更多的是出于责任感才去关心一下儿子的作品。彼得·汉德克很乐意回答他父亲的问题：

"你问起《大黄蜂》，这太好了。但实际上大黄蜂们还在我的梦里隆隆作响，如同深夜里突然出现的架架飞机。我依然所知甚少。等我用打字机把它们抄完了，再寄给你一个长点儿的故事。"[123]

直到舍内曼去世，彼得·汉德克一直与他保持着联系，他们经常见面。作家1967年拍摄的即显照片上，父亲对着儿子的镜头一直保持着开心的微笑。

1990年，汉德克给一个朋友写信：

"我在汉堡的郊区拜访了我八十三岁的父亲还有与他几乎同岁的生活伴侣（其实倒不如说是她'陪着他'，谁知道呢？）。这令人感到开心：在我四十八岁的时候，令我感到惊讶的是，至少在远处，一个一直以来其实都陌生的人让我想起了一个诸如'父亲'的词。他是一个灵敏的、孤独的、胆小的、真实的人，直至今日，我仍然为我在《无欲的悲歌》里使用的'储蓄所职员'这个词感到羞愧。"[124]

1993年3月30日，埃里希·舍内曼去世。在父亲的葬礼上，汉德克结识了他同父异母的哥哥海茵茨和他的妻子莫妮卡。"你有两个儿子，他们几乎同岁，这太奇特了。我的'同父哥哥'长什么样？"三十年前他问他的父亲。[125]葬礼结束后，他和海茵茨·舍内曼一起穿过父亲空荡荡的房间。"还有一些事情要讲述。"汉德克在1994年的一次采访中说。[126]

父亲为他的作家儿子感到无比骄傲，埃里希·舍内曼的儿媳说，接着，她给我这位传记作者添了杯咖啡。海茵茨和莫妮卡住在德国石勒苏益格—荷尔斯泰因州乡下一个改建的粮仓里。海茵茨在布克斯特胡德与同父弟弟彼得见过一面，在这之后他们只见过对方一次，当时他和他的妻子开着房车在离汉德克凡尔赛旁的住处"无人湾"不远的地方露营。他送了他们一本有题词的书。汉德克有次过生日，他们曾送给他一盒铅笔，他对此友好地表示感谢。

莫妮卡·舍内曼费了好大劲儿才把一厚摞文件夹放到了桌子上。父亲舍内曼收集了与这个大名鼎鼎的儿子有关的一切剪报并把它们小心翼翼地放进文件夹里。一些剪报上写有他"生活伴侣"的旁注。有一篇1967年汉德克参加自己颁奖典礼严重迟到的报纸报道，她给予以下评价："这一点儿他可不像你！你可不是不准时的人！"舍内曼把畅销书单也剪了下来，里面有他儿子的作品的名字。

几十年以来，汉德克保持着与父亲的联系："求求你啦，快告诉我关于你生活和病痛的细节。彼得祝你万寿无疆。"汉德克在1985年给父亲的信中写道。[127]

儿子以讽刺的语气打趣他的父亲还没有丢掉他身上的"蝎子刺"，父亲觉得儿子是在恭维他，他欣然接受这一说法，还借用一个女朋友的评论："蝎子咬人、蜇人、伤人，刺还没有弄丢，不过偶尔也蜇人。"[128]

1990年圣诞节左右，他们又见了一面。汉德克终于感觉到父亲认可他作家的身份了：

"请允许我冒昧直言，在12月的时候，你离我是那么的近（不过，十多年前我就有这样的感觉，当时是晚上，在布克斯特胡德火车站），那个时候我特别惊讶，我相信我感觉到了，你有一个跟我做着同样事情的儿子（！），这对你也不再是那么陌生。这令我感动，我想告诉你这一点。亲爱的埃里希 —— 回见。"[129]

1991年10月，汉德克去克拉根福参加因癌症而病故的妹妹莫妮卡的葬礼，他利用这次逗留的机会寻找那家对他而言并非无关紧要的宾馆。他后来给他的父亲写信："老虎旅馆　还在。（你大概是在那里把我造出来了？）"[130]

第2章 写作

童年的素材是不可能用完的!

——《缺席》

世界的呼喊

一个厚纸盒里有一些发黄的、皱巴巴的黑白照片。汉斯·汉德克保存着他的同父哥哥彼得的照片,这些照片似乎勾勒出一幅乡村田园般的童年画面:一个快乐的婴儿趴在父母房子前面的山坡上,身子下面是一个颜色鲜艳的毯子,他对着镜头微笑。在另一张照片上,这个孩子正欢笑着与一只小白兔玩耍。

这种印象却是骗人的:"从我记事起,我仿佛就为害怕和恐惧而生。"汉德克在《短信长别》中写道。在回忆中,他早期童年的栖息之地被另外一种截然不同的光笼罩着:

"美国轰炸时我被抱回到家里,院子里到处是散落的柴火,阳光静静地照在它们上面。房子大门一侧台阶上面的血迹泛着光,周末刚在那里杀过兔子。"[1]

什么造就了现在的他？哪些力量和印象对他产生过影响？如果一个人带着敏锐的感受力来到这个世界上，其中有多少是天注定呢？这个孩子太敏感了，所有的印象在他的感受中皆为惊吓。这与战争经历没有直接的关联：即便四周一片祥和，周遭的世界也在轰隆隆地、闪着光亮向这个极度敏感的孩子席卷而来，他生活的世界处于一个紧急状态之中。他所有的感官都充满了警觉：声响是噪声，画面是刺眼的闪电。彼得·汉德克"只有对恐惧状态进行回忆的能力"，这一点就不足为奇了。[2]

这些古老的黑白照片展示这个世界曾经如何看待他。如果有照片向我们展示，世界在他刚出生的那几年给他留下了什么样的印象，这是不是更加珍贵？他看到了什么？他听到了什么，又闻到了什么？

"我能回想起的我生命中的第一件事是我发出的喊叫声，我被放到洗手盆里洗澡，小胖子突然被脱光了衣服，我身下汩汩地往外冒水。"[3]

作为成年人，我们中的大多数人与自己的关系变得陌生：他们不再了解当年还是孩童的自己。孩子们不写日记，对你曾是何人、曾是何种之人的回忆逐渐消失。汉德克并非如此。在他的作品中，对新生活的深入挖掘总是与最早期的经历和感受一同浮现。这背后隐藏着一个纲领：汉德克致力于寻找消失的童年，因为从童年奔涌出叙述的河流。作者在他现在的思考和感觉中观察自己，并在日记中保存这些观察的结果。他通过写作寻找自我，他的自我考古[4]也同样执着："总在引证童年的人并不真实，虚构童年并向自我讲述童年的人才真实。"[5]

一个作家对自身感兴趣，这并不令人感到惊讶。然而，汉德克毕生的文学探索所具有的前所未有的深度使其与众不同。通过叙述，他讲述的那些貌似极度私人和个人的事情有了丰富的含义。如同他的荷马在电影《柏林苍穹下》中所说："如果我放弃，人类将失去他们的讲述者。如果人类失去了他们的讲述者，他们也失去了他们的童年。"[6]

用儿童的眼睛看世界，多数时候这是句空话。汉德克把这句话变成了经验，对他适用，对读者亦然。他回想起他最早期的感受并把它们复述下来。家庭环境肯定给他这个失语的孩子打上了烙印，他在《大黄蜂》中紧抓着这些印记不放：

"这一切都使我目空一切而又让一个别的什么感到吃惊和诧异。我感到非常惊奇，不知道房屋里所有东西的名称，但我却感受到了。一个不同于我的别的什么从台阶上走上走下：我已经觉察到了这点；另一个别的什么人在厨房里全神贯注地给我讲了一个故事：我已经觉察到了这一点。"[7]

这是汉德克的第一本书，出版几十年后它仍然是汉德克写作的主要准则："这部作品毕竟把我整个人从沟壑里拉了出来。我喜欢这部作品，这是一个精彩的故事，语言也精彩，我至今还未解决的每一个问题当时就已存在。"[8]

汉德克的处女作帮助他在写作时进行探险性的自我发现。但是，写作之前就已开始了逃亡：再次背井离乡。

冒险的我

1948年6月24日，西柏林被封锁之前，布鲁诺和玛利亚·汉德克带着两个孩子——刚满一岁的莫妮卡被装进了购物袋里——在拂晓时从这个城市的东部占领区往外逃。目的地是奥地利。他们必须经过两个占领区边界,而且他们身上没有证件。一名俄罗斯边防战士拦住了他们,母亲用斯洛文尼亚语回答问题。这个男人便让他们通行了。又一次中了大运:"我的母亲还是小姑娘时,在一个斯洛文尼亚业余剧团演出。她后来一直为会说这门语言感到自豪;在战后柏林的俄罗斯占领区,她的斯洛文尼亚语也帮过我们所有的人。"[9]

对六岁的彼得来说,这次逃亡是一个激动人心的经历。他上五年级的时候,把这次逃亡经历写到了作文里:

"我们幸运地克服很多危险后,到达了德国和奥地利的边界处。我们想非法越过边界线,因为我们没有护照,东德也没有给任何人发放护照。起初,我父亲想请边界区的一户人家帮忙指路以便越境。我们进了屋子,只看到一个身穿黑衣的女人在哭,她叹着气,低头看着一群孩子,其中有几个孩子年纪还很小。我四处看了看,一个岁数并不大、脸色蜡白的男人躺在灵柩里。我们看到了这个死人,父亲随即转头想走,想赶着去找下一户人家。这个可怜的女人看出了我们的窘境 —— 我们的大背包里装着我刚一岁的妹妹 —— 她马上走近了些,主动邀请我们待在她的家里,尽管她自己的不幸就在眼前。当她得知我们是难民想逃往奥地利时,立刻给我们煮了一杯热咖啡,拿出用于丧宴的蛋糕来款待我们。然后她马上赶到在村庄和萨尔茨堡两地往返的货运商那里,请求他把我们藏在他的卡车里,把我们送到更加安全的奥地利。她说了很久才说动他。"[10]

危险、贫困、死亡 —— 这个五年级学生以近乎冒险小说的风格描述了一次惊险逃亡。汉德克七岁时 —— 距离这些事件已有一年时间 —— 饶有兴趣地读卡尔·麦的《荒原追踪》。几周后,他开始读这

位作家的小说《罗迪甘达宫》,却感到失望:

"《荒原追踪》以第一人称叙述:我的第一本书的主人公是'我'。在《罗迪甘达宫》中,这个'我'没有再出现。我一页页地读,刚开始的时候如饥似渴,然后是失望,继而是愤怒,因为这个'我'还没有出现。《罗迪甘达宫》的主人公们是仅仅以第三人称出现的人物,这让人觉得怅然若失。我还记得我读到书的中间部分时,还在等这个'我'作为所有'他'的拯救者出现,救他们于水火之中。哪怕到了最后,在绝境时刻,我依然希望这个'我'在原始的库尔德斯坦①出现。这个'我'没有出现在《罗迪甘达宫》的后续作品《太阳神金字塔》《贝尼托·华雷斯》中,这让我感到震惊,这也是回忆中的一个经历。"[11]

这种"意识晕眩"让这个年轻的读者感到愤怒。这个"我"置身何处?我又置身何处?因为彼得·汉德克真正的冒险从来都不在外部世界,而是在别处:在他身上发生。这将持续一生:发生了什么并不重要,他经历了什么才重要。多亏了卡尔·麦,汉德克发现了他身上冒险的"我"。

几十年后,作者在《我在无人湾的岁月》中讲述他从柏林突然搬到格里芬的后果:

"我当时明白了我的本性从何而来,另外,我曾是一个难民,"二战"结束几周后,还是孩子的我和母亲离开了在威廉港的父亲,在德国的禁区来回穿行,唯一的文件是外祖父的一封信:他家里的两个儿子都阵亡了,楼下的房间空着,不愁没有工作。不只是逃难的时候,

---

① 库尔德斯坦在伊朗、伊拉克、土耳其交界处。

哪怕是来到这个叫林克拉赫的村子后,虽然那里的幸存者对我的态度都非常友善,我还是没有权利待在这个国家里。我小学到毕业所有的成绩单都可以充分证明这一点,成绩单上'国籍'这一栏里填的都是不同手写体的'无国籍'。"[12]

后来,汉德克成为一名璀璨的文学流星,他有了截然不同的体会:他对所有对他的"友好关注"态度淡然,他感到陌生,没有归属感,几乎总是被一种巨大的力量所裹挟。他一出名,《克恩滕日报》就开始否认这个文学新星的父母是柏林人的谣言,并且明确表示"来自克恩滕的彼得"从官方上讲也是克恩滕人:"他们不能把这个年轻人从我们这里抢走,他如今堪比德语文学神童。"[13]

六岁的汉德克经历了从一个世界突然来到另一个不同世界的转变,他讲述自己对边界之地、边缘、大城市边缘区域的偏爱。无处为家使他的生活充满变数。如果生活没有按既定的轨迹进行,它就变成了一场无法预知的冒险:"有些生平大致依循出生、出身和环境所决定的预设方向。至少在和平年代是这样的规则。除此之外,还有与众不同的生活,无法称其为'按部就班',更应称其为'跳跃''变动'或'事件'。我可能属于后面这一种。"[14]

那个陌生人是我

对母亲来说,逃回农村就是回到了一个熟悉的世界,但这却打断了她长子的生活。在此之前,他"最重要的童年时代的风景"[15]是大城市。如今,他再次置身于一个远古的、遵循不同法则的世界,他敏感的感官所受到的刺激也变得不同。

这个年轻的四口之家在格里芬也住得相当拥挤。汉德克一家人住在外祖父老房子里的两个小房间里。母亲又与"以前一样成了这栋房子全体居民中的一分子",她的丈夫在他的连襟格奥尔格·肖茨那里找到了一份卡车司机的工作,肖茨的木工公司当时正处于蒸蒸日上的发展期。父亲作为一家之主,通过繁重的工作获得的报酬——把建筑材料运到偏僻的山中农场——只是"令人厌恶的施舍"。母亲"必须通过干外边的活获得实物比如土豆、煤等,她是真正意义上在田地里劳作的外来工人"[16]。

几年后,他们搬到玛利亚从她的祖父那儿继承到的一个破败的农舍里。孩子们睡觉的小房间紧挨着牛棚,里面有一匹马和四头奶牛,孩子们每周洗一次澡,然后"从桶里被拽出来"[17]。这个狭小房间里的生活非常简朴,但对这个"普通家庭的儿子"[18]来说,这种生活却包含着丰富的文学内涵:他把《真实感受的时刻》和《无人湾》里的主人公叫作格里高尔·科氏尼格。

年轻的汉德克在他生活的环境中感到陌生,因为他只会说标准德语——还带着柏林口音。这个来自德国大城市的孩子觉得斯拉夫语的原始音是"进入耳朵里的可憎之物,他有时甚至会因此打断他母亲的话,偏偏是她"[19]。1987年,斯洛文尼亚作家协会把中欧文学奖颁给汉德克,他坦言"栖身在两门语言中"[20]曾让他觉得很恐怖。

这个男孩与他斯洛文尼亚母亲的关系最为亲密,即便如此,他跟她也说德语。母亲的斯洛文尼亚世界后来对汉德克的文学作品愈发重要,他也越来越多地尝试着把他对斯洛文尼亚语的亲近感与自己的过去进一步关联。

"我咿呀学语时的语言应当是斯洛文尼亚语。后来,当地的理发师告诉我,我第一次理发时,一句德语也听不懂,全部是用斯洛文尼亚语跟他交谈。我想不起来了,几乎忘记了这门语言。"[21]

在《大黄蜂》里听不懂别人的语言已经开始对这位独行侠造成影响:

"在外国方言里,无论是对一个双目失明的人,还是一个让别人看不见的人,用的都是同一句话。没有人能够从外面看见他,因为他眼睛瞎了。"[22]

男孩的"柏林化"不是融入农村集体的有利条件,作为集体的一员他将克恩滕州方言与斯洛文尼亚方言混为一谈。说话有德国口音的他与整个环境格格不入,他对自己也感到陌生。走路时他在观察自己,仿佛他和自己的身体是分开的:

"然后我在想,并不是我在走路,而是我身下这一双脚在走路;并不是我在思考,而是我的大脑在思考。这是因为,如果考虑到这双脚属于我,走路的脚是我的脚,那么走路的就不可能是我,那么正在考虑的大脑,作为我的大脑,也不可能是我,因为那是我的大脑,因为大脑是我的,凡是我的东西,都不可能是我。"[23]

在发挥作用之前,冒险的我先站在自己身边——这也是年轻的汉德克与其他作家共有的经验,比如阿尔图尔·兰波①。"我是别人",这个法国人在他十六岁时写信给他的法语老师格奥格斯·伊森巴尔。

---

① 阿尔图尔·兰波(Arthur Rimbaud, 1854—1891),法国诗人,早期象征主义诗歌的代表。

所以，人们也不能说：我在想；而是必须说：别人替我在想。"为喋喋不休的同胞感到羞耻，他们对所言之物一无所知！"从青年时代开始，彼得·汉德克就恪守着这一原则。

在环境无法帮助他的地方，幻想拯救他。他设想出一个与他相像的人。"这一想象是诸多美好、神秘的想象之一，它们在精神层面影响了我的童年。"[24]汉德克认为双影人的经验与他突然从大城市柏林来到信奉天主教的、乡村气息浓厚的南部克恩滕有关。"它或许也与离开一个生活圈子继而移居到另一个生活圈子有关，尽管这不是解决之策或该有的解释。"[25]

"他缺少自信，"五十年后，他的弟弟汉斯讲述说，"他跟其他人在一起时无所适从。那些人脑子里只有工作。他对这个没兴趣。"[26]

整个世界对他来说都不真实。这位格拉茨大学生在一封1963年写给母亲的信中回忆道："以前我上小学的时候，如果跟另外一个人待在一起，我常常会想：真有意思，这个人就在那儿，跟我讲话，看着我，穿着他的衣服坐在那儿，他那么陌生，在我之外，在一个陌生的国度。我在这儿，他在那儿，我们跟对方讲话，我们笑着，还有这所有的一切，可是，我是我，他是他，我们来自完全不同的地方，根本没有别的选择。我一直都觉得这很可怕。它会发生在你的身上，发生在你身上的次数最多：她如何走路、如何切面条，我或许想象着她如何给我一块面包，这一切是多么陌生。我不能处在你的位置上，你也不能处在我的位置上，这让我无法理解。"[27]

这个大城市的孩子无法在农村如鱼得水就不足为怪了：乡村田园牧歌和自然浪漫派在这里都无迹可寻。《短信长别》的叙述者如此描述他的童年：

"我在农村长大，很难理解大自然怎么就会让人感到解脱，它只是让我感到压抑，或者至少让我觉得不舒服。谷场、果树和草地让我觉得不舒服，它们隐藏着一些吓人的东西。我对它们有着切肤的了解：赤脚在谷场上奔跑，爬树时树皮划破皮肤，雨天穿着胶靴跟在奶牛后面在泥泞中行走。今天我才明白，我之所以对那些小小的不如意感受那么深、那么强，是因为在大自然中我从不允许自由活动。果树是别人的，主人来时必须穿越田野逃跑；照看牲畜，也是为了挣钱买照看牲口穿的靴子 [……] 我喜欢房屋和街道胜过自然，在这里我做不了那么多被禁止的事。"[28]

很久以后，七十年代初——大约在这个时期，汉德克也放弃了他重于形式的先锋主义风格——他与大自然的关系才有了转变："我在大自然中停留了很长时间，在户外喝了葡萄酒，还吃了东西。"[29]

在四五十年代，汉德克一定对在农村的自己感到陌生。另一方面，来自少年时代的经验构成了一条由回忆组成的永不干涸的河流，滋养着汉德克的作品。1983年，汉德克获得克恩滕州文化奖，他在颁奖词中回忆发生在格里芬的往事和那里的人：

"[……] 那些支持我的人，那些对我不管不顾的人，还有那些给我的人生设下绊脚石的人 [……] 我想起一位邻居，我每天中午都会去他的鞋匠作坊，他也在那住，我可以在那读小报和《圣经》。我也想起另一位邻居，他穿着靴子踩我身上，因为玩撞柱游戏时我用石头击中了他儿子的胫骨。我也想起了神父，他用他的故事提醒我们这些孩子要记住圣诞老人的魔鬼随从是如何死去的，故事中的那个男人头天晚上安然入睡、第二天早上却再也没有醒过来。我也想到了牧师，群众庆祝结束后，他把散发着芬芳的生命之果拿给我，让我在回家的路上吃。"[30]

如果有人把汉德克的文学看作是乡土文学，这简直是大错特错；另外，如果认为汉德克在农村度过的童年是如今这位声名显赫的作家回忆的基石，他能从中创造出多彩、美丽的画面，这种看法同样也站不住脚。并非因为这段消逝的时光已经美化了一切，而是冒险的自我带给这个与众不同的男孩最多的还是痛苦：他被上天选中这一点当时还未得到证实，他的天赋尚无用武之地。一段时间过后，写作将帮助他抵御这个从四面八方向他涌来的世界，他被这个世界逼到了失语的疯狂边缘，他变得"惊慌"，变得无措：

"[……]一想到那辆还不得不推着的自行车，他就没了主意。他竭力汇聚那些混乱的思想。他想不停地说话。他想问是不是有人也和他一样。他想通过说话打开一个他不了解的话题。他常常固执地去摸索一些东西，却总是抓不住；当他去抓的时候，它们就溜掉了，还会自我保护并躲到一堵空墙后面，他既不能透过墙听到什么，也不能穿墙而过。然后，这些东西突然把墙推倒，攻击他，侮辱他：他原先摸到的水并不是水，还有他说过的话并不是对自己说的，也不是对别人说的。可是现在这些东西竟然打动了他，听命于他，而他虽然制服了它们，却像一个新生儿一样无法摆脱它们。

"当他改变他的自言自语时，便暗自在想，只要跟他有关的东西对他来说都无所谓；他想说的话，他认为都是大多数人所说的千篇一律的话。"[31]

头脑中的火

"谁捂住了耳朵？没有人捂住耳朵。"[32]村子里很吵闹。在这里他不得不面对完全"新的感受"，像《内部世界的外部世界的内部世界》中一首诗的名字。汉德克觉得自己不属于这个世界。这个敏感的男孩无法摆脱那些折磨他的噪声和气味，所以他在写作中与它们展开了交锋。汉德克的第一部小说《大黄蜂》（1966）可以看作是这位年轻作家对文学形式的实验，而他也用自己的图片和观察记录了一个在农村长大的人的心路历程。汉德克用地震仪侦测的方式记录着触动心弦的事物。

在《大黄蜂》中，汉德克主宰着他少年、青年时代的世界，还有那些存在于那个世界里不变的仪式，目的就是在文学中摆脱它们。他把现实完全融入文学中，并在写作中重塑现实，以此与现实保持距离——当时他的写作已经不乏嘲讽和弦外之音。

《礼拜》这一章节以屠宰动物作为开场。这位自信、年轻的作者用猪取代了上帝的羔羊。年轻的彼得观察猪是如何在院子里被宰杀的：

"当他们把猪往院子里拖时，猪开始尖叫个不停。四个人都得上前，一起用力把猪拖进院子。猪一尖叫，鸡就扑腾着乱跑，鸡爪扬起灰尘，叫唤着，扑腾着翅膀飞上房顶。屋脊上传来一只乌鸦低沉沙哑的叫声，尖叫声乱成一片。家禽一叫，牛棚里拴牛的铁链子也哗啦哗啦地响了起来[……]可是，当猪被悬吊在盆子上方时，突然停住不叫了，鸡也突然不叫了，鸡爪子在屋顶上刨来刨去；孩子们睁大了眼睛；卧在鸡群当中的猫也瞪着眼睛观望；铁环摇摇晃晃滚到一边，当啷一声撞到石头上；牛棚里拴牛的铁链子的声音渐渐变小了。一个人朝另一个人使了个眼色，然后鸡又在屋顶上扑腾起来，毛虫爬过玻璃，沸水冒出雾蒙蒙的蒸汽，遮住了这些人的眼睛。"[33]

年轻的汉德克凝神观察着这些男人在屠宰时或长工在收割时粗鲁却娴熟的手部动作，并对其进行描写。这些是深入研究过程中最初的练习，也是对现实的再现。

其他时候呢？如果人们不在工作或正在听布道呢？无尽的寂寥，钟表嘀嗒嘀嗒的声音。升起的太阳，落山的太阳。永无止境的重复。这些"既定的事实"[34]。

汉德克长时间地沉浸在出现在他儿时环境里的事物中，直到他的感知消失："你就是电表的那个指针，观望的人盯着它看它如何不停地跳动，直到眼睛酸痛难忍。"[35]

目眩和失明的主题贯穿于汉德克的作品中，这绝非偶然：这个男孩因为眼睛太过敏感而备受折磨。在汉德克还是蓄长发的流行作家时，他就戴上了涂色眼镜。《大黄蜂》里就出现过一个诊断书：

"刺激情绪的太阳既刺激人与生俱来的睡意，催人睡眠，却也刺激人与生俱来的暴躁情绪，让人吵架……烈日似火，刺激着人的感官；感官又刺激着人与生俱有的暴躁性格。这种性格刺激双手，让吵架的人手指也跟着颤抖。"[36]

另一种眼部缺陷把汉德克与《大黄蜂》这位失明的叙述者联系在一起：他从小就无法看到一些特定的颜色。这也成为小说的一个主题："我觉得房间里的东西都没有颜色，都褪色了，这种感觉就像我先前一直目不转睛地注视着太阳而产生的感觉，或者像刚刚醒来还分辨不出黑暗与光明那样。"火和雪使叙述者感到目眩,以至于他觉得无色的东西在愚弄他。[37]

向窗外看时,大自然让汉德克感到厌烦。所以,他试图进一步刺激他本就敏锐的感官,让仔细的看取代简单的看。于是,刹那之间,世界爆炸了——宛如一场幻梦。这在《大黄蜂》中也有所体现:

"路边的草已经发霉了。电线杆上的一圈柏油爆裂开来,流淌着黏液。电线杆里的嗡嗡声钻进耳朵里,就像马蹄声一样。在那目光背后,憔悴的眼睛也显得很无奈:视网膜防护层后面的记忆所创造的图像被火焰熔化成一片迷茫和眩晕;这位徒步者迈着步子,头脑中的火噌的一下升起来了。"[38]

汉德克有时把椅子搬进来,放在开着的窗户前——《大黄蜂》的叙述者也是这么做的——为了观察这片区域,为了剖析这个世界:

"[⋯⋯]一只手向前伸到雪中,眼前一片茫然,各种平面相互交错,弄得他眼花缭乱:天空的白色平面与田野的褐色和黄色交叉在一起;田野的白色平面与天空的褐色之间穿插着油毡顶棚的白色平面,油毡顶棚上的积雪在某个身体的温热下才刚刚融化;那被杨树梢刺伤了的油毡棚的白色平面、天空的白色平面,还有田野的白色平面,那刺眼的白色和空荡的平面,还有那割断和切碎大脑的白色和空虚的平面。"[39]

通过凝神的看以及对观看对象的重现,男孩逐步升级自己的感知——其实一直都是相同的感知,对印象、感觉的感知,风景变成了语句。或许汉德克在八十年代就已经坐在萨尔茨堡僧侣山上的岩窗旁,一边观察一边写作了。

这位叙述者－作者就像是摄像师,他给周围地区"摄影",也记录各种声音,并给它们命名。

"风中的帷幕声可以称为飘动。这种声音也可以与火炉中的炭火苗呼呼的晃动声相比拟。如果窗帘布料比较硬的话,它在风中飘动的声音则可以描述为哗啦声。这种说法也可以用来表示旗帜的飘动。风吹沙粒打到玻璃上的声音可以说是嚓嚓声,这也可以和雨水滴在铁皮屋顶上细小的噼啪声相比拟;雨水滴在铁皮屋顶上发出更重一点儿的噼啪声可以称为咚咚声。衣柜门被风吹开的声音可以称为嘎吱声。风中白杨的声音可以和潺潺流水声相比拟。铁环被风从仓库墙上刮下来滚落到院子里的声音可以称为当啷声。"[40]

尽管年轻的汉德克异常胆怯,仿佛天生就是为"恐惧和惊吓"[41]而生,他六七岁时却喜欢在周边四处游荡,寻找体验、冒险和新发现。他只身一人走进附近的荒野,那是屋后的一片森林:

2009年3月,我坐在汉德克位于沙维勒的家里的餐桌旁,桌上放着许多盘子,盘子里是蘑菇、坚果和其他一些东西。"我一直都想找到一些别人没有找到的东西,"汉德克讲道,"我最初的经历非常奇特:出门走到雪中。天空飘起了雪,我走了出去,到雪里坐着。又或是天上起了雨,在农舍旁离屋檐很近的地方,所有人都待在房间里,我搬把椅子出去了,然后坐到屋檐底下。真是又痴又傻,所有人都认为我精神不正常。这个人坐到外面并让自己淋雨。"[42]

汉德克笑了。是的,为什么会有人在下雨的时候坐到屋檐下面呢? 他只想一个人待着? "不是的,"他低声说道,"天上下着蒙蒙细雨,真是太美了。"还有一次,还是孩子的他跑到离家只有三四十米的森林里。"我往那儿一坐，只有树叶沙沙作响，我侧耳倾听。灵魂完全出窍。这是我的基本态度。压根没有什么恐怖的经历。这是我的经历。我一直都认为，我在那儿出生，也跟其他人一起劳作，在谷仓里拼命干活、照料奶牛、坐在小溪旁，生火，随便用一个干燥的叶子卷烟，烤土豆。"[43]

四十年代的格里芬：这个农村孩子还不知道马尔伯勒人和披头士鞋，但他很早就知道自己对冒险的乐趣以及对远方的向往，这两者如今已经勾起男孩的幻想，他想象着成年后作为作家的他仅仅背着一个书包便穿过西班牙的群山或斯洛文尼亚岩溶，在自由的苍穹下过夜。

在汉德克的少年时代，小小的格里芬对他来说几乎算不上是产生刺激经历和英雄行为的合适舞台："你总在想，这个该死的小溪为什么不是一条大河。"转眼六十年过去了，他也有了更丰富的经验，他回忆说："现在这一点对我来说无所谓，如今我很开心这是一条小溪。"

汉德克在农村度过自己的童年，那时他所有的感官创造性地汇聚在一起，这使得他对人和物尤其对他自己的洞察力愈发敏锐，这种洞察力体现在他的小说中。一个质朴的年轻人的身体连着清醒的头脑——汉德克没有变成一个被驯化的沙龙作者，而是成长为一位指甲中有污垢的作家，这与汉德克在青年时代所产生的表面上的矛盾有关。作为一名不仅成功而且又受到认可的作家，他仍然经常在田野里采蘑菇，仍然站在厨房里用始终如一、娴熟灵巧的动作给自己做饭，这种率性不是装出来的，不是作秀。

童年必须被反复加工且加以改编，这是他写作的动力："总在改编童年的人并不真实，重塑童年并向自己讲述童年的人才真实。"[44]

没有什么比失去儿童视角更糟了——只要一想到有这种可能，这位日记撰写者便陷入深深的忧伤中："我失去了儿童视角？我曾经拥有过它吗？我幻想着曾经拥有过它很长时间；或许把它弄丢过，在1948年从大城市回到出生的村庄、回到陌生世界的那段时间。"[45]

汉德克在八十年代的时候还在日记中记录他的回忆，比如他想起一棵让他心之所向的石榴树，但它并不在"童年果园"里。[46]只有在写作中重新经历过去，繁荣的风景才会出现："只有在回忆中我才拥有一个幸福的童年。"[47]

这是一种动力。这个男孩很早就知道他想要什么。他跟别人不一样。他不允许任何东西、任何人挡他的路。当年轻的汉德克神思恍惚地穿过村庄和田野时，他给别人的印象是乖张暴躁。因为他会突然发怒，几乎没有人敢跟他讲话，敢惊醒他的白日梦。他的心中激荡着两个灵魂：他不想孤身一人，他意识到自己对集体、友谊、理解的渴望，但同时也有对孤独的渴求。他在这两种欲求之间来回摇摆——他自此再也无法摆脱的内在矛盾。

"我压根没有美好或田园牧歌式的童年，不过，我属于那种一开始就清楚自己自身权利的人，出于某种狂妄的心理，我十岁时就拿走了这种权利，然后去实施这一权利。"[48]

当自以为是无济于事时

1948年9月13日，彼得·汉德克在报名入学格里芬小学时还没有狂妄自大的心理。不过,这个孩子的超常天赋马上就引起了老师们的注意。母亲在这之前已经教过他学写作和算术。"四岁半的彼得用大写印刷体字母给他在奥地利的外祖父母写了几封信。他只是不停地在问:'妈妈,这是什么字母?'他把字母表排列组合,遣词造句。"1961年,汉德克的母亲写信给这个男孩的生父。如下:

"他晚上躺在我的身边,我却必须给他出算术题,我总是感到恐惧和害怕。我无法问他8加8等于几的问题,或是27加35等于几,他对此颇感兴趣,可以马上算到1000。在他刚上学的那几天,我成了他的老师,我能想象后来会发生什么。当时我第一次听说'神童'这个词,从那之后,我就对这个词见怪不怪了。"[49]

也不用再教他阅读,"因为我在四岁的时候坚持要学阅读。也正是因为这个原因,我让继父的哥哥大为恼火。我从读报开始。那时没有什么文学,之后就读的学校里也没有文学,老师在学校里常常拿乡土文学来折磨我们。"[50]

然而,年轻的汉德克痛恨老师们施加给他的压力。他在学校里感到内心分裂且孤助无援。[51]四年后,他转到格里芬男女公立中学,斯洛文尼亚语也被列入学校的教学计划。他很快就把在那儿被迫学习的为数不多的斯洛文尼亚语知识给忘了;相比在学校的学习,他更愿意在生活中学习这门语言,也学得更好。家乡教堂里的斯洛文尼亚语礼拜因为"它的热情、音乐般的呼吸以及欢快的华丽场景"比任何一门目标明确的课程更能让他熟悉这门语言。[52]他想坐在教室最后一排的座位上独享清净。他痛恨合唱并为自己的声音感到羞愧。[53]如果老师在他做报告的时候盯着他看,他会因此讲不出话,然后就开始精神恍惚。[54]他躲着他的同学，他觉得同学和老师们在暗中观察他，却并不认可他。

他痛恨课堂制造出文学和生活互为对立的印象。这里有真、善、美，而现实在别处？"在学校里净学这些东西——文学是死去的、空话连篇的东西。这让很多人的生活变得贫瘠。"[55]

学生们必须不停地阐释并鹦鹉学舌——表达观点。这是最坏的束缚。年轻的彼得·汉德克对表达观点深恶痛绝，在学校里他却被迫要发表意见。对《通往第九王国》的主人公菲利普·库巴尔来说，一个罪恶事件被滋生出来："那个时候他在学校里被迫开始发表意见。他后来一再成为意见的奴隶，他也不知道为什么。"[56]

但是，他想保持真实并且诚实。不过，他对自己提出的要求超出了他对这个世界的要求。在他周围的人看来，这样的人是固执、执拗、无法教化的。汉德克后来在南斯拉夫寻找另外一种真实，结果也是如此——不被大众意见所蛊惑。他一生都憎恶"观点被过度机械化"。他的目标："到一定的境界，在别人的意识、意见、想象之外生活。"[57]

尽管已经发生的一切（或者置所有人于不顾），这个年轻的学生特立独行。只有手工劳动这门课他得到一个"及格"分数。学校里没有可以真正学习的空间，也没有能够真正阅读的空间："无法通过学校的途径接触到文学，只能通过一位有激情的老师……优秀的老师不想说教，他的热情会感染学生。"[58]在寄宿学校他才碰到一位这样的老师。他终于开始学习他能够真正吸收的知识，并且是自发地去学习。

坦岑贝格

1954年9月13日，一辆梅赛德斯银箭急速驶过蜿蜒曲折的街道，朝着位于坦岑贝格的马里亚纳姆天主教男生神学院驶去。车停在一个小山上，神学院犹如一个防御城堡，高耸在当地和周围村庄之上。乘坐舅舅格奥尔格的跑车，这个刚被录取的牧师学生彼得·汉德克到达了寄宿中学，他将在这里度过他未来五年的生活。

整个圆形山顶被这栋"囚笼建筑"占据，让这个十一岁的孩子感到震惊。六年前，他逃离柏林来到格里芬，而现在再次离开熟悉的环境，这如同当头一棒，残酷而无情。

"同样让他感到震惊的是，最后一段最陡峭的小道绕过一个房屋大小的陵墓径直向上延伸，陵墓没有窗户，只有一个半开着的门，每次暑假结束回到学校时，门里都会渗出有霉味的冷空气，我幻想这是从大主教的石棺里冒出来的，这所神父学生寄宿中学曾是他退休时的住所。"[59]

与发霉的墓穴空气相比，他同学身上的臭味更让这位孤僻的独行侠感到厌烦。他再也无法在格里芬和四周的田野、草地和牧场中自由行走，如今他不得不"跟五十个孩子一起，睡在一间发臭的宿舍里"[60]。他在那突然出现幽闭恐惧症的感觉，没过多久，这种感觉变成了憎恶，这使他"对这种形式的集体变得毫无用处"。他在一次采访中解释说。[61]在马里亚纳姆他只有极个别时候才能够摆脱其他人形成的团体。

在这个高耸建筑物的阴暗角落里，其他学生都在尽情挥霍着他们的青春，只有汉德克捧着他的书独自坐在东部塔楼里的壁炉炉火前："这所寄宿中学里的所有男孩都跟厨房女佣有一腿。我从不掺和，我只是一个读者。"[62]他渴望独处，同时又觉得自己受到了不公正的冷遇。他再次成了局外人，无法与来自奥地利的同学们熟悉起来，也不与斯洛文尼亚同窗来往，后者作为少数民族，彼此之间亲密团结。他羡慕他们之间的战友情谊：

"斯洛文尼亚学生在寄宿中学里抱成一团，可能也因为他们在德国人那里经历了非议。他们结成联盟，成立文化社团，如唱歌社团、象棋社团、语言社团，而像我这样夹在中间的人，只是为了自己而存在，形单影只，在孤立无援中我开始嫉妒这些人，他们在团体中找到了自己。后来情况有了转变。从十五六岁起，我也开始参加斯洛文尼亚语言班，但并不是很用功。"[63]

当其他学生在外面玩乐或忙于其他事情时，汉德克常常孤单地坐在空荡荡的教室里，专心读书。

"在学校里，我最深刻的感受也是我最强烈的愿望就是在别人面前隐藏自己。我一直都盼着生病。有一次，我在寄宿中学病倒了，可惜又康复了，我当时一整天都坐在冰凉的马桶上，希望再次生病，想一个人待着。"[64]

这就不难理解他为什么会想家了："寄宿学校是一个十分陌生的世界，从那儿离开，无论去向东西南北，都只有一个方向：回家。"[65]逃跑的念头白天折磨着他；夜里，他躺在拥挤的宿舍里，静静地听着从远处呼啸而来的火车声："在寄宿学校度过的这五年不值得被述说。"

在这之前,这个十一岁的男孩自己拿定主意要去马里亚纳姆,他坚定地追随着自己去往那里的目标。1954年6月,为了了解如何做准备,他向格里芬修道院的神父提出申请。随后,神父为他弄到了天主教寄宿中学的登记表,并往他手里塞了一封推荐信。一个叫约塞夫·埃尔克的社会健康保险医生为这个年轻人开了一份医学证明,证明他不仅身体和心理完全健康,而且——因为证明要交给寄宿中学,在那儿他要跟许多人一起住在一个大厅里——他不会尿床。[66]

接下来的一切进展神速:1954年7月17日,录取会议做出了决定,9月他可以上二年级。1954年9月15日,这个名叫彼得·汉德克的学生开始了他的寄宿生活:早上六点起床,六点半做弥撒,八点钟参加礼拜开幕式,还有其他活动:白天的所有活动都被安排妥当。汉德克分到的换洗衣服是248号,在《短信长别》中,叙述者在他的哥哥那里找到了一个有着相同数字的日记本。

这个离开了熟悉环境的人只有在假期时才允许回家,现在他在家里也同样感到陌生。他回家后第一次走在格里芬大街上时,根本不知道怎么跟人打招呼。他像是一匹"受惊"的马,后来汉德克回忆说:"我感到无比羞愧,无法再与那些熟悉的人达成默契,因为寄宿学校带来的陌生感,乡村环境对我来说变得非常陌生。"[67]

然而,对于来自贫穷家庭的农村孩子们来说,上寄宿学校是唯一一个不成为工人或杂工而能从事其他职业的唯一机会。[68]汉德克的父母也是穷人中的一员,作为木工帮工的父亲还有他的妻子其实付不起每月350先令的学费,他们不得不多次恳请学校领导减少学费或准许他们延期付款。

在坦岑贝格的学生档案里可以看到布鲁诺和玛利亚·汉德克的请求信，这见证了这个家庭长久以来的经济窘况。1954年，汉德克被录取时，继父就已请求对每年3500先令的膳食费给予优惠，"因为我是季节工，冬天不得不领取失业救济金。每月的救济金是700先令"。这种情况一直持续到汉德克结束在寄宿中学的学习。1959年4月，距离他离校还有几个月，他的母亲仍在给校长约翰·雷克斯写信，"真挚地"请求他"减免我们彼得5月的膳食费。我的丈夫又开始工作了，但他必须先为他的家庭预支500先令的生活费"[69]。汉德克后来在《无欲的悲歌》中写道："我会只是因为收到最基本的学习用品就由衷地表示感激并把这些东西如同收到的礼物一样摆在床边。"[70]他并没有夸大其词。

缺钱、想家、社交恐惧、孤独——寄宿学校的生活对这个男孩来说实属不易。只有一件事注定会有好的结局：这就是他的学习成绩；成绩优异。前六个月他必须补习一年的拉丁语，这个十一岁的孩子似乎很轻松地就搞定了这件事。几周之内他就赶上了别的同学，圣诞节前他以"优秀"[71]通过了拉丁语书面考试。

他形单影只，但却刻苦勤奋。"汉德克总是很安静地坐在最后一排的长椅上。"他的神学院老同学约塞夫·兰夫特勒回忆道。[72]他的这位同班同学对于坐在最后一排的这位优秀学生所知甚少：三年级时他的作文《我最亲爱的家乡》在班里被朗读时，兰夫特勒还有其他同学都感到"惊讶"，因为他在作文里讲述了他的家人从东柏林逃亡的经历。"我们根本不知道他在柏林度过了他的童年。"[73]

这个天赋异禀之人与他生性活泼的同学们不相往来，他更愿意埋头研究那些已经死去的语言:"研究不熟悉的语法使我不用与其他人打交道。"[74]他把基督受难记从德语翻译成拉丁语,觉得自己"比很多人都厉害",因为他在希腊语语法方面超过了别人。不仅如此:"良"很少出现在这个叫彼得·汉德克的寄宿学生的成绩单里,美术和体育课的成绩刚开始是"及格",两年后也是"好至很好"。他是一个孤独的飞越者。如果下课后一片欢声笑语,他会感到疲倦。[75]

东翼中的一个象牙塔

一个名叫莱因哈特·穆萨的高级中学教师与这名中学生志趣相投。"这位教德语的老师同样胆小和孤僻,我们一起散步、吃苹果并让对方看自己写的东西。跟他在一起我觉得很舒服。"[76]

班里其他所有同学都不怎么把汉德克当回事,穆萨却马上注意到了他:这位年轻的老师全力支持他的模范学生,与他一起讨论自己撰写的小短文,当着全班同学的面表扬他提出的机智问题。[77]

汉德克并没有被讨好的感觉,反倒觉得自己得到了认可。"多年以来被人冷落,我终于受到了重视,这完全是一种新生。"他觉得自己跟穆萨亲密无间,"就连当年那个常在我心中作祟的双影人都望尘莫及"。

如今竟能看到这个骄傲的独行者与老师一起走过坦岑贝格郊区的草地和森林。这个学生甚至会向穆萨吐露心事,说寄宿中学教育缺少热情,他因此备受折磨。令这位同样腼腆的老师印象深刻的是,他最喜爱的学生正在如饥似渴地读上千页的厚书,而且是并非每个人都有勇气去触碰的查尔斯·狄更斯的《马丁·瞿述伟》和托马斯·曼的

《魔山》。"他在那时是一个学习者,从来没有批判过什么,"穆萨回忆道,他一直都用"您"称呼他的学生,"我当时已经非常尊敬他,所以我从来不敢用'你'来称呼他。我读到他的第一篇学生作文时就跟他说:如果有人在十五岁就写出了这样的作文,那么他五十岁时就会得诺贝尔奖。很快就能看出他是个了不起的大人物。"[78]

这一称赞是否有助于这个格格不入的人受到他同窗的喜爱,这还有待商榷。他倒是常常独自一人去散步——大多数时候胳膊下夹着一本书,他的斯洛文尼亚同学古斯塔夫·雅诺斯回忆道,汉德克后来把这位同学的作品译成了德语。[79]这个男孩对他周围的人来说既严肃又难以接近。命运将这个少年皇帝流放到一群真正的农民和牧师中。在穆萨的记忆里,汉德克从来没有笑过。这位老师知道他家人对钱的担忧,有一次他想把一张纸币偷偷塞给他最喜爱的学生,却被后者无比骄傲地拒绝了。[80]

寄宿学校的与世隔绝最终变成了这个学生的机遇。诅咒再次变成对他的祝福,精神上的监禁变成了一个象牙塔:

"多年以来,我在各种禁令中被否定,尽管如此,我学着只去描述事件,不允许自己想象当中一些能够真正经历的事件,更谈不上使这些事件成真。在寄宿学校体制下,我几乎与外界断绝了联系。然而,恰恰是因为有许多禁令和否定,反倒教会了我有更多的经历可能性,似乎能比我在外面的世界、在一个普通的环境里学到的更多。就这样,幻想开始说个不停,直到我差点变成白痴。"[81]

汉德克的象牙塔是防御城堡中那个圆形的东塔,塔的最上面是一个几乎不开放的图书馆。在那里,在"最神圣之物中,在那些可出借的、过于神圣的书的后面"，负责学生书籍以及学生精神面貌的耶稣会信徒神父罗伯特·雷内特给他留了一扇门，"为了实现真正的阅读，我在那里读的是诸如查尔斯·狄更斯的书，我读呀读呀读（一种'真正的阅读'当然不同于一位'真正的枢密官'，也更少见，这令人感到惋惜；但这种阅读涉猎更为广泛）"[82]。

今天也能在这个（如今从塔楼搬到了其他房间里）图书馆里找到汉德克在五十年代阅读的欧内斯特·海明威、保尔·克洛岱尔、威廉·福克纳、赫尔曼·梅尔维尔和阿尔贝·加缪的书籍版本。然而，这个对学习和知识都极度渴求的人不仅贪婪地阅读了那些经典作家的作品，还有那些更应归到消遣文学之列的作品。在玛利·欧·哈拉所著的《飞龙引凤》(*Green Grass of Wyoming*)这卷书中，可以找到汉德克手写的有英语单词的纸条。

正是在这个图书馆里，汉德克写出了他最初的几篇文章。"我从十二岁开始就在那里写作。从那以后，我再也没有停止过写作。"[83]一篇被穆萨评为"优良"的名为《我的钢笔》的学生作文也是他的早期作品之一，写于1956年。凭借他在叙述方面的共情能力，这个中学生在这篇作文里幻想出一个关于他书写工具的生活故事：

"她静静地、知足地躺在我的手里，一个服从我意志的工具。她跟随着我都做了些什么呢？从她破旧的、已经变浅的蓝色中，从她可怜的、被折磨的身体的裂缝中，可以看出她漫长的、劳累的一生。"

四页过后，他让这支精疲力尽的钢笔叹了一口气："主人，我或许已经写得够多的了。"[84]这在神学院何尝不是一个意味深长的作文的结尾。

汉德克想用另外一篇文章里的一个句子激怒他的天主教老师："妓女像祈祷一样从天上掉了下来。"[85] 相信这位作家日后所擅长的就是轻而易举地把恶毒写到无比优美的文章中。按照穆萨的说法，汉德克当时还把他的花剑——或者说他尖尖的钢笔——揣在了大衣里："他是一个能伸能屈的模范生，写作风格温和。"[86]

不过，这位无私的支持者穆萨最终也领教了汉德克的骄傲和固执。穆萨想通过提问的方式再给汉德克一个在全班同学面前出风头的机会，但汉德克在寄宿学校读了四年书后，厌倦了自己不停地被表扬，他对自己最爱的老师态度冷淡。敏感的穆萨的内心受到了伤害。

汉德克让他的导师也是他在寄宿学校唯一真正的朋友蒙羞，他却沉浸其中："这既让我痛心，也让我松了口气。我甚至享受其中，除了我自己之外，终于不用再亲近任何人了。"这是《去往第九王国》（1986）对这一事件的相关描述。[87]

这位少年皇帝可以仁慈，也可以残忍。穆萨的渎圣罪：他对他的模范生有了评判和观点，因此要受到拒绝和蔑视这类的惩罚。年轻的汉德克宁可再像十六年前那样孤单，也不允许有另外一个人对他的内心进行评断。

三十年后，《去往第九王国》对另一个意外事件的描述甚至仍然使这位老师感到震惊："读到第十二页时，我被吓了一跳，"1987年穆萨给这部作品的作者写信，"老师时常感到良心不安。他生命中的很多机会都化成了泡影。我想到你在年轻的时候就已经非常善良和大度，我当然希望能与你冰释前嫌。"[88]

他提到的那件事实在是乏善可陈：刚才提到穆萨原本想偷偷地塞

给他的被保护人一些钱，但被后者骄傲地拒绝了，几十年后，老师还在为自己所以为的"不得体"感到自责。

时间过去了那么久，汉德克确实开始变得温和大度，他在回信中用文学史中最古老的借口即诗学自由来安慰他曾经的良师益友："书中写的这些并非在为你画像，这位来自菲拉赫的老师已经成为一个特定的形象，成为叙述点缀中一个反复出现的、友好的人物形象。"[89]绝对不是良心上的不安促使他一年后给穆萨写信："我时常想起您，克恩滕州那个地区因为有了像您这样的人，让我感觉辽阔多了。"[90]

早在1961年，这个叫彼得·汉德克的格拉茨大学生给他的支持者写了一封风趣幽默的信，他在信中为他的未来勾画蓝图：

"我遵循了您的建议并注册学了法学。如果我没有成为百万富翁，我打算将来开启外交官生涯；但这件事实际上一点儿都不好笑，无法拿它开玩笑。我现在凝聚所有的意志力准备第三次重新开始写我的小说。现在，因为我写下了'小说'这个词，所以这个词再一次让我觉得既可笑又遥不可及，我其实连想都不敢想。不过，这个词有什么用呢？可能它从我这里拿走它想要的 —— 我将要写小说；如果我已经开始写了，我将写另一部；如果我写了另一部，我将接着写，只要我能写；而且这件事情 —— 能够写作 —— 不仅仅关系到天赋或直觉，还与意志密切相关。"[91]

神父，我？

结果可能会有所不同。汉德克选择到男生神学院学习是一个有着深远影响力的决定。直到2008年,马里亚纳姆男生神学院都是克恩滕州神职人员新生力量的培养基地:仅在1955年至1967年就有101名来自坦岑贝格的学生被授予神父圣职。在与汉德克同学年的十九名中学生中,有八名决定成为神学者或神职人员,其中五人后来成为神父。

从寄宿中学的领导部门在1954年7月17日写给布鲁诺·汉德克的信中,我们可以看出这些学生在当年承受了领导层的期望所带来的巨大压力;信中与这个儿子相关的部分是:"如果他真想成为神父,只要他愿意,神学院和其主管部门将永远敞开大门欢迎他。不过,如果他不严格遵守神学院负责人制定的住房管理条例和规定,很遗憾我们必须再次剥夺他在马里亚纳姆学习的大好机会。"[92]

即使在放假期间汉德克可能也无法摆脱这些压力。学生回寄宿中学之前,各地的神父需要上报学生是否行为符合规范,是否按时去做弥撒并进行忏悔。过圣诞节和复活节的时候,这些学生甚至要被测量身高和体重。多亏了那位诚实的辅祭做事细心,这个叫彼得·汉德克的未来作家的身高和体重如今也得以载入文学史册:1954年入学时,他的身高是1.45米,体重为35公斤,截止到1959年,他的体重长到了56公斤,身高达到1.75米。

不过,检查身体并不是让这个年轻人感到压抑的主要原因,持续的精神监控才让他感到窒息。三十年后,这位成功的作家在他的日记中写道:"我常常想:'我在寄宿中学被毁了'(我们所有的人都被毁了)。"[93]天主教的教义在那个时期像是基地组织一样,是"一张彻头彻尾的恐怖主义大网"。直至今日,汉德克还会因为寄宿中学的神职人员所受到的严格的信仰控制而变得情绪激动:"这是一个可怕的、波及全世界的教派，人们被这个人或那个人感动得热泪盈眶，他们有圣弗朗西斯的什么物件，他们告诉其他人弗朗西斯如何跟太阳和鸟儿们说话。"[94]

还是中学生的汉德克并不隐瞒他的信仰。莱因哈特·穆萨曾听到汉德克与继父的一次谈话，汉德克告诉他的父亲，他已经成了无神论者。不管这是有意为之的挑衅还是对自己真实怀疑的表达——这一说法都不能表明一个未来的神父对自己信仰的坚定态度。

在《去往第九王国》中，汉德克对他青年时代所在的那个"让人呼吸短促的信仰地牢"进行了最为尖锐的批评，因为它提出的要求与现实完全脱节：

"乡愁、压抑、冷酷、集体，这些词汇足够了。我们大家所谓孜孜追求的僧侣精神却从来没有让我获得某种使命感。我也觉得几乎没有一个年轻人会有能力胜任。那些神秘的东西早在乡村教堂举行的圣礼中传播过了，如今在这里从早到晚都失去了任何吸引力。我从来没有遇到一个主管神职人员会履行神父的职责。他们要么待在他们暖和的私有房间里深居简出，一旦叫谁前去，那也仅仅是要警告你，威胁你，摸你的底——要么总是披着拖到地上的黑色教士袍在楼里来回巡视，充当看守人和探子，形形色色，千差万别。"[95]

真正教育汉德克的是那些作家，他在塔楼的图书馆里总是踱着步或站着读他们的书：海因里希·封·克莱斯特、弗兰茨·卡夫卡、居斯塔夫·福楼拜、阿兰·罗伯-格里耶"改变了我对世界的认知"，汉德克在他1967年的作家宣言《我是一个住在象牙塔里的人》中写下了这句话。[96]这些书深深地震撼并唤醒了他。在读威廉·福克纳或陀思妥耶夫斯基的作品时,他觉得自己仿佛在飘浮,一个崭新的、完全不同的感觉世界展现在他面前。[97]"我在空荡的教室里像疯子一样读威廉·福克纳的作品。"1973年他接受德国《明星》周刊采访时说。这位美国作家对他来说曾是"一个真正的父亲角色"[98]。这位来自寄宿中学的学生用图钉把这位南方州作家的大幅照片钉在墙上,多年后他依然认为:"直到我'成年',威廉·福克纳都是我的'电影指导老师'。"[99]因为福克纳使用了大量的宗教替代词汇,汉德克在十八岁前便把他尊奉为耶稣的形象,这并不难理解:"我被拯救了——我从十五岁起开始读威廉·福克纳,从那以后我一再得到救赎。"[100]

这样堕落的异端行为当然很快就使得寄宿中学的教会信仰守卫者采取行动,不然呢?"因为福克纳的原因,这个叫汉德克的银行职员的儿子也从神学院逃了出来。"《明镜》周刊自认为了解情况,轻信并引用了这位德语文学新星的话,他急着给自己拼凑一个带有批判色彩的履历:"有人发现我躲在被窝里读福克纳的《士兵的报酬》,我马上受到了严正警告。我自己主动离开了学校。"[101]

汉德克有次称他离开学校的原因是读了格雷厄姆·格林的书,这让他在神父那儿落了个坏名声。[102]

"我当时读格雷厄姆·格林的《权力与荣耀》,这本书在寄宿中学是禁书,另外还读了《问题的核心》,这本书里出现过妓院。当时我对妓院一无所知,所以这部分我就略去没有读,可负责管纪律的高年级学生很懂这些。他拿走了我的书,在书上做了〈142页到145页!〉的标记,随即把书放到了校长面前。校长郑重警告了我。我自己就离开了。"[103]

事实上,格林和福克纳或许都不是汉德克突然离开坦岑贝格寄宿学校的原因，归根结底是他坚决不想成为神父的决心。因为他允许在校报里写名义上被禁的格林，这就表明寄宿学校的领导其实对汉德克所拥有的想法持宽容态度，毕竟他是学校最有天赋的学生之一。

汉德克一个年龄最长的名叫汉斯·维德里希的同学几年前成立了一个名为《火炬》的杂志。年轻的汉德克在这本杂志上发表了两篇文章。[104]其中一篇是献给现代文学里的神父。作者在文章中探讨了格雷厄姆·格林的作品。他从很久以前的事情讲起，如今"神父的任务是打破城墙，向尘世间的世界传递天堂的神圣信条"。那些把神父作为作品主人公的作者绝大多数却只考虑经济利益，"因为目光急切、默默忍受的神父们以及那些把手扭成一团、瞪大眼睛的老小姐被广大的读者群欣然接受"。但也有特例，神父在一些作品中以普通人的形象出现，只有通过上帝的仁慈才能独善其身："他只是借助他的顺从和信仰去传播神圣信条，除此之外，他有时甚至被称为是有罪之人，就像格林《权力与荣耀》中那位爱喝威士忌的神父，他虽然没有像英雄一样死去，却变成了殉道者；或者像马歇尔《美丽新娘》中的唐·阿图罗。这些小说肯定不是杰出的作品，但与其他工业化作品相比，前者在世界现代文学中占有宝贵的一席之地。"[105]

汉德克在被窝里读禁书时被抓个现行，这纯属子虚乌有。穆萨对此坚信不疑，他说："从来不存在他受处分的危险。"据他了解，汉德克被允许读性描写非常大胆的亨利·米勒的书，而且还不被处分。

在格拉茨学法学的愿望是汉德克离校的真正原因。穆萨也是这么建议他的，因为这样的话，学习之余他就有时间写作了。有那么多的先例摆在那里：歌德、格里尔帕策、施蒂弗特、施托姆、卡夫卡——

他们所有人在大学都是学法律的。坦岑贝格寄宿学校的校长在1954年7月写给他父母的信中都说了些什么呢？"如果他真愿意成为神父的话……"不，他不愿意。汉德克告诉他的父母他打算离开寄宿中学，之后在克拉根福联邦高级中学学习两年。在《去往第九王国》中，他把自己做出的决定归功于他的母亲。她在小说中宣布他"立刻就转学"的决定并在电话中把这一决定告诉了校长。[106]胜利了！他的叔叔格奥尔格当年开着银色奔驰把他送到这个令人讨厌的寄宿中学所在的山丘上。五年后，这位日后成为作家的人再次逃离了这个防御城堡。这次是格里芬的一个邻居给这个"被宽恕的人"当司机，他的这位邻居一路上都在放声"高唱游击队歌"。[107]

在这个逃跑者档案的第一页上是校长用钢笔写下的整洁、大方的字迹："1959年10月15日自愿退学。"

等待有尽头

汉德克在1959/1960学年转到这所具有人文主义色彩的克拉根福联邦高级中学，如今他每天必须坐公交车去这座首府城市。有次他的母亲参加家长会，学校的老师们对这个优秀的学生赞不绝口，她却"极为谦虚，没有特别骄傲"[108]。1959年，汉德克一家建好了阿尔腾马克特6号的房子，他在家里得到了一间属于自己的房间。

他感到幸福，他终于又在格里芬了：

"接下来的两年，我乘车去克拉根福公立学校，全程38公里。我去电影院看电影，有时与母亲一起去酒馆，她在那儿喝一杯金巴利鸡尾酒。我说过，我们想去哪儿就去哪儿。我们去格里芬电影院看美国西部片。这真是太美好了。那个时候，每个酒馆里都有自动投币点唱机。"[109]

但是，他又变成了一个独来独往的人，不得不承认，村子里没有他固定的位置。村庄几乎没有什么变化："这个格格不入的人，这个与别人没有交集的人，就是我。"同龄人中只有他还在上学，其他人只要没成为手工业者或工人，最后都是作为继承人经营他们父亲的农庄："背井离乡那么久，没有在家里待过，离开了生我养我的地方，这些像罪孽一样刺痛了我；我错失了留在这里的权利。"[110]

一言以蔽之：这是真正开始写作的最好的前提条件。他知道，他在这里，在他的出生地，在他获得叙述力量的来源地，他一生都将从此地汲取灵感和力量。

"我的童年几乎都只是在等待这个事件；等待这个最终真实的世界出现在表象世界的背后。等待之地以及真实世界最终出现的地方只能是在家里，在家乡。所以，当我在寄宿中学上学时，我感到害怕，是的，想家：学校里没有什么可期待的。"[111]

不久后，等待有了尽头：愿望成真。1959年7月13日，《克恩滕大众日报》发表了这位十六岁的中学生彼得·汉德克的第一部短篇小说《无名的人》，这是他的处女作。

第3章 荣誉

新经验

六十年代成为他的十年。他对此早就有预感。在他1963年写给母亲的一封信里有一句被广泛引用的话:"你无须担心我,我已经非常坚强了,还有,我一定会被世人所知。"[1]这位年轻人二十一岁时写下了这句话,当时他还无法预见到在1966年这个属于他的奇迹年中,什么样的突破能让他一举成名,名扬国际。

这只是一个自信满满的年轻作家的妄自尊大?抑或是一个正在写作的乞丐学生不乏痛苦的幽默?几十年后,采访者们还在问他,他当时真就这么以为吗?他回答说,那其实是一个"失望的旋律",他觉得他迷失了自我。[2]

"我从来没有想过有朝一日我会拥有一个机会,从来没想过。我只想用《大黄蜂》拯救自己。上大学时我看见自己面前那团虚无的黑色乌云。我一直都很崇拜卡夫卡,他能够完成他的大学学业,而且还有份工作。我做不到这一点。虽然我是一个优秀的法学专业大学生,我自学了很多东西,但我从来没有收到过那些教授的回复。人总有某种意愿,于是我写了《大黄蜂》。可以想象这在当时意味着什么,默

默无闻的我在苏尔坎普出版社出版了一本书。"³

这不是炫耀。汉德克当时无比幸运,因为他遇到了一个伯乐。他的文本(这些一向都先是他的文本)与六十年代末实验及转折时期完美契合。尽管他一直都不怎么爱交际,他却在作家身上找到了一个角色,这让他在孤独与社交、狂热与冷静、艺术与生活之间保持着一种平衡。

一个人在他生命的前二十四年经历了一场旷日持久的由个人感知以及生活经验组成的革命,世界荣誉对他而言可能意味着什么呢?1966年,从格里芬到法兰克福再到苏尔坎普出版社,这种飞跃在当时比接下来从苏尔坎普出版社到世界舞台来得更高。如此看来,汉德克只把卡斯帕·豪泽尔作为他早期戏剧的主人公并非偶然:这个有名的弃儿被放逐到文明世界,经受了持续的"语言酷刑"。

一个叫卡斯帕·豪泽尔的人可能把汉德克在文明世界中的新经验也写进了他的日记里。日记从转学到克拉根福联邦中学开始:"新生活对我是一个真正的打击。在一个郊游日,我们来到一个下穿式铁路交叉道口。我脑子里只想着可以跑着跨越铁轨。我不知道可以从通道里穿过去。其他人狠狠地嘲笑了我一番。"他十七岁时学习乘坐有轨电车,十九岁时第一次在电话亭里打电话。⁴他第一次踏上商场扶梯时,内心惴惴不安。

对这个来自格里芬的敏感的乡村男孩来说,这些庸常的日常生活场景是名副其实的"轰动性事件",同时包括强烈的感觉印象。1967年,汉德克在他的诗《新经验》中对此进行了深刻的描述,虽然日常生活已经让他变得极为冷漠麻木,这些新经验却又一次让他大开眼界：第一次羞耻感，第一次对死亡的恐惧。除了对这些重要情感的有力再现，也能看到那些体现汉德克后期作品特征的对动作和物品准确、深刻的观察：从滴着水的花瓶到葬礼后的筵席再到跨欧洲快车里咖啡满溢的咖啡杯，事物和词汇开始在他面前跳舞——都是摇滚乐。

你讲讲吧!

直到时代的强劲节拍允许汉德克畅所欲言，这期间还有很长的路要走。在学校时他觉得写作还不是一个行得通的职业。尽管如此，对他来说，写作如同生命般重要。他认为只有借助写作的帮助才能摆脱学校的束缚，通过写作"所有的表达随即被解密为一些共同的含义"[5]。

写作让他变得自信，尽管写作对这个十七岁的年轻人来说更多的是一种姿态："我十七岁时就已经有了写作的姿态，每个人都有，只是在我这里比在其他人那里强烈得多，这却并不真实。"[6]他业余时间写的东西主要是表达"对另一种生活即一种并不欺骗我的生活的向往"[7]。

对另一种生活的向往同样也折磨着他的母亲，她从未对她在格里芬的生活感到满足过。这个儿子是她唯一的希望；在他的帮助下，她至少能够偶尔逃脱农村生活对她的囚禁。俩人常常一起看书：

"我看什么她就看什么，先是法拉达[①]、史努特·汉姆生[②]、陀思妥

[①] 汉斯·法拉达（Hans Fallada，1893—1947），德国作家。
[②] 史努特·汉姆生（Knut Hamsun，1859—1952），挪威作家。

耶夫斯基、马克西姆·高尔基,然后是托马斯·沃尔夫[①]、威廉·福克纳。她对这些书没什么高深的见解,只是复述那些让她特别有印象的章节。她有时会说'这跟我还是不一样',就好像作者描写的就是她本人。她把每一本书都当作自己生活的记录来读,她在阅读中幡然醒悟,通过阅读她生平第一次袒露自我,学着谈论自己。每看一本书她都能想到更多。就这样,我逐渐了解了一些她的事。"[8]

在格里芬关于文学的共同谈话拉开了序幕,这种互动通过写信得以继续:"从你离开家后,我没有再读过一行字(一个丑闻,不是吗?),没有你那只拯救的手,我迅速地坠入居家动物性的原始状态中。不过你不要担心,我的内在是不容侵犯的。"[9]

从彼得·汉德克和他母亲多年以来的书信来往可以看出,这个儿子对玛利亚·汉德克来说是多么重要。她把自己所有的希望都寄托在她所崇拜的这个宝贝儿子身上,把她所有的爱都给了他:"别忘了,我一直都为你而活……我没有一天不把你的照片拿在手里并跟你讲话,我每时每刻都在惦念着你。"[10]

母亲的思念让儿子有了难题。母亲希望从她的不幸中得到救赎,他该如何面对她无法抑制的爱?

1963年6月12日,母亲向她的儿子抱怨:"你写的都是什么信啊,我无法释怀。我盼星星盼月亮一样盼着你的信。终于有了信,我又糊涂了,不得不说,他几乎什么都没告诉我,不,彼得,你理解不了我,我也无法对你感同身受,因为每个人只能属于自己,而你却一直在我

[①] 托马斯·沃尔夫(Thomas Wolfe,1900—1938),美国作家。

的心里,不管我人在哪儿,你永远在我的心里。我每次干活时心里都在想你 [……]" [11]

两天后,儿子回信了。他温柔体贴但又无比霸道地重新制定了相互亲近和保持距离这两者之间的正确尺度:

"我不觉得我的信极不亲切,只是因为你可能没有在信中找到亲昵的词。我不知道什么对你来说是一个亲昵的词:老天知道我喜欢你,你是一个讨厌鬼,你聪明,你又不聪明,我有时觉得你很伶俐,有时又觉得你像一只松鼠,我感激你在家并把我的衣服整理得井井有条,我喜欢你,我喜欢你,我喜欢你。如果你不停地抱怨,而不是作为克恩滕州第50000号献血者带着一副骄傲的面孔在附近走来走去,我就会生你的气。我到底该怎么做呢? 你觉得我最近为什么写下这一切呢?…… 我想到你的时候,脑子里尽是好的看法(即便现在也是如此)。天啊,你了解我。你现在要么是笑要么是哭。不过,如果你选择后者,我会气到想在这里打碎什么东西,一个花瓶或别的什么。" [12]

儿子的信中有亲切的关怀,同时也有诸如无力的愤怒这样的情感。如果是为自己好,他必须抵挡这种爱。汉德克一边屈服一边逃离,即使是面对最为亲近的朋友,他也一向如此。他需要他的孤独——不管是面对母亲还是将来他的生命中那些想靠近他的女人,他都必须捍卫自己的孤独。

汉德克从一开始就知道他对别人的影响——作为亲戚、朋友、情人,包括后来作为公众人物时他扮演的角色。私底下,他一开始就对别人对他作品的反馈感兴趣。

母亲的意见对儿子很重要。至少在他的想象中,她永远是他文章的第一个读者。过去在格里芬,她也往往是他叙述的接生婆:只要他离家久了,无论是去城里还是独自在林子里或田野中闲荡,他回到家后,她马上会用"你讲讲吧"逼他讲故事。[13]

彼得却觉得奉命讲故事很难,他其实只能自发地讲述。如果他试着按照别人的要求,虚构并写下一个故事或类似这样的东西,他就会变得局促不安。他周围的人能感觉到这一点:"写作需要某种无耻心理。关于这一点,我一直都非常自私。我在家里就是奴役所有人的那种人。"[14]

1973年,汉德克同母异父的妹妹莫妮卡回想起他在格里芬的家里痛苦万分的写作尝试,他蛮横地强迫他的家人一同忍受他的自我怀疑和他的写作带来的痛苦。突然出现的写作困境使他彻底失去自信,他接连几个小时陷入沉思,就为了找出一个词,这个词在他喝东西时或在深夜才蓦然出现。[15]

六十年代普遍存在的转折大潮为像汉德克这样的年轻作家创造了一个理想的环境,可以用来试验一种完全自我的写作方式:

"人们当时完全有理由问:什么是写作,如何写作,为什么写作,还允许写作吗? 如今人们再也不提这些问题了。我依然能感觉到门槛的存在,感觉到还是有其实不允许写作存在的想法。如今人们在写作方面异常熟练,这一方面令人高兴,另一方面又很可疑。迈过这个门槛就是成功。"[16]

可是,成功究竟是什么呢? 几十年过去了,汉德克还在问自己:"我真的很少觉得有人读过这些书。或许《短信长别》和《无欲的悲歌》被人读过——确实如此,通过读者的来信能感觉到这一点。在我的印象中,信写得越来越少了。"[17]

其他"成功作家"让他们的秘书处理粉丝信件。美国作家杰罗姆·大卫·塞林格(《麦田里的守望者》,1951)甚至明令禁止他的代理人把读者来信转交给他。汉德克恰恰相反,1966年他的写作取得突破后,他成桶地收到信件,他是真的想了解人们如何看待他的作品,而且他这么做并不是由于虚荣心在作祟。1962年10月,他向母亲解释其中缘由:"你知道吗,我多么想知道别人对我作品的看法,这多少有点幼稚和滑稽,但我主要是想知道我是否能这么写作,这样的话,有思想的人不仅知道书里讲了什么,也能有所领会、有所理解或有别的感悟。"[18] 自杀之前,母亲会时不时向儿子汇报关于他和他的作品她都听到或读到了什么。1970年4月28日,她写信告诉他,《守门员面对罚点球时的焦虑》被电视台宣布成为当月图书。6月她告诉汉德克他的两部作品在克恩滕州演出的消息:"十四天前我在菲拉赫,《自我控诉》和《语言》在舞台上排练演出。演出相当成功。对此你可能会嗤之以鼻,但我很喜欢演出。我好几天都激动不已。"[19] 1971年11月,母亲在离世七周前还在跟她的儿子讲,她在电视上看到了维姆·文德斯拍摄的改编自《守门员面对罚点球时的焦虑》的电影。[20]

一个永恒的阴影

汉德克在克拉根福上高中时就已开始通过笔记本收集自己的观察了。[21]

没过几年,汉德克在他具有实验性质的戏剧作品中把看似没有关联的事物彼此关联,以此庆祝他的成功并向公众和批评家们进行挑衅。评论界认为《被监护人想成为监护人》这部没有台词的戏剧像是安岑格鲁伯尔①式的作品,伴奏乐是迷幻摇滚乐[22]。在《关于乡村》中,汉德克把弗里德里希·尼采的引文与美国乐队克里斯登斯清水复兴合唱团(Creedence Clearwater Revival)的歌曲组合在一起。

汉德克在笔记中记录的作品还有一些共同之处:它们都非常受公众的欢迎。流行音乐——在流行写作的意义上——早期对汉德克尤为重要,对流行音乐的喜爱并不是由于几年后同名音乐庆祝它的胜利进军才有。在听完滚石乐队的演唱会后,他给母亲写信:"我也希望能够那样,在理性的人中也能如此……"[23]

胡戈·封·霍夫曼斯塔尔的《傻子和死神》也在汉德克的书单上。在这部剧本中,傻子在他死亡的那一刻认识到他从未与他周围的人发展过比较亲近的关系,作为唯美主义者,他一直都远离生活。霍夫曼斯塔尔笔下的傻子清醒地躺在临终床上,直到那一刻,他才意识到他都错过了什么。与托马斯·曼的《托尼奥·克律格》相似,这部短剧是一部对完全倾向于美学和艺术的生存方式进行批判的作品。汉德克也将用一生的时间探讨作家生存方式的两面性以及在孤独和对集体的需求之间的摇摆。"一个作家或其他什么人,如果他已经适应了孤独,我对他就没兴趣了。"[24]内在冲突是他的驱动力。

他的记录却显示这个高中生并不是过着离群索居的生活。他参加在克拉根福举办的舞会、去滑冰、去影院看电影、跳华尔兹,学习意

---

① 路德维希·安岑格鲁伯尔(Ludwig Anzengruber,1839—1889),奥地利作家。

大利语和弹钢琴。

有次看完牙医后,他记录了以下内容:"期待坏事发生却获得惊喜总比期待好事发生却最终失望要好得多。"[25]他每个月收到布鲁诺·汉德克从银行转来的一笔钱。从汉德克的评论比如"钱是生活的垃圾"中可以看出他对经济状况的持续担忧。

汉德克2月准备毕业考试,他读了格里尔帕策①和莎士比亚的书,还在一个商店里当帮工。他买了人生第一条"德州裤",这是对当时在年轻人中流行的牛仔裤的别称。他跟班里的同学一起坐车去萨尔茨堡参加毕业旅行。另一种形式的高中毕业考试在那里等着这个十七岁的学生:笔记本里有关于一个告别之吻的描写,还有在一个女孩那里进行的夜曲色情艺术。有次,他晚上九点半一个人回来("自己的过错,太神经质"),还有一次他决定闭关,"直到心里一片明净",跟这个年龄段的年轻人没什么两样。

这种形式的笔记本未来将陪伴他走完所有旅程。只要他看到一些值得注意的事情,就拿出笔记本来记录,有时也涂涂画画。"这是一个运动项目,"2008年汉德克在沙维勒向我娓娓道来,"就像美国西部片的主人公掏出左轮手枪一样,我时不时拿出我的笔记本,然后开始射击——当然是一个人,虽然有时私下里也朝别人开火。"[26]对汉德克而言,写作是一种人寿保险:为自己的生命投保,他保护自己不受这个世界的干扰。

他写作,故他在。汉德克把看到的东西记录下来,从易逝的短暂

---

① 弗兰茨·格里尔帕策(Franz Grillparzer,1791—1872),奥地利剧作家,代表作有《穷乐师》等。

中获得片刻的永恒。"为了那些永恒的时刻,"汉德克在《致永恒的诗》里这么写道,"请允许这首诗使用一个特别的动词:它们使你星光璀璨。"[27] 汉德克用永恒来抵御人类对万物易逝的绝望——换言之,这是他写作的原因。汉德克在1962年写给埃里希·舍内曼的那些信件中已经非常明确地表达了这一点:

"我认为根本没有当下,没有停留,没有停滞。人们总是被推着往前走,而且大多数时候根本没有意识到这一点。即使人们知道,也会很快再次忘记。钟表在我的房间里嘀嗒嘀嗒响着,我侧耳倾听。只有这个声音,接着是第二声、第三声,钟表继续嘀嗒着:钟表发出的所有声音不再是往复的声响,每个单一的声响都曾经存在过,是过去,无法挽回;此刻我再次倾听:一只鸟儿在窗前歌唱,它唱呀唱,现在它沉默了,它唱过歌。它的歌唱不再是往复的歌唱,歌唱曾经存在过,曾经在过去存在过;有那么一会儿,歌唱的声音高亢起来,歌唱变成了一首鸟儿的歌,从一棵发芽的树上传来一支简短的、欢乐的歌;然后这只鸟儿沉默了,歌曲不同于往昔,现在不再是往复的歌曲;歌曲现在又出现了,鸟儿再次歌唱,唱另外一支歌;它的啾啾声短暂且高昂;然后歌曲消失了:它再也没有出现过,它被弄丢了,它从未存在过;即使现在这只鸟儿又开始歌唱了……通过声响我们最容易看出时间的存在,时间不停地推着我们向前走,借助我写的字母也可以看出时间的存在。现在我从左往右写,如果我写到这一行的末尾处,开头就不再写了。开头在过去被写过,它就在那儿。可是这些字母不会像鸟儿的啾啾声一样沉寂,它们矗立在那里,显示着过去,像钟表上一个空白的指针盘,钟表的指针不停地向前走。"[28] 汉德克在1962年4月18

日给生父的信中写道。

这些话是那么老成,透着亲昵。令人惊讶的是,这个内向的十九岁男孩如此信任这位刚刚失而复得的父亲,其实他们连面儿都还没有见过。

汉德克也练习他带有自嘲色彩的谦虚态度:

"如果我写得特别出色和深刻,有时我自己都忍不住想笑,我嘲笑我写下的每一个词。希望你能接受并且一定不要生气。也不值得大动肝火。不过如果你以为这样做有些疯狂,我也只能同意你的看法。我一点儿都没疯,你大可放心。我只是喜欢装疯卖傻。我觉得我本质上(你也如此——你写信提过一次)是一个理性的人,只是偶尔有些伤感,有些浪漫的想法。"[29]

但是,这个年轻人坚信他必须写作,唯有此,他才能活下来:

"如果有人问我为什么写作,我根本不知该如何作答。比如,为了赚钱?这么说有点过于简单了,尽管这并非不重要。抑或为了被人崇拜?被哪些人呢?那些小姑娘,大家说。说实话,这或许也不是那么的不重要。但如果我深思熟虑,我觉得这么说也不对。我相信我会在内心深处思考弗兰茨·卡夫卡说的那句话:'他写作,故他在。'"[30]

向前的句子

1961年的秋天,彼得·汉德克通过毕业考试后在格拉茨大学注册成为法学专业大学生。由此,他开始了"一段比较不愉快的大学生活"。在格拉茨的前几年,他感到自己是那么"孤助无援",以至于他多年后故地重游仍然感到别扭。[31]"我特别厌恶大学学习,"1966年他向一个朋友抱怨道,"我或许该学神学,这样至少可以学习诗歌。"[32]

学法学从一开始就是一个权宜之计,一个预设好的道路,而他却想着尽快离开此地,与当年在神父学校求学时一样。

"我陷入了毕业生的迷茫之中……我根本不知道我想要什么。我的目标是成为作家,而且一直保持作家的身份。那时,有个教德语的老师知道我在写作,他建议我选一个有很多业余时间以此用来写作的大学专业。奥地利的大学法学课程是这么安排的,一年中有三到四个月的时间需要学生集中学习实训课程,另外四到五个月的时间可以自己安排。我接受了他的建议。这表明我当时并没有什么主意。"[33]

他搬到商人街54号一间很小的大学生房间里,1964年春天又搬进玫瑰坡6号的一个房间里,"房间很小,但真的很舒适,就是有点冷,因为房间朝北,特别是现在这个时候,又开始下雨了"[34]。一直以来的经济压力使他的生活并没有什么起色。在他格里芬的家里,全家人都在为彼得上大学攒钱。受汉德克爱戴的外祖父在1967年11月15日立下的遗嘱里宣布:"我一直给彼得·汉德克提供学业津贴,所以不再分他遗产。"[35]

他给别人补习希腊语,逢复活节和圣诞节时他在一家邮售商店里当帮工。他每周挣220先令,却因为人工照明患上了眼疾,医生给他开了一副有色眼镜,这副眼镜在一段时间里成了他的标配。

在不写作的时候,汉德克勤奋学习那些规定好的学习材料。法学大课、课堂讨论、对法律条款的死记硬背让他不胜其烦:

"随着课堂教学的进行,在阶梯教室里产生的疲倦甚至让我变得顽抗或叛逆,通常情况下不是因为恶劣的空气和塞得满满的几百号学生,而是因为授课老师对教学内容毫无参与感。我再也没有遇到过像大学里那些教授和讲师那样对自己的职责如此没有感情的人;每个人,是的,每个银行职员在清点那些根本不属于他的钞票时,每个修路工人在上有烈日暴晒、下有焦油烘烤的酷热中工作时,都比他们显得更有生气。"[36]

晚上他孤零零地坐在自己的房间里,在他感到"孤单的疲倦"时没有人陪他。他更加狂热地去影院看电影。他常常一天看好几场电影,什么都看——从恐怖片到家乡电影。屏幕上的另一种生活让他有几个小时的时间可以从自己大学生活的单调乏味中解脱出来。"我想起我在电影院看到的那些事件,有在银幕前发生的,也有在银幕上上演的,就事件本身来说,我对它们的记忆远远比在影院外发生的相同事件的记忆更强烈,因为在影院里发生的每个事件都在头脑中变得更为清晰,而自己在影院里的每一个状态也都更加具有意识,也就是说,如果把事件当了真,它会变得更可笑;而在另一个环境里,如果把事件当成可笑之事,它就会变得更严肃。"[37]

影院解放天性,影院是场历险——尤其是约翰·福特执导的影片。他的《双虎屠龙》(*The Man Who Shot Liberty Valence*)是汉德克最喜欢的电影,让他终于"对世界产生了兴趣"。[38]

1963年,汉德克开始参加格拉茨城市公园论坛活动,他的生活由此发生改变。这个刚成立几年的论坛是独立艺术家的聚集地,他们想给乌烟瘴气的奥地利文化界送去一缕清风,因此受到几位上流阶层代表的猛烈抨击。除了以汉斯·卡尔·阿特曼[①]、恩斯特·扬德尔[②]和弗丽德里克·迈吕克[③]为首的构成竞争的维也纳团体之外,城市公园论坛成为奥地利第二大文学先锋中心。

在城市公园论坛人们可以组织热烈的文学讨论,这正是年轻的汉德克所寻找的地方。不过,刚开始论坛里没有人重视这个"阴郁的、像女孩一样的"男人。举办活动时,他总是冷不丁坐到后面的角落里。[39]六十年代初,当汉德克在论坛朗诵会上出现时,他完全被淹没在人群当中,阿尔弗雷德·科勒赤回忆说,这个人不久之后成为汉德克最亲密的朋友之一。[40]

1963年夏天发生的一个事件使这个坐在后排、腼腆羞涩的人一下子吸引了所有集会者的目光。同年6月11日,作家赫尔伯特·埃森赖希朗诵了他还未完成的小说《胜利者和失败者》。朗诵会结束后,这位把自己当成奥地利国家文学圣杯守护者的保守派分子一吐心中不快,开始没完没了地抱怨奥地利文学的没落。他总结说,奥地利文学已经成为过去时,他还提出"当今究竟谁能够写出奥地利小说"这个空泛的问题。

就在这时,在大厅最后面靠着墙的汉德克开始发言:"我。"大家都极为震惊,科勒赤回忆说:"一直以来沉默不语的彼得·汉德克突然带着心中的那团火和激情驳斥了埃森赖希的观点,这让我们感到振奋。"

汉德克此言当真,也并非为真。他主要是对埃森赖希的喋喋不休

---

① 汉斯·卡尔·阿特曼(Hans Carl Artmann, 1921—2000),奥地利诗人和作家。
② 恩斯特·扬德尔(Ernst Jandel, 1925—2000),奥地利诗人和作家。
③ 弗丽德里克·迈吕克(Friederike Mayröcker, 1924—2021),奥地利女诗人。

感到恼火。"他装腔作势,把自己视为一个了不起的叙事文学作家。在朗诵会结束后的讨论环节,他把自己想写的小说内容透了个底朝天。当时我就说:这样可不行,您这个可怜的王八蛋,不要把内容或相关的东西泄露给格拉茨人。如果您在这里全盘托出您的小说项目计划,二十七卷还是多少卷来着,您永远不会实现您的计划。"[41]埃森赖希的《胜利者和失败者》二十一年后才出版,而且只有唯一的一卷。与此同时,那个坐在后排、苍白、年轻的"我"早已名扬世界。

一夜之间,所有人都开始关注这个有着柔和的面部线条、留着齐肩长发的年轻人。他喜欢激烈的争论,这让所有的人惊诧不已。"他有着成熟男人的大脑,而他的天性却像是停在了青春期,"城市公园论坛的临时负责人埃米尔·布赖萨赫如此评价汉德克,"一个内向的自恋者,在评判世界方面异常早熟,在情绪上却备受压抑。"[42]

汉德克终于在论坛里找到了志同道合的伙伴。演员赫尔曼·特洛伊施、盖博格·迪特、乌尔里希·哈斯、画家彼得·庞拉茨,后来成为编导的威廉姆·亨斯特勒和出版文学杂志《手稿》的阿尔弗雷德·科勒赤都是他最为亲密的朋友。

1963年10月7日,汉德克向母亲讲述他第一次与科勒赤见面的情形。因为汉德克要在科勒赤的杂志上发表文章,所以前去拜访他。"他躺在房间里的沙发上,房间里非常暖和;他的衬衣从毛衣下面露了出来。我进去时,他肯定没有被冒犯的感觉。他说他下期一定会刊登这个故事。"[43]正如电影中所说,这是一段美好友谊的开始。

1964年,《手稿》的第十期刊登了汉德克的文章《洪水》。这篇文章很快被译成斯洛文尼亚语发表,汉德克得到了15000第纳尔(大约超过500先令）的报酬。他用这笔钱去了斯洛文尼亚一个叫皮亚的沿海小镇。为了能够专心写作，他计划夏天的时候在亚得里亚海的一个岛上隐居。同年，他被正式接纳成为论坛文学圈的一员。

这个具有怀疑精神的独行侠一直与外界保持着一定距离。他不喜欢拉帮结派，不喜欢过多社交。在2002年汉德克六十岁生日之际出版的《手稿》周年纪念册中，阿尔弗雷德·科勒赤回忆说，这位朋友"起初犹豫不决，后来毅然决然"加入到论坛的创办者队伍中，他没有在友谊或小团体中迷失自我。[44]

汉德克需要孤独。因为对他来说，写作从一开始就与意识形态没有太大的关系。他的写作不追随任何纲领，完全是个人之事。写作是与自己作斗争，没有必然的结果。外在的成功固然重要，金钱和名气也大有益处，但决定性的事件还是在精神世界里发生。

所以，1966年《大黄蜂》的发表和《骂观众》的演出并不是这个叫彼得·汉德克的作家真正的转折点，转折发生在三年前。他生活中最激动的事情不是突如其来的国际声誉，而是他二十一岁时发现真正的写作的那一刻。1963年6月，这位年轻的格拉茨大学生彼得·汉德克在一次写作尝试中停了下来，他第一次产生这种想法："你现在从这个富有表现力的旋涡中出来了。这是一个静默的句子，它同时也在颤抖。"[45]

人们如何通过一个典型的汉德克句子来判断这一个典型的汉德克句子呢？一个古怪的句子？一个大师级的句子或是一个奇特的句子？人们必须把这个句子当作一段生平自白来认真对待。毫无疑问的是，一个作家早期个性的发展与写作之间一定有着最为密切的关联。毕竟，人不能只因为自己在税务局登记自己是作家才成为作家。

不是只有心理学家才能在汉德克的文学叙述取得突破时找出他生命中的那个关键点，就在那时，这个不自信的年轻人变成了一个想与世界抗衡的成年人。"在我内心深处，那个安静的叙述者超越了我[……]如同这个二十岁的年轻人，他发现了自己叙述者的身份，继而变成一个没有年龄的成年人。"[46]他在1963年写下的第一个他认为既静默又颤抖的句子描述了这一仪式。从那时起，他知道自己在这个世界失去了作用，他有了一个目标。"这个叙述的人根本就不是我，而是它，是经历本身。"汉德克让世界打开了话匣子，世界改变了他，把他变成了一个崭新的、完整的人。还是在这个月，他带着这种自信在城市公园论坛第一次发言。

爱我吧①

汉德克在散文《我是一个象牙塔里的居民》里讲述他对文学的想象，这篇散文更像是一种宗教信仰，而不是一个纲领性的宣言。这位象牙塔里的居民期待文学能够打破所有既定的世界观。"因为我已经意识到我能通过文学改变自己，因为有了文学，我才能更有意识地生活，所以我坚信我能通过我的文学改变他人。"[47]

当他在坦岑贝格寄宿中学读书时，文学就已向他表明，他不是"个例，不是病例，不是疾病"。另外也有人看到了这个"真实的现

---

① 《爱我吧》（*Please Please me*）是英国摇滚乐队 The Beatles（披头士）的首张专辑，同时也是后来收录在该专辑里的一支同名单曲名字。

实"，他们不让什么权威给这个世界蒙上一层面纱。

文学应当拯救他，而且——可能通过他自己——也通过别人？有人认为汉德克最典型的腔调是一种救世主的气息，一切都来源于此。这并不是说他散布一种意识形态并宣讲福音书，而是他想帮助他人进行创造性的自我激荡，这是他一生的目标。什么都可以，只要不是循环往复。不久之后，他觉得自己是真实感知这方面的专家："因为我专门致力于我有限的经验领域，不，应该是潜心于，所为我设想自己更加了解这个以我的方式去体验的领域，我能教给别人一些东西，尽管他们声称自己是知识分子。"[48]

汉德克当时也碰到了他的第一个支持者阿尔弗雷特·霍尔青格，他是施泰尔马克文学和广播剧电台的负责人。霍尔青格邀请这位前途光明的青年撰写广播随笔。汉德克欣然应允，只是因为他需要钱，汉德克后来这么说。毕竟广播电台为十五分钟长的随笔支付300先令的酬金。

埃里希·舍内曼也在一直给汉德克寄学费和买书的钱。没过多久，汉德克请求他的领路人霍尔青格再多给他一些广播任务，因为他不想再依赖他生父的经济赞助了。1964年8月，他写信给埃里希·舍内曼：

"我现在还是要感谢这笔钱。你在信中说，如果我不需要这笔钱的话就把钱寄给你，我觉得这个说法很有意思。最近这三个月我靠着外祖父寄给我的钱度日，这是他的退休金，我还靠辅导拉丁语和为广播电台工作挣钱。妈妈在力所能及的情况下也会寄钱给我（尽管我因为惭愧和羞耻而感到臊得慌）。所以说，这张支票来得正及时，我很开心;从1月开始,情况将有所好转,因为我申请的大学助学金终于要到账了。"[49]

这个笔耕不辍的大学生逐渐适应了新生活,他成了格拉茨孤独的牛仔①。对他来说,年轻意味着"孤单一人穿过街道,玩弹球,喝啤酒,往音乐盒里放唱片"[50]。为了逃避看法律教材,有时候他乘着电车漫无目的地在城市里穿行,从傍晚到次日清晨。[51]

第一个广播随笔的题目是他自己选的,这一题目完全符合他焕然一新的生活感受:"为披头士疯狂"。他的良师霍尔青格对这个腼腆的、我行我素的人的狂热态度记忆犹新:"汉德克是个独来独往的人,他希望获得群体的认可,他想融入其中,希望能做到放弃自我。他在自我放任的狂热中寻求激情、轻松和自在。"[52]

从1964年11月9日到1966年12月12日,文学节目《书角》在施泰尔马克广播电台一共播放了16期,每期15分钟。汉德克利用这一形式进行言简意赅的集中讨论,每次讨论都有一个主题。利用这种形式,他在节目中已开始阐释他即将创作的前几部戏剧的基本思想。

汉德克也在其他广播随笔里讨论当代话题:《致世界之子——广告标语和其效应》《足球中的世界》《詹姆斯·邦德的童话》。[53]选题的广泛性表明这位年轻作者对写作的热爱以及他在从事通俗文化和流行文化时所秉持的严肃态度,为了"不以一个受过教育的资产阶级知识分子的态度把它们搁置一旁,但也不把其当作无产者的享乐而将其神化"[54]。这在当时并非一个共识。由于城市公园论坛的成员们提出的

---

① 《孤独的牛仔》(*Lonesome Cowboy*)是猫王艾尔维斯·普莱斯利的一首歌。

先锋性要求,汉德克和其他人被保守派持续炮轰,被指责利用其"退化的文学"危害奥地利国家未来的发展。[55]

交叉质询会中的修女们

时代精神赋予他灵感,朋友们赐予他力量,汉德克确定自己已找到了他的使命。他开始了不知疲倦的文学创作,除了其间中断过几次,写作一直在进行。

他像一个狂热的钢琴艺术家般,沉浸在数小时之久的语言方面的手指练习中。城市公园论坛的办公地点是一栋房子的地下室,他在这里列出一张又一张长长的词汇表,制作由空洞的言辞和陈腐的语言组成的目录表。"他常常一整天都待在舍克尔山(格拉茨郊区的一座山)上,编撰用于他文章资料的谚语和格言。"[56]有一次,作家格哈特·罗特拜访他们共同的朋友彼得·庞拉茨,他在那儿碰到了正在为一个故事搜集骂人词汇的汉德克。[57]很快,汉德克就将这些词巧妙地用在了《骂观众》里,这部剧也让他一举成名。

待在格拉茨的那些年,汉德克逐渐敞开心扉,整个人轻松了很多。与科勒赤、庞拉茨以及科在一起时,他也会喝醉酒、乱讲话,搞得整座城市在夜里不得安宁。这些无政府主义艺术家的影响范围不只限于格拉茨。他们在首都也没有消停。有一次,庞拉茨、科勒赤和汉德克在出版商沃尔夫冈·沙夫勒的公寓里聚会。"当然我们都喝醉了,还一起把沙夫勒的书扔到了楼下的大街上。对面是个钟点旅馆,我们把书扔到大街上,送给那些妓女。愚蠢的恶作剧这才得以告终。"[58]夜里,汉德克不知何时不见了踪影。第二天早上，科勒赤去萨赫酒店，在那撞见了汉德克，他正在与英格博格·巴赫曼共进早餐。

汉德克在论坛之家的地下室里用打字机敲出了他的第一部小说《大黄蜂》的副本。1964年7月和8月，他在南斯拉夫的克克岛上写他的第一部小说——在瘴气四伏的田间地头间。

"从腐烂的鱼头和鱼肠那儿时不时飘来一片草絮，他用手绢捂住鼻子，用另一只空出的手的单个手指继续打字。临近傍晚时他也这么做。那时，牛儿们用岛上牧场里的草填饱了肚子，正穿过村庄往家里的牛棚里走。不少牛的胃里胀气胀得厉害，它们踱着步子经过他和写字桌旁，在一个不想结束的臭屁中尽情释放自己，草垛间传来一波又一波的臭味儿，他尽力保证在写句子的时候不失去对节奏、图画，或是对感觉的感知力。"[59]

换言之，那是一个美好的夏天。

1964年11月25日，演员赫尔曼·特洛伊施和乌尔里希·哈斯在城市公园论坛朗诵了汉德克的小说原稿。这不是第一次举办汉德克作品朗诵会了。早在1月21日，盖博格·迪特和赫尔曼·特洛伊施就已朗诵了他的几篇短篇小说。

他甚至能从法律学习中获得一些对他的文学作品有益的素材。给他留下深刻印象的是讲师魏因加特纳在上课时讲述的犯罪案例，有一个案例后来成为短篇小说《守门员面对罚点球时的焦虑》的原型。[60]

距离汉德克上大学还有几年的时间，那时他已经开始发挥他讲述刑事案件的潜力了。1959年11月14日，《克恩滕大众日报》发表了汉德克的第二篇文章《在此期间》。早在这一年6月，这家报纸就已刊登了他的《无名的人》。文章讲述了一个法庭审判的故事,文笔冷静、客观,如果不是叙述者带着极大的同情去描写那位被告的愤怒,文章读起来俨然出自卡夫卡之手。"'我杀死了他,'他说,'我杀死了他!'他喊道,然后把头转向那位老人。老人不为所动地坐在那儿,之后把脸埋进手里。'我不想那么做,可我恨他,因为他比我好。我忍无可忍。'"[61]文章对谋杀凶器和犯罪过程的描述干净利落,没有说明凶手嫉妒的原因以及原因是否合理。

当然,正是这一点使这个故事有了卡夫卡的风格。1965年,汉德克在与他的出版商西格弗里德·翁泽尔德第一次见面时,就说自己十七岁以前一直像卡夫卡那样写作,二十二岁的汉德克不经意间流露出来的自信让翁泽尔德不知该如何应对。哪怕过了十七岁生日,他的作品里始终不变的是:总是寥寥几笔就把事发场景描写完了——几乎都发生在一念之间:"我写不出阴谋伎俩。"[62]在《守门员面对罚点球时的焦虑》中,昔日的守门员在掐死电影院检票员时感到不安,汉德克在描写谋杀场景时同样也感到不安。"我必须在三个句子之内把它写完,因为我想只要赶紧写完就好了,尽管这么想,我还是专注地描写这一刻。"[63]

叙述者的凝神屏气使犯罪行为以一时冲动的行为模式出现,而犯罪者在事后仍然觉得自己的行为是对的。"正午时分,天上下起了雨,我们走进一个工具间;天很黑,所以他看不见我是怎么把斧子从箱子里拎出来并朝他砍去的。劈得正好,他立刻就没命了。"[64]这是对实施一个这样的行为最精湛同时也是最神秘的描述。[65]文章中的斧子省去了心理分析者的工作——幸好如此,否则在世界文学史中又少了几本最震撼人心的著作。

汉德克上大学期间也写过一些作品，比如《考试问题1》《考试问题2》《目击者报道》和《军事管制法》，这个法学大学生在这些作品中有意识地使用抽象的法律术语，把其当作修辞手段。法律语言把他从"表现主义的、注重氛围的语言运动"中解放了出来，汉德克后来回想起法学措辞的训练作用。[66]

《骂观众》在法兰克福演出时，演员乌尔里希·哈斯扮演了其中一个角色。有一次汉德克和他在喝醉酒的情况下写出了《对生活的描述》，这是一个用现代法律术语撰写的关于耶稣的故事，故事提出一条证据，证明基督"在一个并非无可指责的审理程序"中被判处钉死在十字架上。[67]

来自维也纳的神职人员奥托·毛厄尔邀请汉德克在一家修道院朗读《对生活的描述》，结果却发生了一起轰动事件。后来在印刷版本中被删掉的那个句子在当时引起了在场修女的骚乱，那句话说耶稣复活其实是一个"没有事实依据的谣言"。画家约瑟夫·米克尔咒骂着愤然离开大厅，他的愤怒在当时颇具代表性。[68]但汉德克并没有因此被打倒，在接下来的讨论中他让修女们参与了对证人的发问。科勒赤在他内向的作家朋友身上发现了一个新特征："具有攻击性的狡黠。"[69]

"在场观众提出的愚蠢问题使我陷入一种可怕的愤怒中，"汉德克后来向他的母亲讲述这次朗诵会，"我实在是太生气了，像小孩子所有的那种达到极点的愤怒。出去！ 最后我这么说道。事后我在剧院见到了海蒂嘉德·纳福①。"[70]最终彼得和弗雷德对修道院这个小型轰

---

① 海蒂嘉德·纳福（Hildegard Knef，1925—2002），德国女演员、歌手、作家。

动事件极为满意，所以他们把这篇文章当作内部出版物出版了，科勒赤如此回忆这件事："我们俩签上了自己的大名，并没有改动原文中那个句子。"[71]

这些故事的结局

想象力丰富、机智、自信、严格、愤怒并爱挑衅，汉德克在格拉茨的那段时间发展了身上这些特质并且硕果累累。"当他着手做一个项目时，他很清楚这个项目在他写作过程中将发挥哪些作用。"[72]

汉德克的剧本和书不管是在主题还是在诗人学方面没有共同之处。"他通过每一部作品挖掘戏剧的新特点，"汉德克的老前辈克劳斯·佩曼认为，"对传统形式的反抗以及他对舞台上出现的谎言和美化的不信任强迫他一直在寻找新颖的形式。"作为导演的佩曼负责汉德克十一部戏的首演，每次他都感到惊喜："从来都是全新之作，没有别的作者能做到这一点。"[73]

"我觉得那种做法很恶劣，"汉德克1971年解释说，"如果一个写作者按照一个模式或模板写作，我认为这是所有做法中最可耻可鄙的。一个作家不允许照着他先前已写过的东西写作。"[74]

剧本《被监护人想成为监护人》没有一句台词，1969年这部戏首演。这是一部关于统治结构的默剧，不同的结构通过舞台上监护人和被监护人的角色来体现。首演的舞台布景由三部分组成：三联画的左翼是一个玉米地，右翼是一个萝卜地，中间是一幅具有奥地利农舍特色的田园风光室内画，一切都借助简单质朴的绘画形式呈现出来。墙上还有一个长约一臂的牛鞭，它没有逃过现场一位戏剧评论家敏锐的双眼。这个由公牛阴茎制成的殴打工具象征着这个监护人的权力，这位评论家尖锐地推断出这一结论。这个好东西是佩曼从法兰克福一个屠宰场的老板那里借来的，他还用它"比一个警棍危险得多"的说法大肆煽动现场气氛。75

有位剧场观众尤其喜欢这个舞台布景。首演结束后，一个矮小、敦实却精干的男人从观众席走到佩曼面前，他说如果佩曼在演出计划中取消这部戏的演出，他可以买下这幅三联画。当时明显缺钱用的佩曼问他打算出多少钱。他回答说："五万，六万马克。"——"什么？您是哪位？""我是胡伯特·布尔达。"他是极端保守派画报出版商弗朗茨·布尔达的儿子，正因如此，佩曼结束了这场讨论。这位左派戏剧的老造反分子现如今想起这件事时仍然难掩心中的悲愤："我现在还想往自己屁股上踢上一脚，我当时可是坚定的左派，所以连钱都不要了。"

汉德克的艺术原则是变化，而非重复。为什么呢？1967年，这位刚刚获得成功的作家用他的象牙塔宗教信仰解释其缘由：

"如今，作为作者和读者，这些已知的表达世界的可能性对我来说已经不够用了。对我而言，一种可能性只存在一次。以后都不会再有对这种可能性的模仿。第二次使用一个叙述模式已没有什么新意，顶多算是一个改动。第一次使用一个叙述模式表达现实时，这或许可行，第二次再使用这个模式就已经是肤浅的模仿，尽管这一模式可能声称自己依然切实可行。"76

当然，有诸如汉德克式的腔调这样的东西存在。从长篇巨作如

《我在无人湾的岁月》(1994)或《摩拉瓦之夜》到《试论三部曲》这样的练习曲以及比较短的作品如《卡利》(2007)到警句式的笔记札记，他的作品的确向来都有一些令人激动的开放性内容。只要他产生怀疑，一种方法——比如法律术语——就有可能被他变成一种写作策略，他尝试新的东西。未知的事物吸引着这位永不停歇的冒险家，他使他的写作连同他的生命置于一种无比极端的境地。另外，汉德克拒绝向读者提供一个有助于理解他作品的故事："我不再需要句子的伪装，对我来说，每一个句子都重要。"[77]

只有在这个写作的"我"的传记中，汉德克所有的作品才形成了一个共同的核心。如果有那么一个没有被汉德克禁止的解题小本，它将带领读者经由作者的生活进入到他的作品中。"作品中几乎都是用对这个世界的独特感知所进行的实验。"科勒赤回忆起他朋友的那些早期作品时说。彼得·汉德克想讲述的正是彼得·汉德克的新经验。他不再需要故事和虚构。

"我觉得文学的进步就在于逐渐放弃不必要的虚构。省去越来越多的手段，不再需要故事，更多的是对经验的传达，语言和非语言的经验，因此，没必要再去虚构一个故事。"[78]

在彼得·汉德克看来，生活和作品之间的关系是活色生香的现实主义——艺术渴望生活。

在格拉茨上大学时，汉德克就对他的文学追求坚持不懈，对此的争议从未间断过。维也纳学派形式主义先锋的代表者出言不逊，认为格拉茨人反对理论并为人呆板[79]；还有那些活跃在政坛上的作家，他们同样持不同意见。阿尔弗雷德·科勒赤认为，在格拉茨的那些年

"对汉德克来说也是阴影密布"的一段时光。[80]

从那以后，汉德克一直是那些自称为先锋者的最喜欢的敌人。在格拉茨那段时间，即使是面对亲密的朋友比如科勒赤，汉德克也只字不提那些批评是否真的给他的生活带来了麻烦。"他默然承受一切，遵循这一座右铭：让我安静。如今是由于他被人指责犯了政治错误，他才会在公开场合做出激烈的反应。对他写作方式和诗学的批评，他一向坦然接受或是在详细的讨论中对此进行回应。"[81]

如果别人直接攻击他，他则进行激烈的还击，一如往常。作家米夏埃尔·沙朗1969年对《手稿》进行空泛的批评，尤其指责汉德克对战胜统治体系方面没有什么热情。汉德克写了一封简短却极具杀伤力的信，以此回应沙朗长达数页的漫骂。他在信里取笑沙朗、彼得·施耐德和其他政治活跃的作家那些"麻木不仁的废话"。他讽刺他们与其去出版政治小册子，不如好好背诵一下席勒的《大钟之歌》。"我对以任何方式让人变得循规蹈矩的高效行为愈发没有兴趣。对我来说重要的是先在写作和做事的过程中积累经验，然后再出书。"[82]

不过，这个看似与世隔绝的诗人对政治事件并非向来都是无所谓的态度。在《对法院判决的评论》中，他谴责无罪释放巡警卡尔－汉茨·库拉斯的行为，后者在柏林举行的一次反对前伊朗国王的示威游行中开枪打死了大学生拜诺·欧诺索格。汉德克以评论家的身份探讨施普林格康采恩的媒体权力（《论汉斯·迪特·米勒的〈施普林格康采恩〉》）。他在接受盖尔哈特·豪普特曼奖时，现场再次出现骚乱，因为他在感谢词中说他对警察卡尔－汉茨·库拉斯的从轻判决感到"愤怒和悲痛"，正是这名警察的行为才把学生的抗议运动真正推向了高潮。他有次甚至捐钱给后来成为声名狼藉的"红军派"① 的巴德尔-迈因霍夫小组,"我当时还不知道这个团体未来的发展动向"[83]。八十年代他还揭露出前奥地利总统库尔特·瓦尔德海姆的丑闻,批评这位总统是"不看也不听的谋略家"[84]。二十五年后历史重演,他对南斯拉夫战争发表自己的看法。

汉德克非常愤慨地对库拉斯判决进行批判。他带着同样的社会关切去痛斥生活在他的出生地那里的人们的贫穷状况:他的批判中有他动情的关心和同情,而不是借助批判来宣告一种政治纲领。

汉斯·赫勒把汉德克"感同身受的社会同理心"与格奥尔格·毕希纳和英格博格·巴赫曼的同理心相比较。[85]这一说法最为精准地表达出这位才智非凡的作家的另一面,即对现实和生活的关切。

不过,他是"他那个时代的标志性人物"吗?再或者说,他是他的同时代人的一个热心的政治传声筒吗?汉德克对此毫无兴趣。如果有人向他提出这样的要求,他希望"把他们召集到一起,左派的蠢货,右派的蠢货,自由党的蠢货,统统都召集到一起,然后在他们上面扔个炸弹"[86]。

如果他说出这样的话——他常常这么说,也喜欢这么说——那么,喜欢他的人绝对不再是所有的人,至少不是那些在政治上活跃的同时代人。

在"红细胞(Rote Zelle)日耳曼文学"汉德克研讨会上,在左派的祈祷书《明确》的页面上或在1969年出版的久负盛名的学术丛书《文本+批评》的汉德克系列中,那些在思想上极为进步的作家在肆意忘

---

① "红军派"是一个德国的极左恐怖主义组织。

形的笔战中对这位政治上靠不住的年轻新星口诛笔伐。"自恋已经很久没有以这种甜蜜而明亮的形式出现了。"马丁·瓦尔泽揶揄道。

艺术评论家们也开始向汉德克开炮,莱因哈特·鲍姆加德也讽刺道:"词语现代性如今很少有像汉德克那样没有痛苦的。"[87]人们指责汉德克自恋、搞唯美主义、具有小市民精英意识并有反动行为。所有的批评都打上了时代的烙印。

对与他同时代的积极分子们而言,汉德克始终是一块红布:这个男人不只想着为自己写作,而且还想靠这个赚钱!"如果沙朗想看到确凿的转变,他最好放弃文学创作,另外也不要再写什么论战性文章,这些文章只能算作无聊乏味的文学。或许有必要发动一场革命,但绝对不是由那些没有作品的昔日作家发起的。"[88]这是汉德克对他的同行写作能力的致命性论断,他的还击远远超出了对作品内容的争论。

在德国《时代》周刊1996年的一次采访中,汉德克以相似的方式回应了作家彼得·施耐德对他塞尔维亚之行的批评。他这次的发言也有些逾矩。这位"彼得·施耐德同志"有次见面时跟他说,为了能感觉到自己的生殖器,他写作时一直都穿着无比紧绷的牛仔裤。"每次我读他写的东西时,眼前浮现的都是他穿着紧绷的牛仔裤,赤裸着强壮的上身投入到他充满力量的作品中的画面。"[89]

你们将睁开眼睛并侧耳倾听

汉德克在他的广播随笔和书评中逐渐明确了他的文学目标。他经常在文章中讨论同时代话题,最终形成了极度个人化且不受时代限制的写作观。他一生都在坚持他的写作观,有时与时代同步,有时单枪匹马与时代为敌。1965年4月26日,这位年轻的作家在施泰尔马克广播电台的《书角》节目中宣告文学可以征服世界:

"写作可以是征服世界的一个尝试。通过写作和描述,把由于日常接触而变得司空见惯的现有事物保存下来,也可以说是去关注它们。把这些熟悉的、被忽视的、每天都在重复的事件用一种提高注意力的语言写下来并对其进行描述,这意味着,捕获这个已被遗忘了一半的世界,用感官再次让这个世界变得生机盎然,这些感官不只来自那些对它们进行描述的人,也来自那些愿意一边读一边进行描述的人;与为之所需的精神强度对应的是与日俱增的敏感,敏感让人在阅读和写作后睁开眼睛并侧耳倾听,以此感受到这个从未被描述过的世界;至少人们有可能因为有了一个精确、详细的描述,再次捕捉到那些之前听不到也看不到并被认为是不言而喻的事物,另外,对那些正在发生和业已发生的事情,人们似乎获得了一个新的感官,一种时间观念,一种普遍被称作历史性的感官。"[90]

汉德克之后以极端的结果去执行的纲领因此有了轮廓。通过仔细的看,他在这个世界获得新的印象,他用一种语言把它们记录下来,不是被滥用的、无力的语言,而是生动的、清醒的语言。如果有人在这个喧嚣的世界失去了听和看的能力,汉德克的书能让他再次睁开眼睛并竖起耳朵。你在汉德克的书中会找到一种不自以为是的语言,一种只在细节上与日常生活惯用语相区别的语言,一种汉德克不仅写下来而且也说出来的语言。

一旦汉德克拿起笔或开始讲话,他就在与语言的陈腐窠臼和俗世智慧作斗争。"长大的时间越长,"汉德克1963年给在格里芬的母亲写信,信里写道,"语言中所有的词语和措辞对人的影响就越大,人们只需要有一个明确的目标,并通过写作或说话去实现它。话语已经自行产生,与此同时并没有发现什么障碍。我想说的是,话语变得通顺且没有触碰任何东西。"[91]

如果话语没有自然产生,而是我们用新的词语言说,并且也谈论我们自己,这将是天壤之别! 当时,汉德克最深恶痛绝的就是同时代作家的"半成品写作",他们"一直以来只以群魔乱舞的形式和观点对世界观"发表看法,"把每个事件歪曲为意识形态"[92]。

汉德克后来持类似的观点对媒体在南斯拉夫战争中的表现进行猛烈的批评。这种相似性表明,最重要的不是政治 —— 在九十年代和三十年前都是如此 —— 而是真实,不被左右、不去攀附的那种真实。最恶劣的是先入为主的观点。如果他"发现自己正在人云亦云","对自己展开的伟大斗争"[93]就开始了。

第二年1月,汉德克又开始修改《大黄蜂》的原稿。1965年初,阿尔弗雷德·科勒赤把原稿交给了卢希特汉德出版社,出版社拒绝出版此书。同年夏天,汉德克自己把书稿寄给苏尔坎普出版社的瓦尔特·伯利希,汉德克的第一本书得以出版。这主要归功于出版社的编辑克里斯·贝策尔,他立刻就发现了这位年轻作者的才华,并说服出版商出版此书。"克里斯·贝策尔同意苏尔坎普出版社出版我的书,没有他,这本书根本不可能出版。"[94]出版社负责人西格弗里德·翁泽尔德喜忧参半:"一个重量级的处女作,但卖不出去。"[95]1965年8月10日,这封即将改变汉德克生活的信从出版社所在地法兰克福椴树大街寄往克恩滕州格里芬阿尔腾马克特6号。

1965年11月，汉德克在维也纳见到了西格弗里德·翁泽尔德。这位勤奋的年轻作者迫不及待地在行李中准备了下一个惊喜：一个名字特别的剧本《骂观众》。这是他"第一部也是最后一部剧本"，作者自信地说，随即又补了一句用来挑衅翁泽尔德的话，他认为这部作品"无法出版也无法演出"。[96]这位出版商却再次速战速决。作者用《大黄蜂》的毛样得到了1200马克预付款，与此同时也得到了翁泽尔德即将出版这部剧作的承诺。"我虽然损失了半年的大学学习时间，"1965年11月24日汉德克给他的母亲写信，"但你觉得'损失'这个词合适吗？我只觉得我赚了。"[97]

"我旋转我的魔戒"

布莱希特[①]！弗里施[②]！阿多诺[③]！在那个时代几位最负盛名的作家的作品在苏尔坎普出版社出版。凭借他的处女作，这个来自格里芬的乡下小子很快被联邦德国最高级别的知识分子俱乐部所接纳。汉德克不是狂妄自大的人，因为他对自己的态度过于严肃。不过，1965年10月这个令人欣喜的消息必须要公布出去，母亲那时已不再是他

---

① 贝托尔特·布莱希特（Bertolt Brecht, 1898—1956）：德国戏剧家、诗人，代表作有《大胆妈妈和她的孩子们》《四川好人》等。
② 马克斯·弗里施（Max Frisch, 1911—1991）：瑞士小说家、剧作家，代表作有《施蒂勒》《能干的法贝尔》《比德曼与纵火犯》等。
③ 狄奥多·阿多诺（Theodor Ludwig Wiesengrund Adorno, 1903—1969）：德国哲学家、社会学家、音乐理论家。

生活中唯一重要的女人。

"利普伽特!"1965年8月28日,格里芬,他用红墨水写了一封明信片,与当时住在萨尔茨堡的施瓦茨女士分享他的成功。明信片上写着:"原稿将在苏尔坎普出版社出版,可能是在春天。9月我要去法兰克福,谈关于删除(屠杀)一些奥地利独特词语和复杂短语的事宜……现在我手头上的事情少多了。"[98]

格里芬的家里一直没有安装电话。刚过三天,汉德克又从格里芬寄信给利普伽特·施瓦茨:"快到这里来吧,亲爱的女士。这里实在是太无聊了。"只能靠劈柴、看书和去电影院看电影打发在村子里的无聊时光:"我今天刚做完一个书评,我提了很多次萨德侯爵……下个月这里将放映杰姆斯·邦德的电影。"[99] "除了这些,只有外祖父能调剂一下我的生活,他在喝咖啡和吃蛋糕的时候会'使劲'地吧嗒嘴。""母亲今天告诉我,有一次他气到不行,拿起一块他压根拿不动的很大的岩枝(木头)就冲进了房间,把一个长椅砸了个粉碎。不过他个头太矮了。他年轻的时候有一次越窗去幽会他的情人(为了进屋找他的女人),一不小心从房顶上揭下了一片瓦,结果捅了马蜂窝。或许就因为这个,他总爱发脾气。"[100]

这位年轻的女士是谁呢? 是谁能让汉德克在信里事无巨细地讲述这么私人的事情呢,而且还送了她一个戒指?[101]这位来自格兰河畔圣法依县名叫利普伽特·施瓦茨的美丽女士毕业于萨尔茨堡莫扎特大学和维也纳马克斯·莱因哈特师范学校。在格拉茨,她主要因为对艺术的狂热以及对戏剧的热爱而被大家所知。[102]她在格拉茨联合舞台上扮演《原浮士德》中的格雷琴以及布莱希特《四川好人》中的那位好女人还有那位坏女人。

汉德克痛恨戏剧,但如果利普伽特有演出,他就会去看她的演出。"我当时是大学生,身为演员的她对我来说是格拉茨明星。"一个朋友介绍他们两人认识,"她朝我这边看。我以为她看的不是我。那时她看的就是我。"[103]

2009年夏天,利普伽特·施瓦茨和我面对面坐在维也纳苏格兰修道院的酒店花园里。与汉德克结婚后,这位身材娇小的女士变成了一名炙手可热的演员。两个人都事业有成,不管是她还是彼得·汉德克。不过,直到今天,她依然崇拜她的前夫,这当中既有畏惧也有仰慕:"我对他又害怕又崇拜。"

1964年,利普伽特·施瓦茨和她的同伴盖布格·迪特开车经过格拉茨,一个年轻男人引起了她的注意,他正在她们前方横穿马路。"如此高贵、那么好看的一个人。光芒四射。快看,盖布格,你认识他吗? 看呀,就是他!"

施瓦茨的这位演员朋友认识他,她在城市公园论坛朗诵过他的作品。为了撮合她这位腼腆的演员同行和那个"高贵、好看的人",盖布格·迪特邀请这位年轻作家参加布莱希特《四川好人》的首演仪式。不抽烟的汉德克站在一个角落里,手里夹着一支香烟。他不知道利普伽特正在崇拜地盯着他看。她鼓起所有勇气请他跳一支舞。他跳舞时知道如何绅士地握住她并带着她一起跳,这位二十三岁的女士认为他就是那个对的人。

尽管事实证明跳舞并不是这位独具魅力的作家的强项,但坠入爱河的利普伽特却无可救药地迷上了他:

"接着先是放了几首摇滚乐,他像卡施佩尔一样,脚上上下下动个不停。他根本不会跳舞。我有身体的节奏感,可我突然也不想这么跳了,我学着他胡乱抖动脚,完全跟不上节拍,只是在那乱抖脚。我觉得这简直太奇妙了。再后来,如果他突然有了兴致想活动一下,总会像以前那样跳一会儿。他丝毫没有节奏感,就是在那儿手舞足蹈,蹩脚地跳来跳去。"[104]

从那以后,他们经常见面。她住在吕克特膳宿公寓一层的一个房间里,剧院里的很多人都住在这个公寓里。他在咖啡厅给利普伽特看他写的文章,坐在她的长沙发上继续写《大黄蜂》。汉德克太内向了,以至于他的朋友们有天夜里直接把他从窗户扔到了利普伽特的房间里。与外祖父肖茨不同的是,年轻的汉德克省去了破窗幽会情人以及捅马蜂窝的麻烦。

有时候,他们会故意说些傻里傻气的话,比如利普伽特给彼得写信:"卖花的人跟我说,你买的那种还在开着的花叫火烈鸟,百科全书里却是Arthurium,天鹅花的意思,对,就是这种花,你给我买了一个叫天鹅花的替代品,为了我至少能看到它,好吧。我的最爱,你的利普伽特。"[105]

不过,她最爱的人不喜欢那些其实并非他自己讲的笑话。

汉德克的肢体动作或许比较笨拙,他讲起话来却没有人敢跟他较劲。1969年,作家彼得·史蒂芬·容克结识了汉德克和利普伽特·施瓦茨,在他的记忆里,年长十岁的汉德克总"把别人说的每一句话放到好几个秤盘上掂量,脑子里不只过了一遍"[106]。无法与他交锋的人不得不败下阵来适应他。一段时间之后,利普伽特讲起话来跟他没什么两样。

她尊敬他，什么都听他的。"我在他面前内心会生出一种强大的敬畏感，我崇拜他，像是对偶像的那种崇拜。我们对别人一无所知，但只要他在，我马上就意识到我不能跟他闲谈瞎扯。你要想好了再说。"[107]

这位柔弱、苗条的女演员吸引汉德克的是不受约束的身体，这也正是他所欠缺的。1972年，在《短信长别》这部文学作品的终曲中，他记录了这段早已出现裂痕的婚姻。在写到利普伽特时，他难掩对她的欣赏之情：

"一上舞台，她就变了样：她做出的各种简单动作不是那种傻里傻气的潇洒，那种不管是常人还是演员故作的潇洒，而是只有在舞台上才有可能展示出的严肃和放松。无论她平常怎样表演和做动作，在舞台上她始终镇静自若，面对他人有着忘我的专注；尽管她如此自如地表演了自己的角色，可过后人们几乎就会忘了她。"[108]

汉德克在《短信长别》中以文学的方式描述他婚姻的破裂。六年后，与他分开生活的妻子也描述了他们之间的关系。利普伽特不是作家，当时她唯一的读者是她和汉德克共同的女儿阿米娜。1978年1月的一个夜晚，利普伽特坐在书桌前给八岁的阿米娜写信，讲述她与阿米娜的父亲第一次见面的情景：

"你知道他当时的模样吗，阿米娜。他个儿高高的，看上去比他现在个头高，头发很短，样子真的有点傲慢。我只是从侧面打量了他一下，他穿了一件外套，别的我就看不到了，他看起来是那么骄傲和严厉，恰恰是这一点引起了我的注意。我想不起来她（盖布格·迪特）是如何回复我的，也不知过了多长时间，看完演出后我们去了一家地下小酒馆，他再次出现了，我记得我马上在他旁边坐下了。他喝多了，手里夹着一支已经燃到滤嘴的香烟。我觉得他可能忘了这支烟，我并没有把烟从他的手里拿走。他手里夹着那支还在燃烧的烟，问我是否可以一起跳支舞，然后，他在跳舞时轻轻握住了我，但其实我们并没有触碰对方，大家离得很近，我之前从未有过这种完全放松的感觉，这让我惊叹不已……拥有自己想法的彼得让我觉得既新鲜又陌生，陌生极了。我立刻有了对他的敬畏之情，正因如此，我喜欢看他。他有一张明朗的脸，没有皱纹。如果我从侧面看他，我的眼睛便停在了他的眼角。我问我自己，如果未来他的生活中发生很多事，其中也有可怕之事，他的眼角会是什么样呢？我问我自己。后来我想起来了，我们有次经过这家地下室酒馆，他说'一起去吧'，接着就带我去了这家酒馆，酒馆里有一个点唱机，点唱机的上面有个绿色的振动指示器，类似铅块天平上的那种，指示器能显示音乐声音的强度，或许也能看出音乐的整体音量。他其实想向我展示，除了能听到音乐，也能看到音乐。这对他——这个彼得来说——是一个重要的经历，他向我展示了这一点。后来，我去过一次他在格拉茨的住所。当然，我很好奇那里是什么样子的，他在哪里睡觉[……]房间很小，只比你在柏林时住在我这里的那个房间大那么一点点。房间里有一个柜子、一张桌子和一张床，我就看到了这些，很多文件凌乱地放在桌子上和地板上，我还看到一个布满灰尘的留声机。我们好像在房间里百无聊赖地待了一会儿，也一起躺在了床上，我们终于相拥在一起，因为在我的记忆中，我当时如释重负。我们——我们做了什么呢——我们竭尽所能地深爱着对方，但我们那时并不是很幸福。我们非常非常相爱。

这会儿我写不下去了，我刚刚哭了一会儿，现在又恢复了平静。因为我现在上了年纪，你知道吗，我现在大致懂得一个人能够如何去爱自己所爱的那个人了。我今天不一定要写完这个故事。此时已经是凌晨两点了，天亮之前，我还想去床上睡一觉。我们很爱你。你的妈妈。"

这位母亲和妻子在这封信里所记录的回忆听上去犹如一个悲伤的童话。她在格拉茨遇见的那个人真的不是一个王子吗？一个有着远大前程的男朋友？他在他的王国里将是一个强势的国王，而且是一个时常感到孤独的国王。直到他生命的尽头？

汉德克从一开始就预感到他无法与任何一个女人长相厮守，这位温柔的、耐心的、在所有事情上都委曲求全的利普伽特也不例外。1966年8月16日，他在一封给利普伽特的信里警告她应当斟酌与他的结合。

"亲爱的，我考虑了一下，我们的关系该如何继续（优美的表达）。关系当然将维持下去，似乎无法想象其他的可能性，对我来说，眼下就是如此。如果我好好考虑一下我对一个女人提出的所有要求，这一切简直就太可恶了。尽管发生了一些事情，跟你在一起时我仍然感到非常快乐。你非常有耐心，不是那么有耐心，可也足够了。你那么温柔，这真是太好了。夫复何求？我所要求的仅仅是给我一个自由的空间，还有你能答应我，多迁就我一些。所以你必须要顺从，否则我忍受不了，因为我必须要跟一个女人生活在一起，而且超过了十分钟。否则，每个人都想扮演自己的角色，矛盾就产生了，因为没有人为他人考虑，每个人盘算的都是他自己的事。"[109]

这位年轻作家对他的爱人使用的是一个温柔且严苛的词。他的——只是半开玩笑称作"可恶"——严苛他自己也完全清楚。这封信也表明当时他很严肃地对待他和利普伽特·施瓦茨的关系，想用警告给她一些保护，不让她受到他的伤害。她则会听他的话并且去适应他。1967年11月28日，彼得·汉德克和利普伽特·施瓦茨在杜塞尔多夫户口登记处的大门前——那里的剧院聘用了她——被宣布成为夫妻。

婚礼结束后，这对新婚夫妇和剧院的朋友们一起庆祝。这是开怀畅饮之事。汉德克喝得醉醺醺的，他怀着激动的心情用打字机给他的朋友阿尔弗雷德·科勒赤写了一封激情恣意的信：

"亲爱的弗雷德，你真是一个可爱的家伙，此时此刻，除了告诉你我两个小时前结婚了，我其他什么都写不出来了。说实话，好吧，利普伽特目前正在试用期，我们此时正在这里喝威士忌和伏特加，到处都是噼里啪啦的声音，我一直在旋转我手上的戒指，是的，旋转我无名指上的戒指，向格拉茨的霍弗问好，他是个好人，还有威廉·亨斯特勒，我喝多了，这个笨蛋，不过我还能在打字机上敲字，虽然有打字错误，最亲爱的弗雷德，干杯，奥古斯丁刚才还这么说，不要沮丧，生活就像德斯托耶夫斯基所写的那样，亲爱的，我也有点沮丧，可这不是生活，而是死亡，这意味着，意味着生活，你好弗雷德，他现在继续写书，而我在旋转我的魔戒，它让我进入另一个世界，再见，你是最好的人之一，打字机上的这些错字看起来像是匈牙利语，再见，你的彼得·汉德克。"[110]

幸运的是，母亲与这个新媳妇相处得很融洽。在散步时，汉德克用相机拍下了他生命中的两个女人其乐融融的画面。

早在儿子结婚前,玛利亚·汉德克就已经无奈接受了儿子离开家并且留给她的时间也少于以前的事实:"彼得让我把剩下的衣服寄给您。"1966年8月,母亲写信给利普伽特,这对情侣当时已搬到杜塞尔多夫居住。"他开车走的时候,我的心情非常沉重,恨不得大哭一场,可我必须控制自己,我是一个愚蠢的老女人……我用了三天的时间整理彼得的东西,这期间我自然也静下心来读了读他的手稿,对我来说,这是美好的时刻。格拉茨现在已经不再是他牵挂的地方,他也不想再四处漂泊。我的愿望(最衷心的)是你们俩能在一起(这与我无关,他会说);请您时不时给我写封信,他给的消息总是很短。"[111]

但是,这位作家必须只身一人走他的路,如同一个漫游者穿过一个结冰的雪原,缓慢且从容,全神贯注且小心翼翼,"无忧无虑地迈着轻快的步伐"。如同《大黄蜂》结尾处的这句话。[112]这位笨拙的舞者在写作时"找到了引领他走出去的动作规则"。不过,这位写作者像梦游的漫游者一样需要安静:"如果有人喊他,他既不能停下来,也不能应声回答。我喊他时,他摔倒了。"《大黄蜂》的最后一段如此描述这位漫游者。[113]汉德克用这个结尾找到了他与现代诗学的关联——这位滑倒的漫游者正经历着现代抒情诗古典化的祛魅时刻。

无视海妖的歌唱,同时抵御着轰炸机的轰隆声,二十世纪的奥尔弗斯和奥德赛必须坚定不移地走他们的道路。否则,他们就像T.S.艾略特的《J.阿尔弗雷德·普鲁弗洛克的情歌》中所写的那样,淹死在这个世界里:"我们流连于大海的宫室/被海妖以红色和棕色的海草装饰/一旦被人的声音唤醒,我们就会淹死。"[114]

汉德克在写作时一直都依赖于与噪声与其他干扰相隔绝的内在世

界，外部世界将永远困扰着他，有时外部世界像冰层下的雪一样几乎吞噬了这位受到惊吓的漫游者。

1966

在格拉茨的那些年，汉德克逐渐变得成熟，他变成了他想成为的人。距离他被世人皆知仅有一步之遥。只需要一个登台的机会。1966年4月，在翁泽尔德的推荐下，汉德克被准许参加汉斯·维尔纳·里希特领导的四七社年会。

1947年，在条件拮据的情况下，四七社成员在阿尔高第一次会晤。四七社当时早已发展成为由权威人士组成的协会，至少他们的成员是这么认为的。这个由作家和评论家组成的精英圈子对自己的重要性深信不疑，所以在这一年，他们第一次在国外召开大会，地点是美国，格拉斯的《铁皮鼓》在那里大卖，彼得·维斯的《马拉·萨德》在纽约的一家剧院演出，票早已售罄。

讽刺的是，里希特把地址选在安逸的普林斯顿，这里曾经是托马斯·曼的避难地，他在"二战"后被拉下水，陷入一场与一帮"暴徒般吵个不停的野孩子"的激烈的文学政治冲突中。当今他们自己就是明星，作家乌韦·约翰森、彼得·维斯、齐格弗里德·伦茨、汉斯·马格努斯·恩岑斯贝格尔以及起主导作用的评论家瓦尔特·赫勒雷尔、约阿希姆·凯泽、汉斯·迈耶，马塞尔·莱希-拉尼茨基和瓦尔特·延斯。

初次登台者汉德克的《大黄蜂》几周前才问世，这个此时还寂寂无名的人坐在这帮身经百战的媒体专业人士之间。君特·格拉斯乘坐的轮船在开往纽约的途中发生了一起轰动性的海难事件，他的脚还没踏上美国的土地，就已接受了十场采访。

早上刚过十点，里希特宣布大会开始。要求明确：

1. 里希特决定谁朗读。

2. 所有人的朗读不能超过二十分钟。

3. 里希特可以要求朗读者中止朗读，如果朗读者朗读的时间过长或者他朗读的内容以某种方式引起在座的大多数的不满。

4. 朗读者在受到批评时，必须坐在座位上并保持沉默。

5. 批评只能涉及刚刚朗读过的文章，不能在原则性观点上指涉所有已朗读过的文章。

来自图宾根的修辞学教授瓦尔特·延斯以罗莎·卢森堡写的一个剧本中的几个段落开场。接着是别的朗读者，一个接着一个，他们执行规定好的仪式，相互夸赞，批评时则小心慎言，卖弄自己的观点。

接下来发生的事情让人始料未及。库比注意到，一个"女孩子一样的男孩"从后排座位上站了起来，他纤细的头发遮住了耳朵，头戴一顶蓝色的小鸭舌帽，穿着紧绷的瘦腿裤，有一张"柔和的复活节彩蛋式的脸"："我发现，"汉德克小声说道，"当今在德语散文界正在盛行某种描述力阳痿。"[115]

此言甚是。骇人听闻，前所未闻。

"德语文学中一个非常、非常没有创造力的时期在这里诞生了，为了能有共同语言，这个可笑的流行词汇'新现实主义'被所有人滥用，尽管他们没有任何能力，也没有任何创造力创作任何一种文学。"

（骚动和嘟哝声。）

"这种散文的糟糕之处在于，从百科辞典里也能抄到这样的文章。"

"…… 一种极度幼稚和愚蠢的文学 ……"

（哄堂大笑，零星的掌声。）

"因为批评毫无意义，就像这种幼稚的文学一样 ……"

这明显违背了四七社的第五条规定。

里希特多次提醒汉德克。终于，汉德克坐下了。评论家汉斯·迈耶打起精神开始演讲，他的演讲有一部分借用了汉德克的批评。事情在那明摆着：这个年轻的作家一针见血。这不是发生在城市公园论坛举办的一次奥地利先锋聚会上，这可是当代德语文学最负盛名的代表大会。这真是史无前例。一个"汉德克恶作剧"，《明镜》周刊玩弄文字游戏，"如今这是一个文学传奇"[116]。

四十年后，汉德克想起这次聚会时仍然遏制不住心中的怒火。不是因为那些当年在现场的作家，而是因为那些艺术评论家：

"格拉斯是唯一一个详细、生动地分析年轻作家们的文章的人。其他的人都是一副畏畏缩缩的样子，可怜的彼得·维斯什么都没说，乌韦·约翰森穿着他的皮夹克坐在那里，无所事事，整张脸都涨红了。当时我说：这三位至少我现在尊敬的人 —— 格拉斯、约翰森和维斯 —— 他们怎么能被那些可怜人如此对待，比如那个叫莱希－拉尼茨基的人，他扯着难听的嗓音高声讲话，聒噪个不停，屠杀这些人 …… 所有的这一切都与作家无关。这样可不行。一到两天的时间我都在想：这成何体统，那些李子干儿在那发出刺耳的尖叫声，而我尊敬的作家们 …… 他们怎么能这么说作者们，这些家伙。让人想到雅各布·伯麦，瓦尔特·延斯是一个微弱的回声，是莱希－拉尼茨基发出的刺耳叫声的回声,也是这个汉斯·迈耶的回声……他们坐在那儿,唉声叹气,抱怨个不停,还出了一身汗,仿佛他们是在一个刑讯室里,虽然是他们对别人施加酷刑。我如此看待写作者:这样可不行,人们对刚刚朗读过的人说三道四,就好像这些人是昆虫一样,让人想到卡夫卡。所以就发生了后面的事。"[117]

就在这一天,年轻的彼得·汉德克一骂成名。这个国家伟大的评论家们直到现在才给他编织花环,这个"柔弱的蓄着长发的年轻人有着并不柔弱的愤怒"(赫尔穆特·卡拉谢克),"这个叫彼得·汉德克的人不仅有一头漂亮的披头士发型,还有着对这些年迈的大腕无法抑制的愤怒"(约阿希姆·凯泽),这位前途光明的年轻作家"留着精致的鲍勃头"(克里斯蒂安·费贝尔),他"愤怒地抖动着他蓬乱的披头士长发"(弗里茨·约阿希姆·拉达茨)。

骂名人事件发生后,汉德克才偷偷溜走——"因为事情太无聊了,而且那些人认为,描述计算机或提到奥斯维辛就很现代"[118]——他宁可沿着他的老牌偶像威廉·福克纳的足迹去密西西比的小镇牛津朝圣,福克纳四年前在那里去世。

汉德克再次回到格拉茨时,仿佛换了一个人。回来后他和利普伽特在甘布利诺斯地下酒馆见面,利普伽特感觉他整个人很放松。他点了一大杯啤酒在那里等她,杯子里插了一朵花。

这里的演出让你们参与其中

距离汉德克在普林斯顿登台还有几个月,这时,苏尔坎普出版社的戏剧编辑卡尔海茵茨·布朗交给二十八岁的克劳斯·佩曼一份手稿。这位法兰克福塔楼剧院的年轻导演迅速被其感染。一个小时后,他打电话给布朗:"我马上开始筹备,太了不起了,新的戏剧即将拉开帷幕。"[119]这件事只有着一个难题:不仅作者本人觉得他的剧本无法演出,佩曼的剧院经理和他的演员也认为剧本相当可怕。

最后,佩曼偷偷召集了四名演员,他们愿意在戏剧周实验 I 环节上演《骂观众》,报酬只是象征性的六百马克。在紧锣密鼓的露天排练过程中,演员们以及导演通过听节奏强劲的音乐使自己进入情绪:他们像约翰·列侬或林戈·斯塔尔一样,在舞台上跳着蹩脚的舞,这是那个时代的节拍。这位剧作家本人当时看上去俨然是披头士乐队的一员,他对流行音乐了解甚多。

2009年5月,在柏林剧团当了十年剧院经理的佩曼若有所思地坐在他几乎没有任何家具的科佩尼克出租别墅的一层,他回想起与这位作家第一次见面的场景:

"他那时看上去特别像是第五个披头士成员,一个留着刘海、无比温柔的男人。他总是随身带一些小塑料袋,里面装着最新唱片。他非常熟悉流行音乐,这个汉德克。他极有可能是一个理想的 DJ,因为他太精通音乐了。"[120]

1964年上映的《一夜狂欢》——汉德克最喜欢的披头士电影——使这位作家有了创作第一部戏剧的灵感。他惊叹这些来自利物浦的乐队成员"在演奏和演戏时所具有的那种率真感,直接与观众进行互动"[121]。

相反,佩曼对流行音乐一窍不通。有一次,他和汉德克在美因茨河畔乘坐踏桨式小船观光游览，他试着问汉德克一些关于剧本的问题，汉德克的回答却短之又短。毕竟，汉德克写了一些"演员守则"。他们应当倾听卢森堡电台的流行音乐排行榜和天主教堂里的连祷，认真聆听滚石乐队和披头士乐队的音乐，或者倾听"一辆倒放的自行车轮子转动的声音，直至轮辐停转，同时注意观察轮辐，直至其最终停止"[122]。汉德克告诉剧团，《骂观众》是与滚石或披头士乐队的音乐相对应的剧场之作；"垮掉的一代"的演讲歌剧，佩曼回忆道。

汉德克很清楚自己想通过这部戏达到什么目的。他想成为一个流行歌手，因为流行歌手能让人们为之沸腾。他也不缺少隐秘的自信："当时我坚信这将是一个惊世之作。"[123]

学生反抗运动大规模爆发的前两年是小市民时代。当时汉德克选择以直接的方式来彰显自己态度，他留了长发。在格拉茨，因为他的"发型和独特的眼镜形状"，他甚至被像老旅馆俱乐部这样的格拉茨艺术家俱乐部赶出了俱乐部餐厅。[124]这位长发诗人尤其喜欢挑衅小市民社会的官方代表们。1966年，他开车去拜罗伊特，他的发型让一个边境警察大为恼火，警察问他带了多少钱，他便把这个警察严词教训了一番。"我严厉地回答了他的问题，在这之后他态度相当友好。"[125]据汉德克的女儿阿米娜回忆，在七十年代，边境官员一定要先仔细对照一下红军派的通缉海报，其后才让她的父亲通行。"他可能是个恐怖分子……"[126]

"得克萨斯裤子"和配套的鞋也是汉德克的经典打扮："我一直都穿披头士风格的靴子，"汉德克向母亲透露，"这让我自信满满。"[127]

在德国，汉德克很早就被视为"第五个披头士乐队成员"那一类型，他有次真的在披头士乐队的音乐会上见到了约翰·列侬。一个画报记者预感到这次大师峰会所引发的新闻的重要性，坚持要给这两个人拍一张合影。这位奥地利作家把他写的一本书递给这位英国乐队成员签名，他看着汉德克，然后面露微笑。"我是唯一一个他抬头看的人，"直到今天汉德克都感到很开心，"不过我们没有跟对方讲话。"[128]

留着蘑菇头的汉德克看上去特别像是披头士乐队的一个成员。或许没有别的作家会像汉德克一样，把照片组成的完美档案——这些自助照相机照出来的照片背后经常写有笔记——当作某种虚拟日记去整理。没有什么比汉德克六十年代旅行护照上的两张护照照片更能展现他从一个目光温顺的法律大学生到勇莽的流行作家的蜕变。

有一张护照照片最终成了某种圣像，它作为装饰被印在汉德克1969年在苏尔坎普出版社出版的第一部作品集的封面上，照片上作者低垂的双眼隐藏在涂色眼镜之后。

在2002年出版的小说《图像消失》中，这张照片所展现的"具有攻击性的胆怯"依然还在显现。小说的女主人公思考这些老照片传递出的双重个性："她觉得他很温和，同时也敏感，反过来亦然。太过温和？过于敏感？"[129]

克劳斯·佩曼马上注意到"胆怯和攻击性所引发的后果组合"，这个貌似腼腆的克恩滕人用这一组合来应对他周围的世界："跟他交朋友不容易。他为人直接，讲话声音很轻，所以他是一个很差劲的电话通话者。直到今天，如果你跟他通电话，还是会觉得惊扰了他正在进行的灵魂转世，他说话声音太轻了。"[130]他们太不一样了，这位导演和他的明星作家，然而，从两人提出的要求来看，他们都是狂暴的斗士。

《骂观众》在法兰克福首演前,这些年轻的狂热分子就已经被别人侧目以视。即便是佩曼导演也很少经过剧院的传达室,"因为我的大胡子,我在这家市民气息浓厚的剧院被认为是不修边幅"。进行总彩排时,这位剧院经理还在与这个不严肃的演出节目保持着距离。不可否认的是,他们当时生活在小市民时代。

1966年6月8日的晚上,剧院塔楼的序幕被拉开:四个年轻男人穿着圆领毛衣站在一个简陋的舞台上,他们嘟囔着,咕哝着,嘶嘶作声。观众紧张地等待着事先承诺好的骂人的话。不过,他们先是被恭恭敬敬地问候了一句:"欢迎大家",这是《骂观众》的第一句话,在接下来的时间里,礼堂和舞台之间的界限、观众和演员之间的界限被完全打破了。"这里的演出让你们参与其中,"演员们说道,"在这里,你们不对自己负责。"——"这个舞台并不代表世界。它属于世界。"[131] 演员越说越激动,他们篡改了戏剧理论还有那些评论家的空话,在舞台上跑来跑去,爬上爬下,挑唆观众。

当预告的骂观众出现在丝毫都不古典的戏剧高潮部分时,演员们几乎进入到一种癫狂状态。一长串史无前例的、乏味的骂人词汇劈头盖脸向观众袭来,与以往相反,演员们感谢观众的"演出":

"你们证明了一种很好的呼吸技巧,你们这些牛皮大王,你们这些沙文主义者,你们这些犹太资本家,你们这些丑恶的嘴脸,你们这些跳梁小丑,你们这些下等人,你们这些乳臭未干的小崽子,你们这些暗箭伤人的小人,你们这些失败者,你们这些马屁精,你们这些胆小鬼,你们这些废人,你们这些贱货,你们这些千足虫,你们这些多余的东西,你们这些无用的生命,你们这些讨厌鬼,你们这些活宝,你们这些不值一提的废品。"[132]

这能在舞台上取得成功吗？对此,汉德克从未有过任何怀疑。毕竟,他不仅在长达数小时的琐碎工作中编制出这个骂人词汇最终目录表,还把骂人的交流艺术完美地运用到了他的个人环境中。阿尔弗雷德·霍尔青格回忆说,早在几个月前,他的庇护对象就已经向他预言自己会成功并且坚信,"凭借这部剧作,凭借他对传统戏剧形式的否定,对没有情节模拟的反幻想戏剧的建议以及对观众的挑动,他将在舞台上有所突破"[133]。

电影狂热分子汉德克原本觉得戏剧很无聊,他在几个月的时间内一共看了九十部电影。后来他告诉《明镜》周刊,《骂观众》也有"一些体育方面的、非文学性的元素"[134]。他考虑"如何把这些元素相结合,因为他想写一部喜剧,同时表明他觉得这个喜剧并不怎么样"。

在施泰尔马克洲际广播电台的《书角》节目中,汉德克已经在构想一个未来戏剧:

"现代戏剧由旨在突破的各种尝试组成……它试着从一个囿于上百年习俗的剧场世界中解放出来。现代戏剧不想把剧场变成自己的世界,这个世界与观众的世界不同;剧场应当再次成为观众世界的一部分;孩子们可以通过呼喊和叫嚷声警告小丑要小心鳄鱼,与这些孩子一样,观众也再次获得他们应有的权利,他们不仅被准许在场,也能够参与其中或至少作为在场人员得到重视。传统西洋镜剧场的催眠方式以及它不带讽刺的幻想被多次拒之门外。不用再假装仿佛观众并不在场,与此同时却想方设法为他们表演:在场的观众可以更多地参与到游戏当中来。所以，没必要让演员一直在舞台上表演。为了向观众解释一个情节，演员们不必总带着表情并做出动作……"[135]

《骂观众》是汉德克本人的突破尝试，是对解放和幸福的一种表达，"不必像我被要求的那样去生活，这个剧本就是如此，一部游戏性十足的作品"[136]。《大黄蜂》用灰暗的色调再现在乡村度过的压抑童年，与《大黄蜂》相比，《骂观众》是一部振聋发聩的具有解放性色彩的喜剧作品。

正是凭借这个剧本，这个来自克恩滕州的农村孩子才一跃成为时代之子。《大黄蜂》给他指出一条"走出被吞噬的、非常内向的童年"的光明大道，汉德克1987年解释道，使他有可能"更多地走出去，并进行有意思的演讲。如今我为自己成功变为时代之子而高兴，因为在我生命的前二十年，我与我的时代没有任何关联。那时，我人在远处，坚持己见，有时深吸一口气，但远离人群却让我逃离了变成怪人的危险"[137]。

《骂观众》不仅是一个旨在突破传统的戏剧，也是这个愤怒的年轻人一个相当真实的姿态："我们通过咒骂，可以变得直接。"——这不是游戏，是现实。它来自心灵和头脑。[138]

预想实现了。当帷幕落下，扬声器里传出录音机里热烈的掌声时，真正的观众由于激动也开始大声讲话。汉德克把自己兴奋的心情隐藏在坏情绪之后。他爬到舞台上，一张脸闷闷不乐，朝观众伸舌头，骂他的导演，傲娇地称赞演员们："这些演员演得简直太可爱了。"接着，他让人把一束花撕碎，继而朝观众席上扔了过去。十五分钟的掌声过后，作家请被骂的人赶紧回家。"汉德克的游戏是为反剧场和反观众而写，最终两者都皆大欢喜。"《明镜》周刊的戏剧评论家如此评论。[139]

这个剧本成为"这一年剧场的轰动性事件"（《晚报》）。首演引起巨大轰动，所以演第二场时电视台也来了。黑森电台的摄影组在刚转播完法兰克福和睦俱乐部的一场球赛后就特地赶来了，为了在演出中的骂和被骂时拍摄演员和观众。

"他们像录足球比赛一样录制了演出内容。"佩曼回忆道。电视台没有拍摄的是：演出结束后，无比兴奋的演员们去了法兰克福火车站区的一家迪斯科舞厅，在那儿跟其他客人打了起来。整条街上都是警车和突击队，佩曼回忆说。导演还有出版商翁泽尔德去了法院，交了20000马克的保释金把演员们赎了出来，这样才有了第三场演出。[140]

佩曼把剧本当作"一个技艺高超的、由词语游戏组成的躁动的流行音乐剧"去导演，他强调剧本有观众参与这一即兴表演的特点，这已经让汉德克忍无可忍。不过，他必须得承认："不这样的话，这部戏可能也无法成为一个轰动性事件。"[141]他们的关系持续了四十年。在第一次进行艺术合作时，汉德克和佩曼就已彼此成就，但实际上他们对戏剧的观点完全不同。

共同演出十一场后，意见上的分歧最终还是使汉德克取消了让佩曼2011年执导他的剧本《风暴依旧》的计划："他看完这个剧本后，跟我讲剧本的情节，我觉得哪里不对劲。重点很快就只变成了：我们在哪儿导演这个剧本？跟谁合作？这个男演员有金发吗？他的年龄？啊二十三岁！他走起路来一瘸一拐？他想要一种天鹅与乌鸦一起歌唱的效果。重要的只有策略和手法：在哪儿导演？跟谁合作？反对谁？这伤害了我。"[142]

《骂观众》又演了三十场,在这之后,汉德克注意到,佩曼运用强烈节拍和杂技的导演手法更加频繁地被复制。六十年代末,汉德克中止了《骂观众》在舞台上的演出。

现在所有的年轻导演都争着与汉德克合作。伊万·纳格尔是慕尼黑小剧场的首席剧作家,他认为:"太了不起了。我们这里也有了这出戏的演出。"君特·比希在奥伯豪森导演这部戏。当二十五岁的汉斯·诺伊恩费尔斯在克雷费尔德执导《骂观众》时,评论界一片叫好声:"人们情绪失控,感到无比幸福。"

如今看来,佩曼觉得汉德克的第一部戏是"越南运动和法国五月革命之间青年反抗运动的序曲。剧作包含一切革命因素:质疑所有权威和所有所谓的市民艺术。这部戏是六十年代一部伟大的反抗作品"[143]。直到现在导演还在惊叹,偏偏是这个"内向、安静、绝顶聪明、具有音乐天赋的奥地利年轻人"用他的第一部戏提前进行了这场伟大的反抗运动。

苏尔坎普出版社很快就卖完了六万七千册书。即便是畅销作家君特·格拉斯的最新热销书《局部麻醉》也无法与其相比,后者在销售排行上以几千册的差距排在汉德克书的后面。

汉德克的成功也惊动了德语现代文学的其他大鳄。没过多久,马丁·瓦尔泽在日记中写道,他必须要让他三部曲的主人公安塞姆·克里斯特赖因迷恋现代爵士乐,还要让他买一个披头士乐队成员的假发。[144]

汉德克"如被发现的弃儿一般"(《明镜》周刊)在文学世界里崭露头角后,又凭借一个新的畅销戏剧《卡斯帕》使自己连续两年都备受关注。在那场声势浩大的反抗运动发生的同一年,这个被认为是不关心政治的人依然还是时代之子。

《卡斯帕》在法兰克福的首演由沃尔夫·雷德尔担当主演,首演的那天清晨,为了参加反对紧急状态法的游行,佩曼带着演员们驱车赶往波恩。他们晚上返回法兰克福参加演出时,上百个游行者封锁了塔楼剧院,为阻止这部所谓的非政治和精英戏剧的演出。

佩曼和他的剧团人员挥舞着手臂开出了一条路,尽管有毛派和信奉共产主义的剧组成员质疑他们行为的极端政治性是否可靠,他们还是上演了这部剧。演出期间,观众席上出现了骚动,最终导致一个演员朝着这些抗议者大喊道:"我们在这里也只是履行演员应有的职责。"

佩曼确定的是,汉德克的《卡斯帕》与《骂观众》如出一辙,前者比人们当时所以为的更具政治性:

"它是针对紧急状态立法的一个剧本。汉德克凭借他对社会发展进程的敏锐洞察力以及个人才华写出了这个剧本,好比一个预言家总比与我们这些凡夫俗子记录的东西要多——关于个人的悲剧,他被社会教育成了一个标准化的人,一个机器人。对我们来说,紧急状态法当时其实就是对个人的完全统治。"[145]

事实上,汉德克痛恨他同时代的人对意识形态的政治化。这些来自典型中产阶级家庭的大学生追求无产阶级专政,来自贫困家庭的汉德克觉得他们很滑稽,尽管他对反抗压迫和不公的斗争怀有同情心:

"所有与理论性的革命相关的一切,我除了厌恶还是厌恶,其中有一个纯粹私人的、神经质的原因,与我出身的环境有关。忍受着这个世界,我也在忍受,这种忍受在我这里表现为对某些社会状况纯粹情感方面的攻击,这使我仅剩下情绪。"[146]

与从前写《骂观众》时一样,为了写《卡斯帕》,汉德克开始制定目录并收集格言,"提词人"用这些格言对卡斯帕施刑,比如:"每个人都要无所不能"(列宁),"户枢不蠹"(毛泽东),"自扫门前雪"(来自一个家庭账本),"工作让每个人有责任感"(来自一个民主德国的宣传册)。

这个时代之子再次把他的个人生活与政治相关联。因为有个句子既不是出自毛泽东和列宁,也不是来自当时任何一位革命圣人。汉德克在梦中听到了这个句子,很快它就成为典型的汉德克的句子。深夜梦醒时分,他常常把这些句子写到他的日记本里:"有一次我听到有人到处叫'杀人犯',当我去看时,却发现垃圾桶里只有一个削了皮的西红柿。"[147]

他没有去奥伯豪森,也没有去法兰克福参加《卡斯帕》的首演,他和他的太太一起去了巴黎。他去了有弹球游戏机的酒馆,并在电影院里看恐怖电影。"他的戏剧正在演出,他却在漫无目的地乘坐地铁",《明镜》周刊报道这位年轻明星对自己作品令人诧然的冷淡态度。[148]

不过,他很重视朗诵会。他像流行歌手一样导致大厅人满为患,报纸的副刊上出现了"汉德克人群"的字眼,汉德克出现之处,这种情况便屡见不鲜。他是对表演有着敏锐嗅觉的大师,他的朗诵会常常变成观众参与的文艺演出。汉德克伴着爵士乐走进拥挤的阶梯教室,不仅是观众,就连评论界都"在爵士乐的强劲节奏和轻言轻语的汉德克之间来回摇摆",《维也纳大众报纸》的评论员在1967年4月21日写道。

成功使汉德克很快实现经济独立,他享受其中。这个贫穷的高级中学学生曾在他的笔记本里写"金钱是生活的垃圾",六年后,他甚至能略微调侃一下这句话。拜罗伊特朗诵会结束后,他给利普伽特写信:"毕竟我得到了三百马克支票。这是合理的。如今写作的报酬过于丰厚。"[149]

正因如此,对于大学国家考试,他的态度则淡定多了:"我前天在学校仔细听了一下第一批人是如何考试的(按字母顺序)。我发现自己几乎什么都不知道。即便如此,我还是去了一家咖啡馆,看了电视台播出的一部老电影。我半夜十一点到的家,立刻躺到床上,开始疯狂学习。两点钟我睡着了;四点钟我醒了,又躺了一会儿;接着学;八点钟考试。我被问到的东西我头天夜里几乎都读过一遍。如果一切顺利,一年半后我就毕业了。"[150]

不过,他没有完成学业。第三次也是最后一次国家考试快开始的时候,他中断了他的法学学习。他不再需要这个了,他对他的良师益友阿尔弗雷德·霍尔青格说。他还说:"谁能保证我不会因为报纸的风言风语被有意或无意地刁难呢。"[151]

1969年5月26日,彼得·汉德克在柏林的奥地利总领事馆把"作家"这一职业正式写在他的旅游护照上。那时,他对母亲说过的半开玩笑式的预言早已变成了现实:他已世人皆知。

他当时精力充沛,汉德克的朋友彼得·史蒂芬·容克回想1969年他与汉德克在柏林第一次见面的情形。十六岁的容克习惯了与名人打交道。在他的父亲即未来研究者罗伯特·容克的家里,出入的都是像阿多诺、斯波伯和马尔库塞这样的人。

他第一次见到年长十岁的汉德克时,却感觉嗓子眼都抽紧了:"那是一种气场,气场太强了,所以一切都在掌控之中。对我来说,这到现在还是一个谜,那么年轻的一个人如何能预感到他将出人头地。他似乎能预见未来。他曾对他的母亲说,有朝一日他将扬名国际,他肯定一直有这种想法。"[152]

这种自信是装出来的吗? 他自导自演一个成功的明星作家的角色? "这不是演出来的,"容克对此深信不疑,"我想象不出一个只会装腔作势的人能走那么远。"

这不是表演。未来将表明:一切都是命中注定。

第4章 门槛

"没有什么是虚构的,"他说,
"所有的都是真实发生过的!"

——《短信长别》

文化批评和老鼠屎

七十年代初,汉德克走向成功的巅峰。"新文学的秀场男孩"(《晚报》)早已被看作是"他那个年代的标杆"(《基督徒和世界》)。甚至评论界的严肃代表《法兰克福汇报》也用尖角体标题附和这种打破常规的判断:"汉德克正当红",柏林《每日镜报》甚至认为:"所有人都爱彼得·汉德克。"难道不是吗?

汉德克笑看风云,自娱自乐。"他从来没有中规中矩地享用过自己的荣誉,而是用挑衅性的反问破坏电视采访。"《明镜》周刊气急败坏地评论道。众所周知,《明镜》周刊不是挑衅性反问的反对者。[1]

在汉诺威举行的朗诵会上,汉德克并没有先进行朗诵,而是把听众写的小纸条投放到大厅墙上(德新社:"与观众冰释前嫌"),他用

"海因切"①或"罗伊·布莱克"②给自己的书签名("他写的 y 激情飞扬,我见过一次。"²)。

在汉德克活动会上有时会出现类似在足球比赛上所发生的那种骚乱。1971年10月,在格拉茨举办的一个朗诵会上,有名警察没有认出这位作家,所以拒绝他进入拥挤的大厅。这位作家动了手还骂了这名警察,结果被直接押走,在警察局接受审问。格拉茨地方法院严惩了这次"骂警察事件"(萨尔茨堡新闻),开出了三千先令的罚款。汉德克为自己辩护,说他当时提及的"犯罪分子""王八蛋"和"废物"是指在场所有的人,不光是这些警察。³

这些年到处都能看到汉德克的身影。凡是他出现的地方就有他的挑衅存在。他有次不无嘲讽地用一个切·格瓦拉的广告画摆姿势;他为自己担任博达媒体集团"斑比"奖的评审委员会委员感到沾沾自喜;他坐在伊丽莎白·泰勒和理查德·伯顿的身后,置身于社会名流的璀璨星光之中,离他们的座位只有几排之隔。他曾经把"1968年1月27日纽伦堡第一届足球俱乐部举行的选拔"当作诗来卖,认为伯特·布莱希特的戏剧是"圣诞节童话",不值一提。

汉德克天才般的书名有时如诅咒般紧跟着他不放。没有一个评论家能够抵挡把他的形象定位成"骂观众者"和"象牙塔的居民"的诱惑。为了把汉德克定义为远离现实的玻璃珠游戏大师,他1969年出版的诗集《内部世界之外部世界之内部世界》被看作是作者的外传。

---

① 海因切·西蒙斯(Heintje Simons,1955—),荷兰歌手、演员。1967年以一首《妈妈》成为著名童星,出演过电影《英俊少年》。
② 罗伊·布莱克(Roy Black,1943—),德国歌手、演员。

彼得·哈姆是作家也是纪录片导演，他后来成为汉德克的好友，即便是他也难逃窠臼，他在汉德克的作品当中最初也只捕捉到了"德国内在精神的最新事件"，他认为汉德克的成功是作品本身对"法西斯主义的消费"。汉德克受欢迎不是因为他是作者，而是因为他的形象。[4]汉德克马上回应说，他觉得彼得·汉德克的形象很可笑：它是一个可疑的拼贴画，与真实的彼得·汉德克无关，只是证实了读者先入为主的观点。因为它让汉德克——一不做，二不休——在这种笔战中无法给出冷静的意见，他顺带骂哈姆是一个"堕落的文艺专栏"代表，"寄生虫似的随大流者""衰老的文化歹徒"，还口头上朝他扔"老鼠屎"。[5]一段漫长的友谊由此开始了。

汉德克和他同时代人的相互反感建立在双方的基础上："目前出现的这种文学跟我不再有任何关联，这种情况持续得有一阵子了。"[6]

但这并没有妨碍他在读者那里获得成功。他每一本书几乎都上过畅销书单。"一段时间后，我挣的钱比普通人实际挣得要多。"[7]汉德克的剧本每月给他的家庭金库带来三千到四千马克的收入。[8]他喜欢把大额的纸币随意往衣兜里一塞，然后去美食家餐馆或有明星厨师的地方美餐一顿。[9]

所有的钱都花在哪儿了呢？在《短信长别》中，抵达美国的叙述者问自己这个问题，他数了数他的美元然后做出决定，"尽量懒惰和忘我地生活"[10]。汉德克本人的态度很快引起作家同行们的嫉妒，让他们恼火的是这个"三千美元作家"把他"敏感庸俗的内心世界"变成了叮当作响的硬币。[11]金钱对汉德克来说的确重要，但他从不贪心。不久后，他的行为发生了变化。他参加颁奖典礼时只接受奖项，他把奖金送给更需要的人。[12]

在奥地利，人们关心的是不让世界忘了文学这头金驴是从哪个圈里跑出来的。尽管汉德克可能说过自己家乡的坏话，在这一方面他与托马斯·贝恩哈德的处境相同：人们为他是奥地利人而欢呼。汉德克凭借小说《守门员面对罚点球时的焦虑》"终于"爬到了"歌手男孩、利比扎纳马和民族服装会的级别"，奥地利新闻杂志《侧面》在1973年冷嘲热讽道。同年，他在塔姆施塔特被授予毕希纳奖。目前为止他是最年轻的获奖者，这是所有德语文学奖项中最重要的文学奖项——他也是唯一一位为了表示抗议后来又把奖项退回去的获奖者。

厌恶

1970年，苏尔坎普出版社以可观的两万五千册首印量出版了汉德克的新小说《守门员面对罚点球时的焦虑》。"我先构想出书名，这个书名有一种氛围感，让我有兴趣去写作。"[13]这是一部语言精湛的作品，很快就成了一本畅销书。为了"调研"，汉德克去了奥地利的布尔根兰州，他把他在那里的观察详细地记录了下来：火鸡们坐在果园里面的铁丝笼上，草丛中的烟盒被露水蒙上了一层雾气。"写作也是从一个句子到另一个句子的旅程，从一个段落到另一个段落，可我根本不知去往何处。"

汉德克的小说讲述的是昔日守门员约瑟夫·布洛赫的故事，他在看似没有任何原因的情况下，掐死了一个电影院女收银员，接着他去了奥地利的国界处，在那里漫无目的地游荡，最后他观察那个罚点球的人如何在一场足球赛中把球精准地踢到守门员的手里。

故事的背后是语言和感知之间发生的异化故事。词语和物件的关系被打乱,正如布洛赫与他周围环境的关系:"柜子、洗手池、旅行袋、门:现在他才注意到,他仿佛处于一种强迫状态,要给每个东西都安置在对应的字眼里。每当他看到什么东西,立刻就想起它的字眼。"[14]

文学批评的反应令人惊讶。这是一部有情节的汉德克作品? 与之前的散文作品相比,这部小说的构思"简单、直率多了,也更合理",评论家海因里希·福姆韦格在《世界周刊》中称赞道。[15]福姆韦格严苛的评论却认为,作者彼得·汉德克只不过是"文学发现的优秀的分析者,而这些发现并非他自己探究得出"。迄今为止,绝大多数文学评论都将这部作品奉为经典,而这一看法也早已成为一种偏见。这种看法恰恰是错误的。

原因在于,汉德克自己在童年时就经历了他让笔下的布洛赫所忍受的那种语言危机。早在《大黄蜂》中,叙述者就曾描述过语言方面的困难:"在我说出来之前,这些话在我的大脑里早已分裂成音节和字母。"[16]这里可以看出对胡戈·封·霍夫曼斯塔尔在1902年发表的《钱多斯的信》的影射,这封信的虚构作者认为抽象的话"像腐烂的蘑菇一样"在嘴里逐渐瓦解。

然而,这不仅只是一个文学史的引用姿态:提升的感知、极度的敏感是彼得·汉德克现实生活的一部分,当还是孩童的他在看东西时,认为自己被烫伤了眼睛,即使是最小的声响也能使他备受折磨。[17]汉德克的日记内容也能证明这一点,七十年代他开始把日记当作"对感知无目的的原始记录"[18]。

"如今我练习在日记中用语言去应对我遭遇的所有事情",他在《世界的重量》的前言中解释说,这部1977年出版的合集由两年前写的日记组成。[19]

日记的撰写者用地震仪测量的方式把意识状态、各种观察和瞬间的想法记录下来。与印刷版相比,原来的笔记本提供了更多素材:素描画,匆匆写就的不连贯的语句,地址,夹在日记本里的小小的存根如纸张、收据——完全真实的,还有一些非常私人的生命轨迹。日记本里没有矫揉造作的内容,日记的撰写者一向都不重要。

汉德克容易恐慌发作,他的神经容易受到过度的刺激,1976年3月写下的日记对此都有记载。那时,天刚拂晓,汉德克像往常一样已经开始在晨曦中写作。突然,他听到了鸟儿唧唧啾啾的叫声,猛然间天旋地转,他整个人不由得遁入到对童年可怕的声音的回忆中:

"如果我能摆脱对噪声的憎恶就好了,实在是令人愤怒!'只有祈祷管用'。我当然想起了在我的童年里能把我的头颅劈开的各种声音:继父吞咽的声音,酗酒者发出的这种声音简直太可怕了;他'磕牙'的声音,他习惯在磕牙时把嘴唇从牙上弹开;他上下磕动牙齿发出的沉闷的声音,哪怕他喝汤时也在磕牙,而且一定会有巨大的滋溜声;湿冷的清晨他在厕所里咳嗽的声音;或是一个邻居咳嗽了一辈子的声音,只要在路上碰到他就能听到他的咳嗽声,他的儿子们则向他保证,如果他不改掉这个习惯,就暴打他一顿——所有这些声音,母亲响彻整个村庄的叫喊式喷嚏,婶婶像猫一样的喷嚏,外祖父抽鼻子的声音,抓挠身体的各种声音,在客厅剪指甲的咔嚓声,在所有的小道上都能听到的打嗝声，母亲的打嗝声（太频繁了，以至于她要哭出来了！），继父当着所有人放屁的声音，他那带着柏林和克恩滕口音的可怕的混合物，他的声音没有顿挫，没有说服力，在任何生活处境中都可以说是一种懦弱的声音，哪怕他大喊大叫并喝醉了酒，酒倒入酒杯或直接进入喉咙所发出的咕嘟声——喘气的呼吸声，我熟悉这个故事，也许能做出解释，尽管如此，夜里我仍然会因为极度愤怒而崩溃，因为压抑不住想尖叫的愤怒而崩溃，因为想拿头撞墙的愤怒而崩溃，如果你的孩子在夜里咽唾沫或忍不住必须要咳嗽的话！（想想卧铺车厢里的咳嗽之夜。）"[20]

这段话几乎没有经过语言润色就被收录到他1977年发表的《世界的重量》当中。[21]《守门员面对罚点球时的焦虑》在六年前发表，小说中有一处描写布洛赫对感知的莫名憎恶，如果把这两处进行对比，结论则颇具启发性：

"他所感知的，不管是动作还是物件，都没有让他想起别的动作和物件，而是让他想起了感受和感觉。他不是回忆起那些感觉，像过去的什么事情一样，而是再次经历着它们，就像是当下的事情一样：他没有想起羞耻和恶心，而是觉得羞耻和恶心，因为当他回忆时，他并没有想起那些引发羞耻和恶心的物件。恶心和羞耻，二者合二为一，如此强烈，他整个身体都因此开始瘙痒难耐。"[22]

所有那些并非他自己获得的文学发现都如人们所指责的那样吗？不，这种身体"发痒"的认知憎恶是一种神经生理学现象，汉德克对自己身上的这种症状不断进行着观察："单单是香烟盒簌簌作响的声音就已经让我感到身体发痒。"[23]

汉德克的日记展现了一个了不起的独行者和狂热的文学工作者的形象，通过读他的日记，人们对作者撰写作品时必须克服的内部和外部阻力有了一定了解。

有时"可怕的、无尽的抑郁"让他苦恼不已，还有作家不得不面对的生活中的常见问题：特别是他在那段时间不得不独自照顾1969年出生的女儿阿米娜。汉德克敏感的、"永远干涩的、干瘪的、做家务的手"必须得写作，但也要洗洗刷刷："我总在晚上舔我的手面。"有时手被冻僵了，哪怕是冰凉的自来水都让他感到温暖。

在他与日常生活提出的要求以及与自己的情绪波动作斗争时，艺术对这位作家来说既是不幸也是救赎。他曾告诫自己："不写作时，停止你那使人堕落的、对事物的清白横加干涉的作家状态吧。"他也曾安慰自己："想象一下，为了阻止谋杀者不要杀我，我会说：'我是作家。'"[24]

生存的孤独、易受刺激的神经质、与自己进行的绝望斗争难免会让人想到弗兰茨·卡夫卡的日记，这是另一位伟大的、被自己所煎熬的作家。"我走在大街上，像是被放逐了一样"——汉德克的这个句子也有可能出自卡夫卡之手。

面对环境和自己本人制造的困难，汉德克并没有陷入到忧伤和迷茫当中——写作总在最后驱散了充满敌意的现实并拯救了他："写作让我再次产生安全感。"[25]

父亲的恐惧也没有放过他的女儿阿米娜。1973年以来女儿跟他生活在巴黎。阿米娜是汉德克在1974年写的《关于恐惧的插话》这篇文章中引用的人物原型："'你始终只有恐惧、恐惧、恐惧'，昨天一个孩子对我这么说。"[26] 如果他没有恐惧的话，他就感觉不到自己的麻木，也感觉不到自己因为暴怒而产生的攻击性。恐惧确有益处，他一定这么劝说自己：恐惧使他清醒，使他睁开眼睛观察他周围的世界。恐惧是一种社会性的感受。

先是一阵慌乱的恐惧——任何一个细节、任何一件在他视野范围内的小事都能引发恐惧。如果出现的恐惧渐渐变弱，便会产生一种对他所在环境的新感受。仿佛恐慌发作使他陷入一种由提升的感知能力组成的兴奋状态，在这种状态下他能够对世界一探究竟："正因如此，我做不到只是厌恶我的恐惧，我也因此写下我的恐惧，以恐惧为生。"[27]

对符号和事物的恐惧以及意识的涣散不是疾病——贝托尔特·布莱希特也这么认为——1973年，汉德克在获得毕希纳奖的演讲中如此说道。认真读了这篇演讲的人一定会发现汉德克在他的演讲中不仅阐释了他独特的创作方式，也暗示了他与守门员和杀人犯约瑟夫·布洛赫这个小说人物的密切关系。让布洛赫备受折磨的是——他的感知分裂成了上千个碎片——这使汉德克实现了一种"被希望所主导的诗意思考，当我因为自身的顽固认为世界密不透风时，它让这个世界不断重新开始。"[28]

对汉德克而言，对死亡的最大恐惧也变成了一种积极的力量，成为写作的动力。蒙田在《随笔全集》中提出了一个问题，即那么长时间地害怕一个如此短暂的事件比如死亡是否真的合理，对此，汉德克只有一个答案："哦，是的，哦，是的。"对死亡的恐惧激发他去生活。

仇恨之舞

名誉、金钱、奖项。如果愿望能够实现,所追求的莫过于这些。汉德克的内心世界却大不相同:这里说的是发生了最严重的危机的那些年,不仅是在艺术方面。如果一位作家的语言危机也变成了生活危机,谁又会对此感到惊讶呢?他无法摆脱他最恶劣的敌人,他每天都在镜子中见到他:彼得·汉德克。外边的世界却把他的自我斗争看成是装腔作势,他们嘲笑"少年汉德克的烦恼"(《侧面》)。

他愈发深居简出,一直以来不都是这样吗?对他来说,在迅速成为文学流行明星后,他的"先锋时期"便开始了,汉德克几十年后回忆说。这是他在七十年代走上的一条通往孤独的道路,为了在"彼得·汉德克"的形象背后找到自己:"我不考虑受众,我不是为年轻人写作的作家,也不为年长者写作,我高兴的是我确实做到了这一点。"[29] 早期的明星荣誉让他不再"借助作家的身份去施加影响,而是做自己。一个说话结巴的人,尤其是作为一个说话结巴的个体,他偶尔却渴望把他拥有的画面融入所有人都能感受到的美当中"[30]。

汉德克如今很少在公共场合露面,如果在他出场时去观察他,就一定能在这种自我描述中发现一些真相。这个爱思考、几乎有些腼腆的男人寻找概念并让观众参与其中,他有时甚至一言不发——很多爱表现的作家因为被文学作坊所浸染所以带有一些造作的做派,汉德克却从未被沾染。当然,他也知道如何经营自己——多数时候通过缺席的方式,几乎总是迟到。可是,他的出现没有刻意营造之感。

"活下来！"1978年11月28日一个简短的日记里有这样的记载。他是怎么做到呢？在他的"先锋时期"，他没有实现快乐的发现之旅，更多的是完成了通往黑暗心灵的危险考察之旅——通向他自己的内心。"请别找我，找到我，不一定会是好事。"1972年出版的畅销书《短信长别》在开篇中写道。[31] 在小说的第二段，叙述者跌跌撞撞地进入到一个关于恐惧的梦中：

　　"有天黄昏，夜幕还没有降临，因此更显恐怖，我可笑地挥动着手臂沿着已陷入昏暗的森林跌跌撞撞地奔跑，林中只有最前面树干上的地衣还发出微光。我时而停下来呼唤着什么，因为羞涩而不敢大叫出声，时而又从心灵深处向森林里大声呼喊，恐怖使我忘却了羞涩，我呼唤着我至爱的人，他早晨走进森林，晚上还没走出来 [……]"

　　他在找谁呢？是那个哥哥吗？叙述者在《大黄蜂》中热切地盼望着他归来。他是汉德克在俄罗斯战场上倒下的格里高尔舅舅吗？有次他以逃进森林里的士兵的形象出现在汉德克的梦里。或许这位叙述者也是作者在这里寻找他自己，在他出现的诸多变形中的其中一个里？"如果我说我自己不在梦里，这可能也不对；我更多的是格里高尔舅舅，我指的是：所有他经历过的事情，我自己也亲身经历了；这是无法描述的。"[32]

　　这段"先锋时期"是汉德克寻找自我这一漫长旅行的开始。这位流行作家必须从以前被名所缚的茧中走出来，必须得通过一本又一本的书揭示自己。

　　先锋者是探路者，他们挺进陌生的区域，使其通行。不一定非要是心理分析的追随者才能在自我探索的意义上理解"先锋时期"这一隐喻——特别是对汉德克这样的作家。对风景和自然形态的详细描写尤为重要。从现在开始，他将利用世界巨大的极端性和自己的感知面对自己，他将自己研究自己，展现他最为隐秘的内心世界。

一个如此深刻（且治愈的）探寻有先例可依，它通往一种新式的看，与此同时，物和我之间产生一种联系。1786年——早在西格蒙德·弗洛伊德之前——歌德在看到古罗马建筑物时油然产生一种坚定感："如果有人在这里认真地环顾四周，用眼睛去看，他一定会变得坚定，他一定会明白什么是坚定，这种强烈的感觉前所未有。"[33]

《短信长别》的叙述者常常陷入恐慌中，对死亡心存恐惧。在他去印第安纳波利斯的路上发生了一件出乎意料的事情——他失去了包含一种具体意义的坚定感。他的行程受到了阻碍，因为他在不安全的地面上行驶：

"我反复地去看泥巴到底干了没有，终于将我的烦躁转嫁到我们一路要经过的这个地方。我的目光从不愿变干的泥巴转移到上方，抬头去看一成不变的风景，我们的行驶让我觉得毫无意义，所以我很难想象我们还会到达目的地印第安纳波利斯。"[34]

1969年4月20日，一个新的冒险开始了：利普伽特·施瓦茨和彼得·汉德克的女儿阿米娜在柏林出生。这位时不时感到抑郁又容易受到刺激的作家第一次在产房见到他的女儿时，他感受到的不仅是成为人父所带来的那种寻常的喜悦感："仅仅是孩子这个事实，没什么特别的标记，就已散发出喜悦的光芒——本真是一种精神形式！——暗暗地感染了成年人，所以，在那里的两个人，从今往后，结成了一个秘密同盟。"[35]孩子把他拉回到现实当中："保护孩子的欲望，还有股野蛮劲儿：一种担当自立和一下子变得强大的感觉。"[36]

就在同年，汉德克举家搬到巴黎蒙马特高地一个配有家具的公寓里住了几个月，住处离皮嘉尔广场和大木偶剧场仅有几步之遥。在十九、二十世纪之交，大木偶剧场因为上演谋杀和恐怖作品而赫赫有名。

如果汉德克不伏案写作，早上他会用肩膀驮着阿米娜在这个世界大都市宽阔的林荫道以及广阔的广场上散步，或者他乘坐地铁去电影院（从来都是坐一等座，因为"实在无法忍受上下班高峰时的拥挤"）。尽管在巴黎第一次长住只有几个月的时间，汉德克却觉得这"对孩子来说也是去往唯一真正栖息之地的一次最终迁徙"[37]。

他想逃离那些发生在德国围绕着他而挥之不去的纷扰，他再也不愿做"启发式人物"，"人们想以他为例讨论文学的危机"[38]。当时他在德国被看作是"音乐作家""作秀男孩""骂观众者""蘑菇头""咬文嚼字的人""叛逆——披头士"，他被贴上了各种标签，直到人们再也无法看见这个真实的人。"如果我不是我，我只知道别人是怎么写我的，"汉德克向在巴黎找到他的《明镜》周刊的记者们透露，"我也会觉得所有跟汉德克有关的事情太夸张同时也太可疑了。"[39]

1970年，汉德克一家回到德国。第二年，他们搬到陶努斯山区的克隆伯格，新迁的房子在森林边上一个新建筑住宅区里。房门上不是"汉德克"的名字，而是一个小木屋的照片，照片上的签名："约翰·福特执导"。

女儿出生后不久，父母之间的感情日渐冷淡。1994年，双方才在维也纳离婚。因为利普伽特·施瓦茨在七十年代有不少舞台演出，演戏有空当时她才能回家,所以在家写作的父亲独自抚养他的女儿。"懒得去离婚",此后,汉德克只不过是生活在"他婚姻的废墟上"(《侧面》)。[40]他有一个女儿,他又该如何对待他的妻子呢?"目前我无法想象身边再有一个女人,如果我三十一岁时这么说,这听上去当然很滑稽。我希望结果表明这种说法的确也非常可笑。"[41]

汉德克怀疑写作能否与婚姻关系达成一致,他觉得自己的怀疑得到了证实。"他有时诅咒自己的婚姻,说它简直是他生命中犯下的错误。只有在牵涉到孩子的情况下,插曲般的争执才酿成最终的破裂。"《孩子的故事》中如此写道。[42]

利普伽特非常崇拜她的丈夫。只要他做出决定,她便点头赞同。隔段时间他们就会吵架,汉德克让这位女士觉得她在他面前是如此卑微。"事后觉得他说得有道理。一场争执过后,却只会觉得自己什么也不是,"利普伽特·施瓦茨回忆说,"后来我变得沉默。"[43]

除了他的书,她对别的什么书都不感兴趣。他允许她作为第一个读者读他的原稿,她为自己至少能通过这一途径了解这个男人的内心而感到高兴。除了他之外,她也与他们共同的女儿生活在一起。所以,她也是第一个读小说《短信长别》的人,在这部小说中,汉德克把他婚姻的落败变成了文学。[44]"我想说的在我的书里。"[45]直到今天,彼得·汉德克仍然用这句话阻挡所有太过好奇的问题。他不是只对记者说这句话。

1971年4月到5月,利普伽特陪着彼得·汉德克和阿尔弗雷德·科勒赤去美国旅游;他们两个人去不同的大学朗读他们的作品选段。在美国期间,他们拜访了马克斯·弗里施和他的太太。他们没有聊文学，而是在一起扔飞镖。当时他就注意到，科勒赤说，汉德克从来不跟有名的作家同行聊文学。

旅行期间，汉德克和利普伽特共用一个宝丽来相机拍照。在《短信长别》的开篇部分，叙述者在他妻子已经离开的一家纽约酒店房间里找到了这个相机，并把它拿走了（"我是她丈夫"）："这是一个宝丽来大相机，我在机场里买的，比在其他地方买贵得多。从粘在一侧的小条上的数字可以看出，尤迪特已经拍了一些照片。她看了什么而且还想用照片留住它们！这对我来说是个好兆头，让我在走出酒店时已不再担忧。"

叙述者在旅行期间随处都感受到这些征兆。汉德克也是如此："对我来说，美国是征兆的组合，如同我所写的那样，我按照这些征兆来审视我自己。绝对不是像现在这样真实的美国，而是它应该或可能有的样子。"[46]

不过，叙述者认为很少有好兆头，都是危险的不祥之兆。小说开头，他开始回忆儿时的他如何在黄昏来临时在一个高高的尖峰上寻找他的母亲，他害怕这个忧郁的女人坠入死亡的深渊。描述并没有很多幻想在里面，这里的尖峰其实是格里芬的城堡山，这个女人其实是汉德克的母亲，1971年秋天——在他写这部小说期间——他的母亲服药自杀。

这不是汉德克唯一一个在"科学－虚拟－意识"中提起的对童年的回忆。[47]这个"我"即叙述者："我回忆起的我人生的第一件事就是我发出的喊叫。当时，我被放在盆里洗澡，水塞突然被拔了出来，水从我下面汩汩地流了出来。"在小说开头，他同样——在一家纽约酒店里的浴缸里——被吸噬到童年回忆的意识旋涡里:"水流得很慢,我闭上双眼向后靠。这时,我感到自己随着流水缓慢的咕嘟声变得越来越小,最终溶解了。"[48]

叙述者认为,他的太太尤迪特为了杀他,跟踪了他一路。他们的感情已经彻底破裂,就像汉德克和他的妻子一样。按科勒赤的说法,旅行期间出现了"小型的婚姻危机",因为利普伽特"多少有点像车上的第三个轮子一直在跟着跑"。书中这对夫妇因为彼此入骨的仇恨,嘴巴都是干涩的。如果他妻子的某一个手势使这个男人失去了自控力,他的手便已挥了出去:"我朝她的脸上打去。还好我比较笨拙,没有打到她。这让我们不一会儿又和好了。"[49]一种交织了仇恨的爱把两个人连在一起:"我们始终相互担心,有一次,我在黑暗中揍了她,一会儿又回来看她,拥抱着她,问她是否还活着。"[50]

"请别找我,找到我,不一定会是好事。"妻子简短的信件中有这么一句话。小说第一段就描写叙述者找到了这封信。[51]特别的是,汉德克后来在小说中几乎不动声色地颠倒了角色分配,他让被威胁者变成了威胁者:在一个压抑的场景中,第一人称叙述者在毫无缘由的情况下备受躁狂症发作的煎熬:"'你这个臭家伙,'我说,'我要把你打个稀巴烂,我要把你打个稀巴烂,我要把你打个稀巴烂。你别让我看见你,你这个鬼东西。要让我捉住你的话,可就没你的好果子了。'"[52]妻子肯定非常害怕被他抓住。

彼得·汉德克常常会突然变得狂怒和暴躁,利普伽特·施瓦茨回忆说:"他突然就爆发了,他突然释放出暴力。"这位娇小的女士为了展示愤怒爆发时的力量,两手用力一击。可是他从未"自发"有过暴力行为。他有时提到一种突然向他袭来的"神圣的愤怒"。

汉德克确实在他的很多书中写过这种突然爆发的愤怒或杀人的欲望——但在为恐慌找到语句之前，他从来不会动笔，他写的是那个人在忍不住想施行暴力时感受到的语句。在《孩子的故事》中，父亲站在被洪水淹没的房子的一层，楼上的孩子开始哭闹，当时他脑子里萌发了"杀人的念头"："这个膝盖没入水中的成年人丧失了理智，他像杀人犯一样冲了上去，用尽所有力气狂扇这个孩子的脸，他从来没有像现在这样打过一个人。罪犯的恐惧几乎同时产生了。"[53]在一个类似的真实事件发生后，汉德克给受害者即他的女儿阿米娜拍了一张照片，为了让自己永远铭记这次应受谴责的行为，虽然事后他追悔莫及："一个堕落的人，人世间的任何惩罚都无法弥补他的过错。"这时，他痛恨自己以及自己的无能，他没有能力控制自己。

《短信长别》描写的其他婚姻场景也是汉德克从自己的生活中随手拈来的。这对夫妇吵完架，还会通过在做家务时那种"事事决斗"的姿态进行无语的控诉，其中，一个人想让另一个人心生愧疚。"尤迪特突然开始把重东西从一个房间搬到另一个房间，天天倒垃圾，不让我帮她"，小说中这么写道。[54]

"我打扫卫生正合他意，"利普伽特·施瓦茨回忆说，"可他就是不能看我打扫卫生。"如果她过来看她的女儿而她的丈夫不在家，她就会快速地收拾屋子。如果汉德克回来后发现了一个尘团，他就示威性地把它扔到纸桶里。如果他们在走廊上狭路相逢，为了不碰到彼此的身体，俩人都会缩着身子走路。"由于仇恨我们两个人犹如踩着舞步般从彼此身边经过，带着故作高傲的姿态……"小说中是这么写的。[55]

她一直还爱着并仰慕着汉德克,利普伽特·施瓦茨在离婚十五年多后如是说。"他能把他生命中的很多困难变成正能量的事情,并从中汲取力量。"但是,不知从何时起,在他的身边她感到窒息,"我无法再忍受他的震慑力。"

利普伽特一直等到阿米娜三岁。有一天,她回到克隆伯格的房子里,整理了一小包东西就走了。汉德克意识到他的妻子想离开他。"哎,我们去旅行。"这是他唯一的评论。《孩子的故事》中的说法更加简洁,却多了一丝怜悯:"离开符合事物发展规律,离开不是形式上的分开;她来了,在第一次长时间的外出后,不以拜访的形式,她更加频繁地回来看孩子;但事实却是,丈夫现在想一个人跟孩子待在一起。"[56]

在《短信长别》的结尾处也没有出现美国西部片中那种大型摊牌场面,而是和平分手。这并不矛盾,因为这个男人真正的敌人不是他的妻子,而是让他失去行动力的、孤独中的自己。

"我恨不得揍自己一顿,我觉得自己无聊透顶。我不想跟别人相处,只想摆脱自己。"[57]他把胳膊伸得离身体很远,叉开双腿穿过酒店房间,为了不再感觉到自己的存在。"我想把手指伸进喉咙里,让自己彻底吐个痛快。自伤和自残!"不看书,不看广告牌,不往窗外看——什么都不要,不再要任何东西!"把一切都封上,浇上水泥!我躺到床上,把所有的垫子都压在头上。我咬自己的手背,用脚踹来踹去。"[58]

这个孤单寂寞的人有时什么都干,只是为了让自己最终失去意识。意识决定存在——在汉德克那里一向如此。意识让叙述者几乎失去了理解力。他必须尽快经历一些事情,必须有东西推着他向前走,这样他才不会对自己放任自流，他才不会在笼子般的酒店房间里把自己当作饲料去投喂自己。

《短信长别》叙述者的问题可以与守门员约塞夫·布洛赫的问题相比较："一旦我纠缠到什么当中，我就开始为自己描述，并且从中退出来。你不要经历它直到最后，而要让它从身边自然而然地过去。'事情就是这样！'我一边想一边等着接下来肯定会发生点什么。"[59]不过，生活并不是可以悠闲观看的西部片。人总要从影院里走出来，走出这个柏拉图洞穴，走入真实的生活。

没有一部小说能像《短信长别》一样，使人们能够理解汉德克如何把详细的自我观察变成了文学——其实并非虚构的——形式，并且寻求以这种方式改变自己。"我尝试在我的书里描写一种希望，"1972年汉德克对赫尔穆特·卡拉塞克说，"人或许可以慢慢成长。"[60]

汉德克的主人公在美国旅行时一直在读戈特弗里德·凯勒的《绿衣亨利》，所以不得不容忍他的老师克莱尔对他的轻微嘲讽：他或许想理解凯勒的亨利冒险行为。与亨利一样，当他在想象另一个已逝去的时代时，心中偶尔生出惬意感："在那个时代人们还会相信人肯定会变成另一个人。"[61]

汉德克上大学期间在写作时就已开始表达"对另一种表演给我看的生活的向往"。汉德克1971年这么讲述道。[62]在寻找另一种生活的过程中，汉德克感觉自己在希望和绝望之间来来回回、摇摆不定，这些都能像看心电图一般在《短信长别》中读到。小说十页过后，叙述者刚到美国两天，他问自己："我有没有什么变化呢？"[63]"改变自己的渴望突然变得真切起来，成了本能的冲动。"——"我感到无比厌烦，我还是那个人，我不知道该如何帮助自己。"——"我或许会如愿以偿，做出很多不一样的事。我不想再被人认出来！"[64]

叙述者透露还是小孩子的他常常假扮成魔术师："与其说我想以此无中生有或变此为彼，倒不如说我是自我陶醉。我旋转一枚戒指，或者我藏在被子里面，然后我说我会用魔法把自己变没了。"[65]

消失、变化、再生。这是一个童话主题，听起来像是格林兄弟《青蛙王子》中的格言，1974年汉德克把这句话放到他的诗集《当希冀还有用时》的开头部分。过去他对写作感兴趣，他在《没有诗歌的生活》中写道，如今他只有通过写作才"对世界的诗意感兴趣"[66]。铅笔是他的魔戒。他写作时，周围的一切就不再那么糟。然后生活就能继续了。

汉德克利用发展小说的传统形式使一个精神童话得以诞生。艺术改变生活的力量应当使这位孤独者和独断分子为他人所理解："它们是热情、专注、愉悦与幸福感，我感到它们一定会永远驱散我与生俱来的惊恐与慌乱。它们是可以被利用的，我再也不会因为恐惧感而感到窒息了。"[67]

除了凯勒的《绿衣亨利》和弗朗西斯·斯科特·菲茨杰拉德的《了不起的盖茨比》，美国西部片导演约翰·福特的电影是帮助叙述者从他强迫症般的孤独迷宫里走出来的阿里阿德涅线团①。他在看福特的《年轻的林肯先生》时忘记了自己的不幸，他憧憬着未来，期待见到他以后将要遇见的人。他希望"不用再装腔作势"，梦想"以完美的身心行走在他们中间，跟随着他们，但却有自己独立的活动空间，

---

① 阿里阿德涅线团来源于古希腊神话，常用来比喻走出迷宫的方法和路径或解决复杂问题的线索。

也尊重他人的活动空间"[68]。

社会和谐的梦想,自己在环境中如鱼得水的梦想:他第一次跟利普伽特在格拉茨跳舞时,这个叫汉德克的笨手笨脚的独行者可曾有过这样的梦想?在《短信长别》中,叙述者回想他初识尤迪特的情形,当时他感到"一种让我忘乎所以、甜蜜的爱慕,整个人飘飘然"[69]。

"他承认她的表演能力,从未怀疑过,"阿尔弗雷德·科勒赤谈起汉德克与他第一任妻子的婚姻,"他的几段关系都是如此,很快就结束了,吵架一直是主要原因。"[70]

叙述者希望自己踏上的是一个崭新的、社会化的世界,最后他的确以为自己已经成功战胜了对自己的仇恨,"摆脱自己的渴望":"想到我那些有时幼稚的恐惧,想到我厌恶与他人不分你我,想到莫名其妙的迟钝反应,我突然感到自豪,随之而来的是理所当然的舒适感。我明白,我将永远无法摆脱这些局限性,从现在起,关键是要把它们安排妥当并为它们找到一种生存方式,这种生存方式不只是适应我的方式,别人也能通过这种方式正确地对待我。仿佛迄今发生的一切不过是彩排,我不禁想道:'事关重大!该动真格了!'"[71]

叙述者与约翰·福特非常私人的会面成为这部小说的高潮部分。汉德克本人从未见过福特,但他让他的偶像说出来的话却意味深长。他所有的电影都是真实的。"没有一部电影是虚构的,"导演向尤迪特和叙述者保证,"一切都是真实发生过的事情!"当他们二人向福特讲述他们的故事时,他问他们:"这一切都是真的吗?……这个故事没有一丁点虚构?"——"是的,"尤迪特说,"这一切都发生过。"[72]

绿衣亨利

七十年代初,汉德克带着戈特弗里德·凯勒的小说《绿衣亨利》漫步巴黎,最终投入了女演员让娜·莫罗的怀抱。这位1928年出生的法国女电影明星已经与很多最负盛名的导演比如路易·马勒、米开朗基罗·安东尼奥尼、奥森·威尔斯和弗朗索瓦·特吕弗合作过。她迷上了这位年轻的奥地利作家。1974年1月,她在汉德克《骑马经过博登湖》中扮演了一个角色,她站在舞台上,身边是杰拉尔·德帕迪约和迈克尔·朗斯代尔。这是汉德克又一部既赞成又反对戏剧的作品,剧本中那些空话连篇的角色的名字都是著名演员的真名。汉德克起初并不想参加在时装设计师皮尔·卡丹私人剧院里进行的排练,让娜·莫罗和皮尔·卡丹当时还处于暧昧期:"我觉得作者对演出发表意见有时并不合适。"[73]

最后他还是去了,因为莫罗执意让他去。首演结束后,他把这位年长十五岁的女演员从慕尼黑拐到了威尼斯,在那里一起庆祝新年。奥地利《皇冠报》的八卦记者在慕尼黑四季豪华酒店发现了这对情侣并向家乡报道:"尽管他的女伴在全世界都有名,这位来自克恩滕州的作家还是一如既往的羞涩。汉德克没有打领带,头发及肩长,上嘴唇上有一撮薄薄的胡子。当他从远处看到摄影师时,他抗议道:不要拍照片,您想从我这里得到什么? 我只是一个作家。"[74]

让娜·莫罗可不只是把他当成一名作家,远远不止。早在剧本演出之前,她已经被这位年轻的作家撩动了心弦。这位女明星独自一人躺在她的床上时，她的脑子里、心里和胃里充满了对这位作家的爱，她拿起笔和纸："我可以把它写下来，你是我一生所爱，一生挚爱。"她在一封信里写道。她给汉德克写了无数封信，并且用快件把信寄给他。他给她回信："你是我的初恋，也是我最后的爱。"

女明星和作家是送到花边新闻工作者嘴边的大餐，他们急切地搜刮新消息："这个爱情故事如何继续是这两个人的事。看起来这位巴黎时尚将军皮尔·卡丹……被这位女士抛弃的前任并没有打算扣响复仇的手枪。"[75]

但是，这位腼腆的、几乎自信到极点的年轻作家却不是一个头脑简单且容易相处的情人。所以，他再次在黎明破晓前消失了，她立刻寄给他一些指责他的信，她在信里问道："你为什么没有留在我的身边？"

1976年，当时这段关系已经画上了句号，让娜·莫罗第一次当导演。她的第一部电影《聚光灯中》以松散的插曲形式讲述了四位女演员的故事。莫罗本人扮演了主角莎拉。电影中的莎拉爱上了一个叫海因里希·格林的德国年轻作家，这一角色由布鲁诺·甘茨扮演。"让娜说：'你扮演彼得！'"甘茨回忆说。[76]

事实上，这个名叫海因里希·格林的电影角色与汉德克的共同之处不只在于他也读凯勒的《绿衣亨利》。与这位作家一样，他有时也会因其粗暴的行为引起人们的关注，对这位世界级的著名女明星同样也是口无遮拦。格林在华丽的巴黎雅典娜酒店为爱情之夜预订了一个房间，萨拉因为有欢迎会所以让他在吧台旁等到了很晚，最后他用这些话表示抗议："Maintenant je suis trop fatigué pour faire l'amour."[①] 这是

---

① 法语：现在我太累了，没法做爱。

一种亵渎,在电影和现实中都是如此。布鲁诺·甘茨强调这一点:"没有人会对一个如此了不起的女性说'我太累了,现在无法与你上床。'一个法国人无论如何都讲不出这种话。"[77]但这就是汉德克有时表现出来的直率风格,他只说出真相,不向任何一个评论妥协。毕竟:在电影《聚光灯中》,当莎拉最终把她的海因里希·格林引诱到她的房间里后,这位年轻作家弥补了他的失礼:"我一直都梦想着在爱的欢愉后在床上看女神莎拉抽烟的风姿。"

如果你想在近四十年后与莫罗女士谈她与"绿衣亨利"的关系,你会被约到在巴黎见面,然后在距离见面还有几个小时的时候,你被放了鸽子。关于汉德克,她无话可说,"此意已决"[78]。这是一段伟大的爱情吗? 让娜·莫罗写给汉德克的感情炽热的信是最好的证明,如今汉德克把这些信交给了一个档案馆。这位女明星愤怒至极! 她"愚弄"了他,汉德克哀叹道。[79]她死前将烧毁他写给她的信,莫罗后来在电话里告诉汉德克。这听上去并不像是一个随风而逝的绯闻故事。

左撇子女人

清晨,巴黎日出前。这位作家在写什么呢,一些潦草的字体,在黑暗中。"想象一段只有性的'关系':我们两个人在凝神想着,期待着性交。"

不过,他马上开始怀疑:"尽管她脑子里全是好色的想法,但或许她期待着能从我这里得到一个改变一切的目光!"

天蒙蒙亮,字体变得规整多了:"我几乎是在黑暗中开始写作,现在我已经看到了我写下的字母。"[80]彼得·汉德克从未发表过最后这个句子。

巴黎,黎明破晓时,汉德克写的日记随笔再次宣泄了一种真实的、深刻的感受:发现自己的文字以及写作产生的奇迹是这位作家为自己保留的属于自己的秘密感悟。

他需要孤独,但同时也忍受着"孑然一身带来的灾难"[81]。他所有的书都是"在痛苦的隐居中写出来的",汉德克1990年坦承:

"我总想起埃德加·华莱士①,他写作时任何人都可以进来。门永远敞开着。他的女儿可以进来,他从来不会受到打扰,他一只手抱着她,或许用另一只手继续写作。我常常想:本该如此。为了这件可笑的事情,我不该那么需要安静。我这么做一点儿都不觉得舒服,但在我写作的那几个月,我真是厌恶社交。"[82]

在他与利普伽特·施瓦茨的关系最终走向破裂后,汉德克认为自己已经失去建立伴侣关系的任何可能:

"有这个女人或这些女人[……]童年时出现过的治愈的想法被证明只是幻想。在成年后的某个时期,我曾经以为:我现在实现了那些在我眼前浮现的东西。正因如此,真实的灾难开始了[……]相信有一个人能够填补裂缝,这是一种幻想。这一向都是偶然事件。"[83]

汉德克在1976年虚构的《左撇子女人》这个同名女主人公同样孤独:结婚十年后,玛丽安娜在似乎没有任何缘由的情况下离开了她的丈夫布鲁诺,从此,她独自一人与她八岁的儿子生活在巴黎。1977年,

---

① 埃德加·华莱士(Edgar Wallace, 1875—1932):小说家、剧作家、记者,创作了大量极为畅销的侦探小说。

作为导演的汉德克在自己克拉马的房子里执导这部同名电影。电影中被玛丽安娜抛弃的丈夫对他的妻子说:"你觉得所有人当中只有你是活着的吗? …… 别总一个人待着,否则你早晚会孤独而死。"

左撇子女人生活在孤独中,她像是雷蒙德·钱德勒的侦探菲利普·马洛。汉德克的电影很少有情节,所以如果拿这部电影与娱乐电影这一类型的电影相比较的话,可能会有些荒诞。汉德克的女主人公和汉德克一样,致力于经历内心的冒险,这种冒险却与外在的冒险一样刺激:"如果马罗解出一个未解之谜并有了不起的体验,他会感到精疲力竭,可只要他一回到家里,他就找到了永恒的安宁。"[84]

汉德克把玛丽安娜这个左撇子女人称作某种"遥远的女邻居","因为我不可能把自己当成一个女人"。与《无欲的悲歌》一样,在这部作品中——"一部对我来说必不可少的电影"——他个人的生活也融入主人公的生活当中。它不仅是透过窗户对邻居的房子进行窥视,也是在窥视镜子里的自己。

本恩哈特·维基在电影里扮演的出版商有汉德克和西格弗里德·翁泽尔德的影子:

"他每次认为要讲什么重要的事了,便只是发挥一下,让别人感觉到他不需要证明自己。包括与非常熟悉的人在一起时,他也会在刚开始时表现出好像刚被叫醒似的漫不经心,然后,他似乎才真正醒过来,才恢复状态……他的自来熟风格常常令人感到惊讶,甚至会让人跟他保持距离。只有遇到一个非常沉默寡言的对象时,他才有所收敛,似乎才会在不停的交谈中休息片刻。"[85]

汉德克常常把他本人、他自己的性格特征、思想和感受分配到多个角色上：出版商，女人，孩子。

在书中很容易看出翁泽尔德的影子：

"我本来也是来这附近办事的。我的一个作者住在附近。他让我担心；是个难办的事。他什么都不写了，我担心他再也写不出来了。当然，出版社每个月会资助他，直到责任期满。我今天晚上又催他了，至少要写本自传——传记现在很受欢迎。可他只是摆手；他不再跟任何人讲话，只是发出一些声响。玛丽安娜，等待他的将是一个可怕的晚年，没有工作，没有人陪。"

这位出版商描述了这位作家同行可怕的沉默，这个人物指的其实是苏尔坎普出版社的作家沃尔夫冈·科彭。"每次我拜访翁泽尔德，他都会以一种略带幽默同时也忧心忡忡的方式抱怨，他不得不付钱给科彭，"汉德克回忆说，"当时我就想，我可不想有这样的结局，所以我买了人寿保险，这样我六十岁以后就能拿养老金了。每个月一千欧。这么做能阻止最坏的事情发生。"[86]

汉德克不想让别人忍受自己，不管是女人还是出版商。不依附任何人，正如当年那个大学生。钱只是一方面。世界上没有一种保险能让他免受孤独和具有威胁性的沉默的折磨。他太能理解沃尔夫冈·科彭的真实困境了，所以他让玛丽安娜非常激烈地回应那位做出悲观预测的出版商："您其实根本不了解他。也许他有时感到很快乐呢。"[87]

我真的想死

阿米娜·汉德克位于维也纳的旧公寓的厨桌上放着一大本相册。

彼得·汉德克的女儿今年四十岁，她作为 DJ 和视频艺术家，运作社交媒体项目，在圈内小有名气。

或许这么说更合适：她成功做到让自己没有名气，因为作为 DJ 的阿米娜在迪厅或俱乐部里放唱片时，她是以"没有姓的女人"出现的。某一天下午，她在自己充满阳光的厨房里解释说，如果有人走过来，对她说："我刚刚读了你父亲新出的书。"她会感到厌烦。"一码归一码。"[88]

父亲和女儿的关系并不是不好。2004 年——克劳斯·佩曼在城堡剧院执导的首演所引发的丑闻事件已过去了五年——维也纳"80 团体"再次把彼得·汉德克关于科索沃战争的剧本《独木舟之行》搬上了舞台，阿米娜·汉德克负责音乐拼贴画。她也负责为她父亲音乐合集里的文字配插图。[89]

对音乐的热爱是这俩人之间的纽带：年轻的彼得·汉德克总是带着装满鲍勃·迪伦、凡·莫里森①或凯斯·杰瑞特唱片的塑料袋到处走，DJ 阿米娜是八十年代第一批在维也纳迪厅里播放混搭音乐、轻柔音乐、东方音乐和电子音乐的女 DJ 们中的一员。

大本相册里有一张戴着耳机的阿米娜的照片，当时她两岁。照片背面有彼得·汉德克写的字："午饭过后，听现状乐队（Status Quo）。阿米娜又感冒了。"

相册中的照片讲述了很多关于阿米娜和她父亲的故事。汉德克几

---

① 凡·莫里森（Van Morrison，1945— ），原名乔治·伊凡·莫里森（George Ivan Morrison），出生于英国北爱尔兰的贝尔法斯特城。流行音乐家，词曲作家，歌手，演奏家。

乎每天都给他的女儿拍照。照片上有阿米娜和她的母亲、阿米娜拿着约翰·列侬与一头猪的合影、哭着的阿米娜、笑着的阿米娜、阿米娜在他们1971年搬进来住的陶努斯山区旁克隆伯格里的新房子前。一脸愤怒的阿米娜站在汉德克的小说《短信长别》的宣传画广告柱前。

这是汉德克一家各种事件组成的一部编年史。汉德克主要负责照相,也给他自己拍照。他总是钻到护照自动照相亭里给自己拍张照片。只有女儿或他的朋友们比如阿里弗雷德·科勒赤在场时,照片上的他才有笑容。

不过这只是这些照片的其中一面。人们必须把这些照片从相册中抽出来再翻过来看。于是这些照片开始说话。汉德克在照片的背面写上日期和事件,像是在写日记。

有一张照片上是穿着红裙子的两岁的阿米娜,她手里拿着一个玩具汽车。照片上的背景是墙上的一幅油画,它是汉德克那张著名的蘑菇头发型照的临摹画,画上原本是脸的地方却是一片空白。把照片翻过来的话,可以看到汉德克的字迹:"1971年11月20日,克隆伯格,阿米娜今天两岁七个月了,前一天夜里,我母亲自杀了。"[90]还有一张当天照的照片:阿米娜坐在她母亲的怀里:"1971年11月20日,克隆伯格。过了不久,波特女士来了,她告诉我,我母亲去世了。大约是在16点的时候。"[91]

玛利亚·汉德克在1971年11月19日至20日的夜里自杀了。这个消息是一个打击? 当然是! 不过,难道他对此没有预感吗? "母亲即将死去,在这之前就已经感觉到。"[92]

1971年夏天 —— 美国之行结束后 —— 利普伽特和他去看望在

格里芬的母亲。"我已经习惯了独立生活。我八月中旬回到德国,丢下她一个人。在接下来的几个月里,我写我的故事,她偶尔给我写信。"在《无欲的悲歌》中,作者也是叙事者如此讲述。[93]在《短信长别》这个"故事"中,母亲从尖峰上跌落下来的幻觉已经预示了她的自杀。

母亲自杀才过了一天,汉德克已乘坐飞机回奥地利:他感到一种"销骨溶髓般的悲欣交集",他不能自已,因为他"为她自杀感到骄傲",母亲似乎在用她最后的行为向所有人宣示这一点。[94]他坐在她被安置在阿尔腾马克特6号房子灵床上的尸体旁:"那僵死的躯体在我看来是那么的孤单并渴望得到爱。"[95]

在《无欲的悲歌》中,他详细地描述了母亲的尸体以及他的情感——其中也有无聊的感觉。《没有趣味的恐惧——一部传记》是这本书最初的书名。[96]

母亲去世还不到八周,汉德克便开始写《无欲的悲歌》。1972年1月6日,他在阿米娜一张照片的背面写道:"昨天阿米娜从儿童车里摔倒在马路上,她两眼中间有一个很大的肿块。我试着开始写我母亲的故事。"

这个沉浸在悲伤中的作家儿子敢于做一个非同寻常的实验。他从这个事件中得到的文本蕴含着深邃的思想和丰富的内涵,所以,那种说他是"加工"这一事件和自己情感的说法听上去像是一种亵渎:

"我从事文学工作,这项工作一般显现并具象为一台用于回忆和表达的机器。我写我母亲的故事,因为我认为自己对她以及她如何走上死亡之路知道的要比那些不相干的记者多得多,虽然他们可能不费吹灰之力就能借助宗教的、个体心理学的或者社会学的释梦模式解释这个有趣的自杀事件；另外是为我自己，因为我有事可做的话，就可以振作起来；其次是因为我恰恰和任何一个不明内情的采访者一样，也想把**自杀**变成一个案例。"[97]

汉德克曾练习对他的母亲进行若即若离的观察和描述——他最亲近的人。1962年，他在一封写给生父埃里希·舍内曼的信里向他讲述自己与母亲的关系：

"我常常想，她对我是那么陌生，尽管我是所有人当中最了解她的人。我们之间的关系越亲密，彼此就越陌生。我又开始写日历上的格言了。或者像别人所说的那样，我对你其实更熟悉，尽管我还从来没有见过你。（我六个月大的时候，可能还不知道是谁俯下身子在我的上方带着奇特的想法打量我）一个女人过活。早上起床后，她开始忙活。熨衣服、洗衣服，然后做饭。如果她下午有一个小时可以歇会儿，她就坐在屋子前面看书，如果你低下头去看她，会看到她有很多白头发。接着，她站起身来，开始忙活，比方说，做饭。睡觉前她还会再小心翼翼地看一眼我的房间，我因为受到打扰而心生气恼，然后我再一次看到她头上的白发。我往往什么话都不讲，因为她穿着睡衣，看上去是那么不幸，她道声晚安就走开了。我总能看出她过得如何，我心里受到触动，我们一起聊天一起欢笑，她告诉我她以前是什么样的以及她年轻时的经历。我听她讲，她竭力让说出的每句话都得体，这样我就不会生气或说她不好；或者我让她谈谈你，她用刀子把土豆切开的时候，你如何为她感到丢脸，又如何斥责她；她也会跟我讲她上学时的样子，她穿着一条打着补丁、像麻袋一样的长裙，下面没穿什么衣服，趿拉着一双木拖鞋或者干脆光着脚走路；她多么喜欢跳舞呀，跳舞时开心极了。现在她坐在那儿，整个人畏畏缩缩，脸上布满皱纹，身子哆嗦着，温柔而胆怯；现在她站起身来，穿着她可怕的睡衣出去了，去睡觉，又不睡，她清醒地躺在床上，呆呆地望着天空，一棵黑色的胡桃树在听不见的风中对天空颤抖着——这是我的母亲。她月亮般陌生。"[98]

字里行间流露出汉德克对母亲的生活有着不失温柔的理解和关切，十年后，他将怀着同样的感受在《无欲的悲歌》中写下她有欲而不得求的不幸，这部作品中没有陈规俗套和陈词滥调。他没有否认的是，即使是作为儿子的他，有时也会因为他的愤怒和严苛使她心生畏惧。

这本书像是从精神的极度兴奋中产生。它是汉德克最为成功的作品。写作时他在思考一个问题：他只是叙述者，不能像以往一样也扮演被叙述者的角色。或许也可以这样？汉德克知道自己该如何描写这个来自克恩滕州贫苦家庭的女人的"事件"，他的叙述堪称典范，他在小说中也讲述了自己，"因为她的情感变得如此真实，所以我能作为双影人经历她的情感并与之相融"[99]。

写作没有帮助他彻底克服恐惧、恐慌和忧郁，汉德克在《无欲的悲歌》中坦承："我依然常常在深夜里惊醒，就像突然在内心深处被轻轻地从睡梦中推了出来，体验到自己如何在因为恐惧而屏住呼吸的同时，身体在一秒一秒地腐朽。"[100]他自己的诸多困境在他母亲的故事中找到了入口。这个故事"描写的是那样的瞬间，瞬间中产生的意识因为恐惧而猛地一惊；它描写的是那样的恐惧状态，它们如此短暂，语言对它们来说总是措手不及；它描写的是那样的梦境过程，如此恐怖，人们在意识中像蛆虫一样经历着它们"[101]。

汉德克带着自己的情感，他通过讲述使自己进入到母亲的世界当中，他把母亲变成了他的双影人。

在《无欲的悲歌》中，汉德克再现了母亲自杀的想法，他的描述像是作为儿子的叙述者自己的想法："我真的想死，走在街上我就想倒在飞驰而过的汽车前面。但是那样就能够百分之百成功吗？"[102]

在给儿子的信中，玛利亚·汉德克有时会抱怨她艰难的生活。但是，她没有在任何一封信里非常明显地透露她自杀的意图。相反，她一般会用平和、委婉的方式向她的儿子讲述她的难处，好像不想因此给他增加负担，毕竟他有他自己的生活。

1970年4月28日，她为她之前的"抱怨信"道歉，甚至跟儿子讲起了她对未来的计划，上次在巴黎见到他之后就决定了："去了巴黎之后，我一直在考虑着开一家咖啡馆。这一想法使我的精神大为振奋。在这里总要重复同样的事情，日复一日，艰难度日。在这里我白白花你的钱，而我自己则被榨干，这一切都没有意义。"[103]

一个月后，雄心勃勃的建筑计划已经落到了实处。玛利亚·汉德克花了一周时间在住处附近四处打听，她在她的哥哥格奥尔格·肖茨的地皮上发现了合适的建筑场地，她请求儿子出钱资助这一计划："如果你很快给我写信就太好了，你今年能否买下这块地皮，我们可以明年或别的什么时候开建，如果你觉得可行的话。"开一家自己的咖啡馆或汽车旅馆，这个念头让母亲感到幸福。终于有了从单调的重复、屋子的逼仄中解脱出来的出路："我将会有很多事情可做，即便如此，我也会喜笑颜开，因为我——如果对你合适的话——能够为你们工作。"[104]

直到生命最后一刻，玛利亚·汉德克都从未忘记过告诉她的儿子关于他的作品评论和剧本演出的情况,她为他再次进入畅销书单的前几名感到高兴:"我有《明镜》周刊,这周甚至到了第六位,这太棒了,我每周都会关注。"[105]

一年后,玛利亚·汉德克作为咖啡馆老板开启新生活的希望破碎了。1971年9月30日,她给她的儿子写信,他当时正在写《短信长别》,信中可以看出她的沮丧失望和万念俱灰:

"我不给你写信是因为我不想打扰你。我在想,如果你写完了小说,就会写信给我。现在你又一次做到了。今天早上我哭了很久,我觉得一切都是那么可怕,后来我试着用各种办法转移自己的注意力:去格里芬吧,彼得的信可能到了,信的确是到了[……]我们跟(汉德克最小的同母异父的弟弟)罗伯特相依为命,我不敢给你写信,我总是感到特别孤独,每天晚上我都在想,太好了,一天又过去了。我也试着写写东西,可我只能写我自己,如果过后我读我自己写的东西,又觉得一切毫无意义。我没有什么值得说的事情——或者这样说更合适——我从来就没什么值得一提的事。"

在情绪如此低落的情况下,玛利亚·汉德克都没有忘记告诉她的儿子,她在电视上看到了一个关于《守门员面对罚点球时的焦虑》的报道。这本书被维姆·文德斯拍成了电影。她还讲述了一件悲惨的事情:村子里的一对夫妇在古尔克桥边发生的一个事故中丧生,留下了五个孩子:"昨天举行了葬礼,我吃了三片安眠药,然后躺到了床上,我不想听从墓地传来的钟声。"[106]对她的儿子来说,这一消息事后听起来一定是不祥之兆。

从玛利亚·汉德克自杀七周前给儿子的信中可以看出——绝对

不再是微弱的绝望——而是一个对生活感到厌倦的女人的绝望。汉德克在《无欲的悲歌》中所描述的疯狂的自杀幻想和梦境、脑子中的嗡鸣声和呼啸声是从儿子的立场出发进行文学感应，继而产生了一个令人惊讶的过程并导致其结果。他以他自己以及他内心深处的强烈痛苦为出发点：他知道他在写什么。这种从设身处地、自我认同出发而产生的结果不单是有说服力，它能打动人心。写作真如叙述者所说的那样不能提供帮助吗？

两年后，玛利亚的真命天子才知道她确切的死亡日期，汉德克给埃里希·舍内曼写了一封内容详尽的信：

"我发现跟你好好地聊聊妈妈是多么的重要。我想着以后也能把信写得详细些——如果我可以这么做的话。昨天我在汉堡，如果我知道你在医院就去看你了。你写的关于妈妈的事情很美好，可你过去什么也不说或所言甚少，这令人感到伤心。但是，从另一方面来说，这也可以理解，我对你而言很陌生，我出现了，那么突然，你肯定觉得这是强行的纠缠。我确实有很长一段时间都希望我母亲的丈夫不该是我的父亲——突然这变成了事实，所以，我想见见这位真正的父亲，我在脑海中勾勒出一幅关于他的近乎理想的图像。正因为跟他在一起生活，所以我不想接受他担任父亲这样的角色，在很长一段时间里我都这么认为，这当然不公平。不过早就没有这些问题了，或许有过这些问题对我来说也不是坏事。希望你已经能站起来了，没有什么神秘事件和无聊的事情发生。1971年11月20日，妈妈永远离开了这个世界。"[107]

汉德克的朋友彼得·史蒂芬认为："母亲的自杀每天都在他身体

的血液里循环：自杀是他的一部分，如同他身体里的细胞一样。"[108]随着母亲的离世，汉德克失去了一个双影人。如今他只有他的女儿了。

我不想你杀死你自己

汉德克刚刚完成这本关于母亲的书，便又开始计划下一部作品。1972年1月31日，他用红墨水在袖珍日历里写道："'不理性的人终将消亡'。这是一个抚慰人心的过程，谈话对象在这期间变得冷静，安慰者却变得激动起来。这是我能够变幸福的最后尝试。"[109]

资本家赫尔曼·奎特欺骗了他的竞争对手，最终他也死在了舞台上。1973年，以奎特为主要人物的剧本在苏尔坎普出版社出版，一年后，剧作在苏黎世首演。如果同时代的人认为这个以企业环境为背景的剧本是对资本主义体系的批判，过不多久他们就会发现自己被骗了："像日记里写的那样，这个剧本不是布莱希特式的马克思主义教育戏剧，而是汉德克在寻找幸福的过程中所做的进一步努力。

"我以前写过更沮丧的事件，文学性的居多，因为我对文学还有很多向往，真实的生活无法满足这种向往。"1971年汉德克坦承，"现在我不再写被人们称为文学的东西，我只写表达。我觉得自己不用再扮演一个如此愚蠢的角色，过去我以为自己是一个写作的人。这种想法以前可能有些可笑，但现在已经变得显而易见了。"[110]

身为作家，他已经成功地与社会对他提出的所有潜在要求保持了一定的距离。自从他有了女儿以来，这段时间对他来说也非常有益处："这个孩子就像是他的工作：她成为他参与现代世界史的借口。因为他知道，如果没有孩子和工作，他从一开始就不愿意也做不到作为行动者参与到世界史当中。"[111]在美学和政治问题上，汉德克只有一个标准：彼得·汉德克。

然而，幸福反复无常。幸福需要不断追求。在人群中，汉德克很快会感到不自在。而当他独处时，他又会感到懒散、迟钝和麻木，并且"白天有八个小时自己像米老鼠一样笨手笨脚"[112]。1972年3月13日，他在红色袖珍日历本里记录自己的感受："前一个小时过得真慢呀，我是如何挨过以前的日子的？"他数着小时，"数着并活着"[113]。在他1972年写的诗《没有诗学的生活》中，节拍器来回摆动，单调而重复："几乎没有一个小时不是数着过去的。"[114]

一个出路，不，确切地说是一个绝望的逃离：写作。"小说应当是'强有力的'并且这些／诗'行为'／雇佣兵误入了语言的歧途／占领了每个单词。"[115]他应当裁减军备吗？他应当削弱他的感知和语言吗？如果他面临着感官消失的危险，早在寄宿学校时他就已经找到了一个安慰自己的对策：他把每个经历进行系统化的排列，他知道自己缺少哪些经历，不能以点带面。他这么做至少不会使自己马上发疯："我也可以这么对付自杀的念头；相反，我常常更担心别人自杀，因为我的系统帮不了他们。"《短信长别》中如此写道。[116]

汉德克对幸福的追求引起了公众的关注，并受到了一些轻微的嘲讽。"彼得·汉德克对这个世界产生了兴趣，"慕尼黑《晚报》评论《当希冀还有用时》(1974)，"好吧！先不论这位受到万众瞩目的、老练的战术家对生活乐趣的转向以及对生活的热爱能否持续一阵子。不要相信三十岁以上的人……"[117]

文学评论家卡尔·克罗洛对这本书的评论更加深入。他在书中找出了一些值得注意的句子:"像是从一部永远在放映的、诗意的生活电影中提取出来的一样,一部充满变化的电影,这部电影随时可能中断,也可能被打断,有很多留白,它急躁不安,在一种看似奇特又充盈的意义上既年轻又富有诗意,频繁地强调发现句子的困难,这在这首诗以及这本感伤的书中其他一些感伤的段落中也能看到,这位年轻男人写作的天赋非常出色,他能够驾驭这种天赋,这在整本书中都能感受到。"[118]

1973年,汉德克再次带上他的女儿前往巴黎隐居,尽管如此,他仍然是备受德国和奥地利媒体宠爱的对象。"作家彼得·汉德克,三十二岁,清晨坐在写字桌旁,时间过去两小时后,他的思绪被中断了,因为他要去学校接他六岁的女儿阿米娜回家",这一幕被用作《明镜》周刊1975年一篇关于单亲家庭的报道的开头部分。[119]

女性杂志也热衷于讨论这位现代父亲和他生活中"最重要的女性":"他是那么爱阿米娜,悉心照顾她,如果跟她分开,他就会'噩梦连连'。"[120]父亲和女儿之间的关系非常重要——但往往被一些陈词滥调的画报措辞所掩盖。只有真正理解这部充满变数和诗意的生活电影的人,才能察觉到这一点。

汉德克在巴黎认识了奥地利文化参赞瓦尔特·格赖纳特,他们之间的友谊将持续一生。如果汉德克出去旅行,而利普伽特也由于工作原因无法照看孩子,格赖纳特夫妇就负责照顾这个年龄尚小的女儿。作为回报,汉德克把他在1974年出版的书《真实感受的时刻》中的主人公格里高尔·科士尼格变成了奥地利驻法国大使馆的新闻官员。

这本焕然一新的书里出现过很多关于谋杀的想法。科士尼格梦见自己杀了一个人。这一杀人行为使他变成了另外一个人，可他不得不假装他还是以前那个他，最终他萌生了自杀的念头。当他以为失去孩子的时候，他是真的想自杀。他的作家朋友通过给他的一个消息救了他，朋友说他找到了跑丢了的孩子，目前孩子正在由他看管。汉德克又一次从他自己的生活中提取素材，只不过他调换了角色。

汉德克为之发现并进行文学变形的这种"真实的感受"是父亲的爱。因为担心孩子死去而产生的恐惧源自真实的经历。1972年夏天，利普伽特·施瓦茨和阿米娜去马德里旅行。他的妻子从西班牙首都给他打了个电话，"我，"汉德克说，"当时理解为，孩子要死了。然后我想：如果孩子死了，我也就死了。我与这个小孩儿休戚与共。由此，《真实感受的时刻》产生了。"[121]

汉德克的笔记本一直是这种共生的见证者——不管日子是好还是坏。他悉心照顾这个孩子，给她洗衣做饭；不过如果孩子打扰他的写作，他之前有多体贴，现在就有多愤怒。

这位作家不同的生活伴侣与这个"许配给写作"的男人相处起来也不是那么容易。[122]爱一个狂热的人很难，就像爱这本书的主人公一样，他是一个作家，在他的想象中，每一部新作品都"关乎生死、关乎生存或毁灭"，他对外界的干扰极其敏感甚至具有攻击性。[123]

这些对利普伽特·施瓦茨来说一定是见怪不怪了。"L.我觉得她既恶心又可笑，这个女人"[124]，七十年代的一篇日记里这么写道。只要稍加幻想，便能在日记中看到一桩破碎婚姻的证据，就像《短信长别》或《左撇子女人》所描写的婚姻。毕竟：汉德克迅速把愤怒记录了下来，也迅速把它再次删掉。日记里都是这样的记录，恼怒和暴怒在此得到宣泄。有时可以看出，这些情绪在记录时由于冲动被匆匆写了下来。

短篇小说《缓慢的归乡》（1979）一般被阐释为战胜这场危机的标志。但汉德克2008年时还告诉我说："其实我还一直处于危机当中。"作为"抒情叙事文学作家"，凝神专心的讲述对他来说一直都不是讲述预先设置好的内容：

"在写《缓慢的归乡》时，我觉得自己真该死。我被判了刑，像卡夫卡在给父亲的信里所说。这种情况甚至持续了很多年。不过，我还是接着写了《圣山启示录》和《痛苦的中国人》，以此来反抗那位伟大的父亲。我感到自己被判了刑。这与自杀无关，这更加神秘。"[125]

尽管汉德克否认了自杀的念头，1976年12月8日，他在笔记本里却记录了他七岁女儿的原话："我不想你杀死你自己。"在彼得·汉德克建立的所有关系当中，这个感人的请求或许是最重要同时也一定是最亲密的一段关系的证明；因为女儿对他说过的这句话，三十年后依然能感受到这位父亲内心受到的触动："她很可能感觉到了，一个孩子都感觉到了。"[126]

这些笔记本是恐惧和自我怀疑的见证。"对梦的节奏所进行的干扰。"[127] 不合时宜的死亡却是一个恐怖的想象。1976年3月，因为怀疑自己得了心肌梗死，陷入写作危机的汉德克住院进行治疗，他在床上中了魔似的在笔记本上潦草写道："我在床里面、床旁边和床下面寻找之前的死者留下的痕迹……我刮了胡子，在铁托盘中依稀可见，真像是最后一次用自己的手刮胡子。"[128]

又是写作让他在黑暗中保持清醒："我的油墨毡笔，"他写道，"在近乎全然的昏暗中在纸上发出声响,仿佛在耳语,在窃窃私语(像一个孩子有时对着另一个人说悄悄话)。"[129]几周过后,日记的语气变得异常轻松:"我时不时想到,这个或那个已经死了的人现在又多活了一天!"[130]

那时,他不得不坚持任意发出什么声响,汉德克三十年后向我解释说。他周围的人已经死了,"一支铅笔或毡笔发出的声音能使人停留在地球表面或继续推着他前行。"[131]

1979年12月,这位作家独自坐在病危的作家同行尼古拉斯·伯恩的床边。他不光在写,还三次为这个垂死之人画像,最后一次是死亡画像。

目前为止他还随时记笔记,汉德克说:"只是为了能让我脚踏实地或我能以此开启白天的生活。"如果他注意到以前并未被注意到的,晚上就会变成白天,昏暗中也有光亮 —— 只有通过写作。

"在写作过程中,我们处在死亡之中,我们也活在尘世里",汉德克1990年写道。读过他笔记本里的内容就会明白:作家说的这句话并非一句空话。

伦茨和迈过门槛

在汉德克最艰难的时期对他伸出援助之手的人是赫尔曼·伦茨。靠着施瓦本的律己品质,这位1913年出生的作家每隔两年就会出版一本书。这些差强人意或根本没有经过审校的成卷著作有无数的印刷错误,在不得已时伦茨还会自己亲自一本本地更正所有样书中的错误。在文学界，大家嘲笑他是个奇葩或无视他的存在。七十年代初时几乎没有人再提起他的书，《马车夫和徽章画家》只卖出了300册。

一篇于1973年12月22日发表在《南德意志报》的文章改变了这一切。在他的文章《邀请您读赫尔曼·伦茨》中，汉德克回想起那种"愈发不被打扰的状态"，他在施泰尔马克州电台讲到的伦茨的《一个仆人的眼睛1965》让他进入这种状态中。

十年后，在经历最严重危机的那段时间，汉德克在伦茨的作品中寻找避难所，他最终也找到了。汉德克像他的守门员布洛赫一样，被无处不在的威胁性含义和征兆组成的恐怖所包围，伦茨的作品对他来说就是抵御的盾牌。对这位作家来说，这是一段黑暗时期，"我有时忍受着恐惧的状态，在经过一个空房间时我的耳朵一阵刺痛，可只要我开始读《马车夫和徽章画家》，我周围的事物便不再是可怕之物的征兆，它们坚定地矗立在美好的电灯光亮中，现在我又能抬头看这些光亮了"[132]。

这是一种童年的感觉，汉德克写道："似乎所有的失踪者现在终于都在家了。"汉德克在他的毕希纳获奖演说中也提到了不安的社会形式，他在童年时感受到的由他人引起的不安："你一个人坐在一个房间里，你自己是安全的，但你还缺少你最爱的那个人。"[133]

汉德克同母异父的弟弟汉斯仍然清楚地记得那些折磨彼得的以恐慌形式出现的焦虑。如果汉德克不知道兄弟姐妹的去处："如果他从学校回到家，而我们当中有人不在家，他就会长时间地到处寻找，直到他看到那个要找的人。他必须时刻知晓每个孩子的动向。只有当他知道你在哪儿了，他才会感到快乐。"[134]

1973年5月,汉德克和阿米娜一起去斯图加特看望六十岁的伦茨。汉德克先是晃动着塑料袋向一脸惊愕的伦茨打招呼,然后他说:"这就是您住了五十年的房子。"[135] 尽管年龄悬殊,汉德克还是再次让他对面的人产生了一种胆怯的敬畏感,正如伦茨后来回想时所说:"我觉得他的目光像一颗手榴弹。"

1972年,汉德克在一个袖珍日历里记录了伦茨的故事,这是伦茨讲给他听的。这些匆匆记录的笔记,有时是速记,已为他即将要写的关于这位年长同事的文章搭好了框架。[136]

这位白发苍苍的作家和这位还年轻的同行立刻感到某种精神上的亲和力。其中一位是早已退出时代大潮的怪人,他在斯图加特郊区散步时,会想起比德迈耶时期的色彩和男子骑手。另一位是正从时代潮流中隐退的独行者,他在众人关注的浪尖上跳舞,努力找寻着自我。

他们两人都觉得自己不属于"现实中的人群"[137]。汉德克迫切想知道伦茨是如何做到笑看风云的。他如何获得安宁,又为何没有攻击性;与他相反,汉德克总能感到自己的攻击性。"您孤独吗?"汉德克问他,在阿米娜的陪伴下,他们散步时经过保时捷别墅酒店旁的草地,随后进入到有健步小道的森林中。

在斯图加特郊区汉德克感到一阵别扭:

"不管我们走到哪儿——到处都是一派别墅生活的景象,有种被勒紧并且窒息的感觉,没有城市里的混乱,也没有大自然带来的轻松感,只有前花园和旁边的草丛低坑组成的丘陵般起伏的风景,你能听到母亲们对她们的孩子们说:'你还要接着走到灌木丛那里,这样的话我就背着你!'穿运动服的人突然在健步道上停了下来,站在指定的指路牌前,依照下蹲图做十个下蹲动作,然后继续跑步……"[138]

征兆又出现了:它们让汉德克心里的这位守门员产生了很多恐惧。对事物含义的妄想使得他在观看时反应迟钝。他们穿过克雷厄森林,阿米娜在那里采摘银莲花,她很快就累了,所以想让爸爸背着她。汉德克对他的孩子说:"如果你走到灌木丛那儿,我就背着你。"[139]在这篇关于伦茨的非虚构性文章中,汉德克一直将自己隐匿其中:作为一位施瓦本母亲。

什么在折磨着汉德克? 伦茨立刻就觉察到了端倪:对他们俩来说,与人交往是件麻烦事。汉德克是否有时也害怕他人? "这个问题纯属多余,因为我熟悉他的书,"伦茨后来写道,"《守门员面对罚点球时的焦虑》描述了一个正在瓦解的意识,约瑟夫·布洛赫与他的所见所闻、他用鼻子嗅到的、用嘴巴尝到的以及触碰到的所有的一切都保持着那么遥远的距离,因此,他的每一个感知都是痛苦的,并深深地浸入到他的意识中。"[140]

赫尔曼·伦茨成了汉德克人生至暗时期最重要的人之一,他知道汉德克一直以来都在写他自己:"您再次高度专注地写作,您的句子像是浓缩的生活,在阅读时,浓缩的生活会膨胀变大,变得像原物一样大。"所以,汉德克知道这位长者常常担心他这位年轻朋友的生活:"他会私下里对你说:我经常为你感到担忧,不光在我读科士尼格①的时候。"[141]

这位年轻作家通过出席这位老人朗诵会的方式去支持他,甚至可

---

① 科士尼格(Keuschnig)是汉德克发表于1975年的小说《真实感知的时刻》的主人公。

以怀疑，主要是因为汉德克，大厅里才挤满了人。汉德克在参加这些活动时与伦茨这位"多年以来的自由作家"团结一致，他请观众们改善伦茨"基本的、异常不稳定的生存状况"并请他们支持伦茨。[142]在汉德克的催促下，齐格弗里德·翁泽尔德把伦茨招到苏尔坎普出版社麾下，伦茨之前签约的出版社当时已经破产。1978年，在年龄只有伦茨一半并受到他关照的汉德克获得毕希纳奖五年后，伦茨也获得了这个奖项。

1978年，阿米娜搬到柏林，整整一学年的时间她都住在她母亲那里。汉德克开始了长途旅行：他的目标是阿拉斯加州的育空，一年后这个地方成为《缓慢的归乡》的发生地。他最初的计划是写一本叫《进入奥地利深处》的大厚书，书名后来改为《远古时代的形式》，讲的是地质学家瓦伦丁·索尔格的故事。汉德克从赫伯特·威廉密[①]三卷关于地貌学的作品中借用了远古时代的形式这一概念，他在美国的安克雷奇着手研究这一概念。[143]

第一个句子就已涵盖了汉德克在七十年代所经历的一切："索尔格比一些曾与他走得很近的人都活得长久，他心中不再有任何向往，却常常感受到一种无我的生存之趣，而且时不时还感受到一种对福祉的需求，这是一种已经动物化的需求，它压迫着一双眼睑。"[144]

他的渴望并不是不真实的天堂，一个如诗如画的宗教替代品并不重要，重要的是从自己的绝望中得以解脱的希望——一种赦免：

"彼此关联的写作不是事先确定好的。写作是进入由图画和句子

---

① 赫伯特·威廉密（Herbert Wilhelmy，1910—2003），德国地理学家。

组成的矿山，这对我来说近乎是一种赦免。如荷尔德林所说，他写完一首诗后，接着就是冥府啊，欢迎你的到来或类似这样的话。如果小说开始成为某种与现实平行的世界，我也会说，冥府啊，欢迎你的到来。"[145]

对于汉德克而言，在1978年只有一件重要的事："活下来！"同年11月28日，他在笔记本里写下这句话。他忍受着对自己的高要求、对周围的人不断的批评以及个人的孤独。日记中的那些记录是绝望爆发和种种咒语组成的断奏："'再也不要孤单一人了'：这意味着，在写作时与他人同在，永远在一起；也给他们写信，给他们寄图片。"（1978年12月4日）"幸福。我失去了批判的目光。为什么不是每人都要有一部他自己的杰作呢？"（1978年12月12日）"为了活下去，索尔格也必须做**实验** [……] 一个女人拯救了索尔格，用她的身体（当他只能既虚弱又可怜地躺在她身边时），他再次发现，首次发现灵魂所必需的性 [……] 我所写的必须真正成为一首歌。"（1978年12月12日）

汉德克给他的朋友瓦尔特·格赖纳特写的明信片也证实了汉德克对庇护的向往。阿拉斯加："我在阿拉斯加州其实是久睡的状态（偶尔做噩梦），这个州有狼出没。我们会再次愉快地见面吗？这里有那么多乌鸦。"[146]纽约："我费尽心思，必须小心翼翼不做错任何事，每天都是如此。"[147]马德里："我的心情有些沉重，假如坐在您的灯下，我会感觉好受些。"[148]

在从阿拉斯加回来的途中，汉德克在纽约进行短暂的停留，他在第86街和第五大道交会处的亚当斯酒店租了一个房间。这个酒店的名字对一个正在"诸多小说开头中寻找开头"的人非常合适。[149]不过，亚当没有长时间地待在天堂中，汉德克在写作时途经由疯狂和绝望熔成的炼狱。日日夜夜，中间只间断过几次，他一直都坐在他宾馆21层的房间里的桌旁写作。

齐格弗里德·翁泽尔德去纽约看他，这位出版商觉得汉德克的"精神生活十分充实"，他"几乎变了样"，看上去惘然若失。他将写出伟大的作品，汉德克对他宣布。"他总是随口那么一说，"1978年11月16日到21日，翁泽尔德在他的美国游记里写道，"就好像我人并不在那里并且听不到他讲话一样[……]他只想着他的小说——他自己想出来的小说名是《远古时代的形式——长篇小说》。"150

在这位健壮的出版商面前，汉德克觉得自己像一个受伤的动物，他被"齐格弗里德·翁泽尔德敏锐的判断力吓了一跳。这当然是一种与众不同的判断力：像一位不幸的老兵的判断力。不幸在哪儿？在我的周围，在这个作家的周围。这位作家因为迷茫而坏了名声。他迷失了自我。"151

一位孤独的作家：在拳击裁判喊到十之前还能站起来。此时，这位出版商该怎么办呢？他举手投降，默默地逃走了。翁泽尔德在纽约还有别的事要办，与汉德克的会面只是诸多事项中的其中一项。作家感觉自己遭到了背叛，另外，他的内心也充满了对权威的愤怒抗争：我靠我自己，靠我一个人的力量。

"那时我失败了。我把语言耗尽了。"152汉德克自称《缓慢的归乡》是一个"断片"。汉德克最终完成这部作品要感谢在他遭遇语言困境时给予他帮助的两个人：弗兰茨·卡夫卡和赫尔曼·伦茨。汉德克在阿拉斯加没有找到卡夫卡作品的德语版。在读卡夫卡作品的英语译本

时,他觉得这位布拉格作家索然无味。"我像快渴死的人一样,渴望获得他的写作技巧。"¹⁵³

在回归文明后,汉德克在卡夫卡那里寻找克服他语言危机的手工艺工具:

"过去我压根不知道:人们要如何既广泛又具体地写作,写得形象生动,同时又清楚明白。每个句子都包罗万象,另外还要展现一个细节和一个细微的差别。那时我想,现在我必须重读卡夫卡,看看他是如何做到这一点的。单指技巧方面。这好比你读一本木工活手册,如何刨光,在那儿的那个钉子要往哪儿钉,如何把这个东西与那个东西拼装到一起。"¹⁵⁴ 对他而言,赫尔曼·伦茨不只是一个文学顾问。伦茨有时甚至会出现在他的梦里。伦茨坐在被龙虾所占领的草坪上的书桌旁,他可能是郊区影院的老板,他的衬衣敞开着,脸上是拒绝的神情。¹⁵⁵

伦茨"救了他的命",汉德克的一些朋友对此深信不疑。汉德克从纽约的书房向伦茨发出的呼救声表明,这并非夸大其词。1978年11月27日,汉德克给伦茨寄了一张明信片,明信片上是一栋位于美国西弗吉尼亚州的矿工房子——对这个进入"图片矿山"的人来说,这是一个合适的主题,他从晦暗的坑道里用以下这些话汇报自己的情况:

"亲爱的赫尔曼,在度过了几天黑暗的日子后,我已经开始汗流浃背,不过我今天至少找到了一丁点持续的光亮。在这昏暗的光亮中,我想向你和汉娜问好,哪怕只是简短的问候。我一直想向你请教,人们如何挺过那些拥有活跃灵魂的事物。连着四十五天我都在写作,我已经搞不清楚一个词语与另一个词语的关联，还有一个单词究竟在说什么。"[156]

汉德克觉得自己比以往任何时候都受制于语言世界，事物和概念乱七八糟，而且它们也从他那里消失了。如果他在写作时伸手去抓一个画面，它也讥笑着从他身边逃开了。在绝境中他想到赫尔曼·伦茨的两句格言："只要你能挺住"，这是其中之一。他觉得这一格言犹如一个坚持到底的口号：命运给这位作家设置了许多障碍，但他一定要闯过难关。

二十年后，汉德克在赫尔曼·伦茨的墓地回想起的第二句格言听起来似乎与第一个背道而驰："好，我去试试。"[157]这成为他写作时的一个固定短语，汉德克坦言。乱写，尝试——谦虚的赫尔曼·伦茨这种机智、轻微的自嘲卸下了汉德克肩上的千斤重担。

汉德克在赫尔曼夫妇慕尼黑家里的小阁楼里度过了写作《缓慢的归乡》的最后几天。他们陪伴他迈过黑暗矿井的门槛，重返光明。"你们听听我说的吧。我不想走向毁灭。在重创来临之际，我的反应是归乡，不仅仅是回到一个国家，不仅仅是回到一个确切的地方，而是回到我出生的房子；我却总想继续留在异国他乡，"索尔格说，他在加利福尼亚走进这对夫妇的客厅后产生了这种印象，"再次置身于世界的游戏当中。"[158]

索尔格迈过门槛继而回归生活要感谢汉德克1979年在伦茨家里经历过的一个事件：

"当时我正好有这种感觉，这种特殊的感觉，感觉自己正迈过厨房的门槛，这位女士正在厨房里做饭。那是一种温柔的、巨大的触动，你又被这个大千世界所接纳了,在写作结束后,但写作与这个大千世界距离遥远,那是一种洞穴经历,因为什么都不复存在了,写作或许也是一段世界灭亡的经历,带有主观色彩。门槛过去就在那里,它原本只是由地毯组成,与厨房里的经历一样。我第一次产生这种想法,觉得门槛是一个地方。它是一个有效的、独特的、有益的地方。"[159]

一个地毯门槛作为边界:对这位作家来说,这只是一小步;对文学创作而言,这却是一大步。

第5章 家乡

一无所有者和哈布斯堡皇室

汉德克在写《缓慢的归乡》期间逐渐明确了自己的想法，身为作家的他此后"首要的一个义务是：让一种风景永恒"[1]。哪种风景呢？缓慢地归乡：去往何处？ 一位在国外生活了十多年的作家，他的故乡在哪里？ 在他的作品中，巴黎郊区的丘陵像克恩滕州的卡拉安肯山一样散发出耀眼的光芒。

"我没有家乡。我的家乡是这些书。"直到现在，汉德克也愿意这么告诉奥地利的记者们。对记者们来说，他们的作家当然属于自己的国家，这就好比利皮扎马属于皇家马术学校一样。[2]汉德克书写他的家乡，也将自己融入其中。村庄，祖先，和平——一个巨大的乌托邦，一个奥地利神话。这是一种怎样的返乡啊！

七十年代，国家最高领导层中甚至也出现了一位汉德克的铁杆粉丝：联邦总理布鲁诺·克赖斯基被《无欲的悲歌》"深深地打动"，所以，他按捺不住自己激动的心情，给汉德克写了一封私人感谢信，从那以后，他把汉德克列入他最爱的作家之列。[3]几十年后，汉德克再次获得国家最高领导层的认可。2010年，联邦主席海茵茨·费舍尔接见了这位作家并向他保证,如果他回到奥地利,将得到他的个人支持。

对汉德克而言,他对爱国主义之类的赞美之词一向态度谨慎。1975年,正值《国家条约》签订20周年之际,奥地利官方举办了庆祝活动。汉德克当时在奥地利电视台严词谴责,在这个阿尔卑斯共和国,即使没有俄罗斯人和英国人的存在,人们仍然觉得自己被"由物质的匮乏、宗教的冷漠、当权者粗暴的装腔作势所组成的占领国所占据,没有什么地方比在奥地利更让我觉得这一切又油腻又愚钝"[4]。这听起来并不像是旅游宣传语。汉德克刻薄的唱反调的话直击痛处:幕后统治集团勃然大怒,笔会俱乐部的秘书长抗议这个说自己祖国坏话的小人得出的"恶毒的、对奥地利持敌对态度的笼统论断"[5]。

汉德克无所不能,唯独不吹捧国家。他的这种做法在一个像奥地利这样被宫廷礼仪和吻手礼这些烦琐礼节所影响的社会是行不通的。因为政治上的种种弊端,这位年轻作家很早就抗拒任何一种虚假的骑士风度:"对一个国家无法忍受的状况持客气态度,有时是对忍受这些状况的人们的不敬。"[6]

汉德克在关于《国家条约》的评论中抱怨"所有在这个美丽的国家被活埋的生命",他知道自己在说什么。他在《无欲的悲歌》中描写的不就是这样的生活吗?他从来没有被荣誉冲昏过头,没有忘记那些"运气不好没能在半路上把自己铲出来的人,比如我自己"[7]。

汉德克的批判从未妥协过。如果他的同胞因此对他恶语相向,他也默然承受。1969年,他在奥地利电视节目中说,这个阿尔卑斯共和国只有老纳粹才去剧院,随后,这家电视台投诉处的电话就被打爆了。六百位愤怒的打电话者想往这个说自己人坏话、反叛的人"身上涂焦油,拔他的毛,烧死他、动用私刑处死他,判他劳改,流放他,或者干脆就骂死他",多家报纸如此报道。[8] 所以,在诸如《孩子的故事》这些书中有与以下这句话类似的语句就不足为奇了:"大多数活着的人蹲在那儿,心生怒火,因为没有发生战争。从所有这些胡桃树——按他的诅咒——圆圆的果实中,应有尖刀落在树下阴凉处那些废物身上,把他们通通都消灭掉。"[9]

该死的国家,在这个国家,艺术家们几乎要窒息而死:"我被这块油腻给噎着了,它叫:奥地利。"[10]

愚昧的国家。在这个国家,人们的笑容是那么丑陋和虚伪:"你们就不能学学换种不同的笑吗?总有一天会砸死一个你们这些讲笑话的。"[11]

该死的国家。这个国家的人民把作家只当名人看,比起谈论他的文章,他们更愿意七嘴八舌地议论他的脏指甲或敞开的衬衣。

另外:如果没有对手,人会是什么样呢?"在一个人每次所受到的愚蠢攻击当中,都隐藏着一个永远可以用来叙事的好句子。"[12] 对汉德克来说,家乡意味着向往,也是憎恶。

他出生国家的文学界简直让他深恶痛绝:"一个小国家歇斯底里的爱国主义让形形色色的个人都变成了统一的**出口商品**,变成了向外面的世界展示的**国家使节**,这种爱国主义却不关心任何实质性内容。"汉德克1974年写道,在这之前他与格哈德·罗特和阿尔弗雷德·科勒赤拜访了在格拉茨的弗兰茨·纳布尔。

这位在当时几乎已经被遗忘的作家给这三位新生代作家留下了深刻的印象,他的善良和无私与汉德克眼中的文学界即"被轻视者和被侮辱者的动物聚集地"毫不沾边。这些论坛作家为自己的发现感到幸福,所以,他们喝了太多纳布尔家的花楸果酒,结果汉德克倒在了纳布尔花园里的草丛里。

沉醉过后是更大的幻灭。纳布尔不久之后便撒手人寰,他的作品虽然因为汉德克的推荐很快地被更多读者所熟悉,"但作家们作为某种国家公民组成的团体,人们可以通过他们的著作窥见和解释自己的生活,或对自己的生活产生不同的看法,这一认识在奥地利人的意识当中并不存在"[13]。

汉德克重视的正是这一点,如他在1975年发表的关于《国家条约》的论战文章中所说,他的结束语听起来像是在争取他出生国里的真正的读者:

"我变成了作家,我现在比以往任何时候都觉得自己不是为他人写作。别的都不重要了。我不是人们所说的革命者,革命者必须与人民休戚与共,如同鱼儿离不开水。我在写作时却愈发感到有必要尽可能地接近这个国家和它所谓的人民,我是他们当中的一员。没有这个国家,我就不是已变成的那个不好或好的我了;同时也要保持距离,要有必要的陌生感,否则,人们无法公正地写这个国家。"[14]

在国外生活十年后,汉德克在七十年代末感觉时机已到:奥地利成为他作品的主题:"对于像我这样远离故土的人来说,这个国家已经变得举足轻重。"[15]创作就在那里等着他,他不会逃避。"我有兴趣再次虚构一个国家,比如奥地利,"1978年,汉德克宣布并透露其中原因，"人们在肉体上被报纸和电视的愚蠢杀死了。"[16]他是认真的：他想以一种完全不同的语言反抗报纸的喋喋不休和电视上播放的无聊重复的内容。

这的的确确存在：一种来自象牙塔的有责任感的文学，同时也是一种没有广告条幅和政治煽动的文学。这一愿望帮助失语的人找到语言并帮助无家可归的人找到家乡——这是彼得·汉德克写作时所怀有的伟大的乌托邦理想。"还从来没有人谈论过这个地方。"《关于乡村》(1981)中那位建筑工地女主管说。这是一个微小却又伟人的剧本，凭借此剧，汉德克使他的家乡在世界文学中占有了一席之地。[17]

汉德克在《大黄蜂》中已经毫不留情地描绘了一幅乡村生活的景象，尽管作品个性突出，但仍有一定的代表性和普遍性。他想服务的不是这个国家，而是"所有家乡中那些小的，尽可能是最小的地方：这个村庄，这个市区，这条街道"[18]。从出生那一天起，汉德克就骄傲地站在一无所有者的身边；与哈布斯堡皇室相比，他离赤贫者更近。他家乡故事中的主人公没有成为将军和国家领导人，他们不是那些用石头和铜浇铸而成的、永远屹立在维也纳英雄广场上的雕像。不，他们是把他慢慢地拉回家的失语的边缘人："傻子、瘸子、疯子，让这辆鬼火车复活吧，只有你们才是家乡的歌颂者。"[19]

汉德克在1976年就已做出决定：他将回到奥地利，女儿阿米娜该转到高级中学上学了。同年6月，他给父亲埃里希·舍内曼写信："今年夏天7月，我将在奥地利徒步三周，同时将为新书做笔记，一本厚厚的书，我希望明年写这本书。"[20]

汉德克返乡和徒步的消息瞒不住奥地利报社，报纸报道了所有关于这位作家可能回到他出生国的流言蜚语。人们听说这个住在巴黎近郊的三十五岁的作家正在参与一个奥地利项目，奥地利《新闻报》1978年6月如此报道。"还有，"这家报纸报道说，"有朋友们说他们看到汉德克背着旅行包徒步游览当地的风景。"[21]那本厚书，《缓慢的归乡》，就是在这段时间里产生的吗？或许正在孕育一个"新的奥地利神话"，这家报纸评论道。

忧郁的浪荡者

汉德克天生就有忧郁倾向："我还是孩子时就一直想成为忧郁的人。我想坐在一块石头上，然后再也不站起身。可直到现在我还没有实现这个愿望。"[22]哪怕是颜色黯淡的菜肴都会让他感到忧伤。[23]在他的家乡奥地利，忧郁总会向他袭来。他在萨尔茨堡时几乎每天都是如此："如果有一天没有感到忧郁，我甚至会觉得怅然若失。"[24]

他有时像是瘫痪了一样。深夜，他在对死亡的恐惧中醒来。在他写《缓慢的归乡》这本书期间，一个来自萨尔茨堡的医生给他开了氯氮卓二钾，这是一种镇静剂也是安眠药，同时也用于治疗焦虑和恐慌发作。1976年，汉德克由于心脏缺陷在巴黎住院，他的那些焦虑状态看似可以有据可循了。[25]

"迄今为止，我经历了我人生中的一个变化。"七十年代末，这一变化像死刑一样击中了他，《我在无人湾的岁月》（1994）的叙述者在回首往事时直言不讳。[26]这并非夸大其词。赫尔曼·伦茨当时甚至担心汉德克可能会自杀，他们一个共同的朋友也有过这种说法。

1979年1月，伦茨给《缓慢的归乡》的作者提供了一个躲避创造力枯竭的最后的避难所，这是一个庇护之地，也是一个写作之地："这不单单是一个房间，"1979年2月，汉德克对他表示感谢，"如同你们看到的那样，我已经能再次连着写两个句子了——这一直都是一个秘密。"[27]《圣山启示录》（1984）的题词听上去朴实无华，却表达了汉德克深深的感激之情："献给赫尔曼·伦茨和汉娜·伦茨，以此感谢1979年1月"。

《无欲的悲歌》发表后，一些记者执意想调查汉德克是否跟他的母亲一样都是潜在的自杀者。"他从来没有产生过这种想法，"汉斯·维德里希认为。有次汉德克告诉他，他刚签了一个人寿保险合同："我必须保证自己五年内不能自杀。"

人们担心的是，他会上吊、朝头部开枪或开车撞墙吗？这都是些什么呀："我只是想得很抽象：我想被消解。如此抽象地去想象自杀还是考虑具体的行动，这有天壤之别。"1972年，汉德克安慰记者安德烈·米勒，他误以为汉德克已面临着死亡危险。[28]

十六年后，还是这个安德烈·米勒，他问城堡剧院当时的院长，同时也是在维也纳叱咤风云的克劳斯·佩曼关于自杀的话题。这位导演当时与汉德克的老牌竞争对手托马斯·贝恩哈德走得很近，他夸夸其谈："我肯定比彼得·汉德克熟练多了，他把药片又呕吐了出来。"在一次开车途中，佩曼没有进行间接的"诊断"，而是直接对汉德克的书进行"治疗"："我认为他的书是一种自我治疗。他让自己的生活恢复正常。我无法忍受他现在写的一些东西。他完全以一种动情的方式进行反动的思考。我已经无法跟他同步了。"[29]

与佩曼说的很多事情一样，他的这一说法也是真真假假难以判断。九个月后，这位导演收到了汉德克的一封信，里面有寄给他的账单，他要为自己的信口雌黄买单。呕吐出来的药片？"诽谤！"佩曼的道歉？"令人轻视的和解手势！"接着，结束语中出现了一个激烈的毁灭式攻击，正如汉德克的一贯做法。所有的朋友——哪怕是最亲切、最亲密的（正是这些人）——早晚都会领教汉德克不留情面的尖刻。现在佩曼是收件人，汉德克以绝对优势战胜了他。如今牵扯出来的不仅是吐出来的药片，而是所有的一切：不忠！懦弱！[30]

毫无疑问：对汉德克来说，生活依赖于艺术，而忧郁破坏写作。他把佩曼对他书的贬低性评价视为对他整个生存状态的批判，那位曾经的朋友应该会料到这一点。

"在家的话，忧郁对我来说其实意味着死亡，"1990年，汉德克这样说并解释其中缘由，"忧郁是思想的阻碍。"[31]

1979年，汉德克在危机中想到他最大的优势：与世界同行。"这就是现在！"《缓慢的归乡》临近结尾时如此写道，而且，"它就是如此。"[32]变化本身成为写作的动机。数年后，他在萨尔茨堡写下另一个计划："关于我丧失语言的故事——距离现在将近七年了——我还要用很长的时间把这个故事为自己保存下来；它是我的珍宝。"[33]作家是"忧郁的浪荡者"，从现在起，这个词成为"汉德克的一个关键词，不仅仅是指他存在的时刻"[34]。

变化发生后，一切都不同以往：汉德克的写作发生了变化，还有他的写作工具。以往那些年的行动主义已不复存在，不再有恣意狂妄、不受拘束的实验，在打字机上敲来敲去的行为也成了明日黄花。（"我第一次真正的写作是从在打字机上打字开始的，那时我觉得这噼里啪啦的声音真好听。"[35]）汉德克一个亲密的朋友说，自从汉德克用铅笔写作，他觉得汉德克的语言也变得温和了一些。

这仿佛是一个寓意深长的机缘巧合，汉德克在1979年——他发生变化的那一年——获得了卡夫卡奖。卡夫卡笔下的格里高尔·萨姆沙因为变形悲惨地死去，汉德克却来了个逆转，他把自己的变形变成了好事。他在获奖演说中宣布了一个新的艺术目标。从现在开始，他将致力于整体："我斗胆说：我努力追求我心目中真理的形式，追求美，追求令人震撼的美，追求美所达到的震撼；是的，追求古典的、广博的美，依照这些伟大画家的实践准则，这些只有通过对大自然的持续观察并且沉浸其中才能实现。"[36]

这是一个坚定的美学纲领，同时——佩曼的话也不是全无道理——也是一个治疗忧郁的处方。对汉德克而言，所有"写作的目标，阅读的目标、生活的目标"都在于"对事物进行以自我认知为目的的展示"。他漫游、观看并做记录。他看一个石阶、一朵花、一扇门——并且这一事物"展示自己可以被认知"[37]。这是一个缓慢的治愈过程，但却是永久治愈。"我的生活乐趣其实几乎只有看、听和创造的乐趣。"[38] 这一点从未改变过。

过了不久，汉德克在萨尔茨堡的僧侣山上给自己筑防御工事，犹如在一个城堡当中，他每天都要进行防护："意志消沉、心情沉重和郁郁寡欢意味着：玩具没有了；我突然不知道该玩什么了（而且每天都如此）。"[39]

只有一支铅笔作为武器

城垛、螺旋楼梯、花园里的吊桶井:人们不是在这里住,而是在这里下榻。这虽称不上是一个大城堡,可毕竟也是一个小堡。1979年8月到11月,汉德克生活在萨尔茨堡僧侣山上这个有着八百年历史的"库佩尔维耶小城堡"里。

城堡的主人是汉斯·维德里希,他也是格里芬人,曾经也是坦岑贝格的一名寄宿生。他当时是萨尔茨堡文艺节的新闻处长,也是城堡继承人格海德的丈夫。"一个和蔼的男人,您会喜欢他的,他是个讲故事的好手,"汉德克曾告诉我说,维德里希绝对值得一见,"他收集了我那些乱七八糟的东西。"[40]

我用熟铁制成的门环叩门,一个和蔼的七十三岁老人打开了小门。一路上经过骑士的甲胄、狼牙棒和火枪,汉斯·维德里希沿着石头台阶拾级而上,走进一个宽敞的塔楼间,这是一个名副其实的珍宝室:地板上堆放着汉德克的书、被捆得整整齐齐的作品原稿和上百张汉德克的照片。箱子里存放着很多带有装饰图案的塞尔维亚证书("因为人道主义并参与慈善事业"),证书旁边是帕特里夏·海史密斯的信件("亲爱的彼得,谢谢你寄给我《孩子的故事》")以及汉德克的记事本("我的某种宽恕状态:进入认同状态")。[41]

有一个角落里放着几台报废了的打字机,还有彼得·庞格拉茨和维姆·文德斯给汉德克画的像。葡萄酒箱子里是穿坏的登山鞋,箱子旁边是一支口琴和一把电吉他,这位热爱现代爵士音乐的作家曾经拨动这把吉他的琴弦。收藏的那些具有传奇色彩的唱片也放在了那里，它们造就了汉德克广泛的音乐品位。除了像爱之匙乐队的《这个城市的夏天》以及普洛可哈伦乐团（Procol Harum）的《更浅的苍白阴影》这样的唱片，汉德克还收集了德国巴洛克音乐、苦情歌手比如罗杰·惠特克（《摇摆》）的唱片以及南斯拉夫国家元首铁托的演讲（《姆拉多斯特革命》）。

汉德克不只在纸上写，这位作家还在徒步杖上亲手刻上了地名和格言："格尔茨的盲窗""三个太阳花的灰岩坑""空的灰岩坑""这些人的高傲这个民族的骄傲"。一把椅子上放着作家的咖啡杯，杯子的旁边是盛放萨赫蛋糕的方形小盒，盒子里全是汉德克的眼镜，这为二十世纪末助视器的文化史提供了丰富的解说材料。

"五天后国家图书馆的人将取走所有的东西。"维德里希说。到那时，生命的印证还不是遗产，却已经是死后声誉的提前预支。作家的这只腿还站在今天的舞台上，另一只腿已经在未来的博物馆里。五十年后，人们将如何评价这段岁月呢？或许人们希望自己什么都没有忘记。但现在呢？什么都不要错过！

过不了多久，这些徒步杖、眼镜和手稿都将陈列在维也纳奥地利文学档案馆的拱顶地窖里，维德里希把它们作为永久出借品提供给档案馆。确切地说，维德里希不是在收藏，而是救出了他的大部分珍品。八十年代末，汉德克离开萨尔茨堡的时候，"很多东西差一点儿就被扔进了垃圾桶"。汉德克也送出了一些东西，主要是送给他的塞尔维亚朋友兹拉特科·伯可基科，他是生活在萨尔茨堡的一位业余画家。他不仅是汉德克在米莉亚姆斯酒吧的酒友，也是汉德克巴尔干之行的可靠向导。2003年,汉德克把萨尔茨堡大学授予他的荣誉博士证书也送给了他声名狼藉的朋友兹拉特科,后者总是手头很紧,可他会做生意,他把荣誉证书卖给了维德里希。

汉德克在活着的时候就已经把他的文学遗产分出去了。2007年,他把自己的作品原稿以50万欧元的价格卖给了维也纳奥地利国家图书馆,他1975年到1990年的日记以30万欧元的价格卖给了马尔巴赫德国文学档案馆。对这些档案馆来说——这两家档案馆都是它们国家数一数二的机构——购买是成功之举。钱数彰显了汉德克的文学价值。他认为,在德语区域内,这是一个合理的遗产分配。

"他是所有人当中最精明的,"一个朋友说,"他在专业事务上锱铢必较。"与分配生前遗产一样,在分配他的出版物时,汉德克也同样精明——他把他的出版物同时给了两家出版社。齐格弗里德·翁泽尔德只能在短期内成为这位年轻的文学明星的唯一出版商。早在1966年,汉德克就已经通过维德里希的介绍认识了雷西德茨出版社的沃尔夫冈·沙夫勒。他们有次在托马塞利咖啡馆的花园里见面,沙夫勒竭力说服汉德克写一些与奥地利文学有关的系列性文章。这位留着披头士长发的年轻作家摆出一张扑克脸,不为所动。"这个沙夫勒却紧追不舍,彼得没有别的办法,只好答应。"[42]最后,汉德克同意了,条件是版权归他所有。[43]在取得这次重大突破后,《监事会的欢迎词》于1967年在雷西德茨这个小出版社出版了,这是他第一部没有在苏尔坎普出版社出版的作品。

从现在开始,齐格弗里德·翁泽尔德为苏尔坎普出版社争取到剧本和较长的短篇小说的出版权,雷西德茨出版社则准许出版汉德克的笔记和小型作品。即使在沙夫勒去世后，苏尔坎普出版社也无法奢望自己成为这位勤勉作家的独家出版社。自此，汉德克一直都在他的朋友约亨·容负责的一家名叫容和容（Jung und Jung）的萨尔茨堡小型出版社发表自己的作品，他的这位朋友曾是雷西德茨出版社的编辑。

这位作家把自己的东西与别人分享，并对它们进行分配。尽管汉德克如此精明地经营着自己的文学事业，写作本身却无法被规划。自从他开始写《缓慢的归乡》，他便意识到自己的写作总是在不停地受到威胁。

1978年12月，汉斯·维德里希收到了汉德克从马德里寄来的明信片，上面的话听着很迫切："亲爱的汉斯，我有时会想起你。目前我的情况很糟糕。索尔格（瓦伦丁）把我拽入深渊。我想（能有机会）跟你谈一下（畅所欲谈）。可以吗？ 如果我走投无路了，我就去萨尔茨堡。"44

1979年2月2日，僧侣山，汉德克去拜访他的老朋友。维德里希很快便意识到他这位客人的艰难处境。"他很迷茫。他想离开巴黎。阿米娜应该去一个德语高级中学上学，不过并不是联邦德国的高级中学。"45然而：维德里希当时已经把房子许给了一个有名的萨尔茨堡税务顾问，不过，作家优先。为了他的老朋友，维德里希违了约，他把库佩尔维耶小城堡侧楼里的七室一厅转让给了汉德克居住。

吸引汉德克作为转租者住进这座城堡建筑的不是那种病态的、庄重的气势，也不是因为贝托尔特·布莱希特曾经造访此地，而是那扇所谓的岩石窗。窗户坐落在陡峭的山间岩石上，这扇窗从此之后使他再次观看这个世界。在接下来的几年时间里，他常常坐在窗旁，观察,写作。他觉得自己像是过去那个想象着自己坐在飞机驾驶舱里的孩子:"孩提的我就梦想着这些事情,如今梦想成真,不过是以别的方式。"[46]

汉德克的工作室里有一个观察小窗组成的长廊:"从这里我所在的位置能看到三个方位的风景,树木在四处晃动[……]当然,偶尔也会向往巴黎。可随着时间的推移,我在这儿或许能写下几个与世界有关的句子。"[47]

数年后,从窗口看到的风景仍然还在为作家的眼睛提供着新发现:"有一扇窗户的外面是落叶树;另一扇窗户的外面是深色的云杉,旁边是在上面能看到飞机闪烁灯的岩石山(莱恩山);第三扇窗户外面的风景距离很近,触手可及,灌木丛、野葡萄藤、藤蔓,我还从未见过这些(而我已经在这儿坐了五年)。"后来他又一次记录那段"在我的出生地及祖国定居和居住的时期"[48]。

汉德克感觉良好。阿米娜得到一只猫,这位因写作而精疲力竭的作家偶尔会偷听这只猫发出的令人愉悦的呼噜声:"我完全没有(这个动物)那样的心情,不过也还不错,很有生活气息。为了找出我作为创作者产生痛苦的根源,我仔细看了看2月的照片,却发现痛苦竟在孤单的、没有我存在的、竖放着的鞋子里面。"[49]

汉德克在这个大房子里也给他的妻子利普伽特·施瓦茨留了一个房间,为了他们三个人——按照他的愿望——能够再次过上家庭生活。利普伽特有很多演出安排,如果她因为演出没住在萨尔茨堡,汉德克就负责收拾房子和院子。阿米娜在一所人文高级中学上一年级,"她非常活泼,尽管(正是因为)她能够对这里的一些事情骂出自己的不满（'奥地利在学校方面落后于德国'，她说。）"。此外："岁月安好，阅读，走路，准备下一个工作。"[50]

直到1987年阿米娜在古典学术高级中学完成毕业考试，父亲和女儿一直在萨尔茨堡生活。阿米娜的学校在僧侣山的背面，离家只有短短的步行路程。汉德克有时在早上走路送他的女儿上学，严格履行这位单身父亲在巴黎那段时间所信奉的格言："孩子才使一天的生活有了庄严的气氛。"[51]

在高级中学开的家长会就没那么庄严了。为了痛斥"教学计划特别是德语科目的墨守成规"，这位作家父亲经常亲自参加家长会。当德语老师在课上分析汉斯·亨贝格的《为了罗马的樱桃》时，汉德克怒不可遏：简直是胡闹！如果这是现代戏剧学，那这些孩子该在哪儿学习启蒙知识呢？另外：怎么能只讲像卡尔·海因里希·瓦格尔这样的"法西斯文学"呢？"他特别生气。"维德里希回忆道，他的女儿跟阿米娜·汉德克在同一个班。汉德克对教育的投入甚至让媒体都印象深刻："他尤其重视给这个女孩最好的学校教育，他说别的父母'令人愉快的'且'有修养的'良民式的满足感让他觉得印象深刻。"[52]

汉德克早已世界闻名。对他来说，作家的生活不是理所当然的生活，而是每天都意味着一个冒险性的新开始。他写到纸上的每一个句子、每一个单词都像是在呼吸空气。文字成为长生不老药，成为时间的象征，成为顺利度过每一天的前提：自从他经历语言危机以来，"他写下的每一个句子以及他在句子中还能感受到的可能继续下去的悸动，变成了一个重大事件。每一个没有被说出而是作为文字调出另一些文字的单词，让他大口呼吸并让他重新与这个世界建立联系；对他来说，只有写作进行得顺利，一天才开始。这样的话，接下来直到第二天早上，他就能平安无事，反正他是这么认为的"[53]。

如果写作中的悸动没有出现，汉德克就走出屋子。"忧郁：没有行程。"[54]在路上：没有忧郁！[55]走路吧，作家，你的故事也在继续。汉德克在萨尔茨堡靠着一步又一步的行走和一句又一句的写作从他的语言危机中走了出来。他在《一个作家的下午》中把自己在萨尔茨堡经历的作家生活详细地记录了下来：从每天早上害怕自己枯坐在桌前一无所获到每天的日常事务（刷鞋、钉扣子），再到每天在野外徒步。"真是特别，有史以来竟有人因为他的职业才觉得大自然是最适合他待的地方。"[56]

从李斯特山丘到莱恩山和阿米娜学校的这段路只是诸多人行道中的一条。不久后，这些人行道将被写到文学中。如果汉德克没有坐在岩石窗后面的小桌前写作，他就会系紧自己的鞋带（"这不仅对走人行道和坐自动扶梯有益，也方便在难以通行的道路上行走"[57]），他随身带上笔记本，然后开始在郊区徒步。阿尔姆河①、桦树住宅区、盖斯山、卡普齐纳山、机场、利奥波兹克罗纳沼泽、诺恩山谷、塔克斯汉姆——所有的地方都显现或隐现在作品当中。《痛苦的中国人》《在一个黑暗的夜晚我走出我安静的屋子》或《圣山启示录》其实都是这些年由徒步产生的作品。

徒步从房子门槛的另一端开始。汉德克每天开始工作前，常常连着好几个小时在花园里来回踱步。他在想什么呢？汉德克的室友知

---

① 阿尔姆河（Alm），上奥地利地区的山地河流。

道:那个时候最好不要跟他聊天。"如果我知道他在写作,我们从不跟对方打招呼。"维德里希回忆说。一个手势就够了。

如果有人不顾及这位徒步者的私人领域,很快就会惹怒他。有个女邻居住在为艺术节会演铺设的台阶上的房子里,她被视为僧侣山上的知识分子,她屡次尝试:"您好,汉德克先生。"——"晚上好,汉德克先生。""向您问好,汉德克先生。"当这位执着的女士忍不住想教育汉德克,想告诉他僧侣山上的居民会彼此热情问候时,汉德克被激怒了。"他朝她咆哮,然后告诉她应该让他安静。"维德里希回忆说。[58]

概括来说,他无法与这些属于文艺节台阶的人相处。典型的萨尔茨堡人——蒙昧无知、没有文化、愚蠢至极。汉德克下山往城里走,离家越远,他越觉得不舒服。"整座城市的腐朽"——《痛苦的中国人》里的画家解释说——对他而言是从文艺节台阶、自然石灰石和没有抹灰泥的混凝土之间的台阶"界线骗局"开始的。他对萨尔茨堡的这一标志即露天台阶的批判是与这座自恋的文艺节城市本身所包含的虚伪、懒惰和谎言的决裂:"不,这不是什么露天台阶,而是一个排水沟。在有护墙的路上,那条凿在石头上的《魔笛》里的蛇也不是什么装饰物,而是一些破烂。还有山下那个院子,这条排水沟直接通到那里,它也没什么两样,里面堆满了破烂,堆满了文艺节的破烂和其他破烂。"[59]

汉德克不是热爱文艺节台阶的那种人,不是走红毯的人,也不是在购物长廊里闲逛的人。他的场地是门槛,他的道路是小径。从1987年9月18日起,从小城堡主要入口到侧翼的这条狭长小道被称为"彼得·汉德克小径"。维德里希知道,这条小径对汉德克曾经意味着什么:"这条花园小径让这位哲学家的双脚变得更加强劲,也让他的心情变得愉快。"汉德克搬进来八年后,维德里希夫妇为以他名字命名的小径举行落成典礼,汉德克本人也出席了这次活动,典礼过后是饮酒庆祝。通往这条小径的指路牌是萨尔茨堡圣塞巴斯蒂安教堂一个古老的大理石门槛,万能博士维德里费尽心思才把这个门槛弄到手。

如果工作完全吞噬了他的心灵,无奈之下汉德克会去空无一人的城市郊区。只有闲荡时,他才敢去中心地带——而且很快又会回到僧侣山上的隐居之地,人群常常让他感到恶心,特别是那些自以为是的"读者"。尤其是在粮食胡同!汉德克认为萨尔茨堡最受欢迎的购物街是"世界上最糟糕的街道之一",是尘世通往地狱的前院,胡同的犄角旮旯里都充满了由小鬼组成的"敌军":滑稽、贪婪且粗俗。

"因为只有橱窗风景,人们由此丧失了雷达系统,不再有对他人的直觉。"[60]如果有人在街上拦住他并请他签名,或者有人突然站在他的面前并竖起威胁性的食指进行宣告:"我是您文学的拥护者!"他就觉得自己仿佛正在被别人跟踪。[61]

作家愤然穿过粮食胡同后,再次坐在山顶,他滔滔不绝地把他的愤怒归结为"二手读者""这些书的对手"。[62]汉德克一向认为写作也是一项竞技运动,而铅笔是一个武器。这个农村男孩早已不再拿着斧子踏上行程,他让他的写作工具更为锋利:"我以前的木斧子已经变成了铅笔尖。"[63]

据说这些愚蠢的萨尔茨堡人把他跟别人搞混了,跟谁呢?"两个负责家具打包的运输工站在一辆卡车的后面,我从旁边经过时,他们以为我是图里尼,所以把我臭骂了一顿。也就是说,他们把我当成了那个图里尼，接着，他们抽出自己的家伙，对着他们的卡车撒尿。令人惊讶的是，我经常被认错。两天前，一位站在文艺节台阶上的女士在逆光中傲慢地站到我的面前并对我说，您是杨特！我当时说，是的，我肯定是那位杨特。不过还没有人把我认成托马斯·伯恩哈德。"[64]

当汉德克行走在城市里时，他看上去心不在焉，不过这大多只是表象。哪怕是在郊区漫步，他也会像猎人一样进行观察。在他捕捉一幅画和一个合适的单词时，铅笔和笔记本对他来说就是箭和弓："追寻一个正确单词的行踪，这符合扬起手臂掷标枪的运动——一个小小的标枪，一个铅笔标枪；一个既小又大的标枪。"[65]

很少有人像维德里希那样如此熟悉汉德克在萨尔茨堡的狩猎原因。几年前他陪着汉德克的荷兰翻译汉斯·玛穆到处游览，令玛穆惊讶的是，僧侣山以及周围的风景跟他在《痛苦的中国人》里读到的完全一样。汉德克在1983年发表的小说与《守门员面对罚点球时的焦虑》有着异曲同工之妙，那是一个谋杀故事。语文学家安德烈亚斯·洛泽独自一人在僧侣山散步时，当场捉住了一名拿喷雾颜料在墙上涂写纳粹万字符的人，洛泽冲动之下用石头砸死了他。

这部小说同样不是关乎罪责和罪恶，而是讲述凶手的自我发现。洛泽并不后悔他的行为，他甚至为他的做法感到自豪："此时，我感到一种杀人的喜悦。我甚至大声地咂起舌头来。'这就是我的故事，'我心里想，'我的故事是我的寄托。'正义得到了伸张，我则属于罪犯之列——一个最四分五裂、孤立无援的群体。"[66]对洛泽来说，这一行为就是他自己的变形，因此他称自己是投掷者。对叙述者汉德克来说，它是迈过门槛："我的故事是门槛故事。"[67]

过了近三十年后，汉斯·维德里希气喘吁吁地沿着台阶往犯罪地点那里走。"现在这条小径已经是洛泽先生小径，这里是僧侣山最狭长的地方，它的后面是中美洲寺庙。"维德里希说道，然后指向路边一块矮小的岩石。在描写作案现场时，作家的幻想提供了一些帮助。这幅画肯定是真的，却不是彩印画。

墙上的万字符——文学中谋杀的始作俑者——的确存在。"这个标志引发了我所有的阴郁情绪——所有的苦闷、愤懑，还有故作的笑颜。"汉德克在小说中如此写道。[68]在现实生活中，这个纳粹涂鸦让他感到无比愤怒，所以他带上颜料桶，跟阿米娜和维德里希的孩子们一起用灰色的油漆把这个万字符给涂盖上了——结果不尽如人意："其他图案都逐渐消失了，只有这一块还在，因为上面的油漆还在。"[69]没有作家能够无视这个故事，但他能让这个故事发生变形。

生活是一个建筑工地

在汉德克的母亲离世后，他作为长子继承了阿尔腾马克特6号的这栋房子，并还清了剩下的抵押金。偏偏是他变成了房主，而他一直对财产心生反感！"我想生活，四处走动，不必考虑钱的事；就这些。"[70]

过了不久，家里出现了争执。汉斯·汉德克请求他的哥哥放弃这栋房子，这样的话，妹妹莫妮卡在克拉根福就能靠一家唱片店自食其力了。彼得·汉德克同意了，他把房子过户给弟弟和妹妹，他们又把房子抵押了出去。

但是，莫妮卡的生活很不幸。她跟一个骗子结了婚。他喜欢穿着名贵的皮毛大衣，在所谓克拉根福社会名流的宴会上到处招摇，很快就把汉德克继承的遗产败光了。

"我妹妹的丈夫是个骗子，他把我所有的手稿都变卖了。"[71]1981年1月，这个被警察通缉的"百万诈骗犯"和他的妻子一起逃到了国外。[72]

作家义愤填膺，可谁又能责怪他呢？"在这里我被琐事缠身——因为我更喜欢朋友（是的，甚至是陌生人）。"[73]人们可以选择书籍，却无法选择他的亲戚。或许也可以？人们可以选择新的亲戚吗？在剧本《关于乡村》中，汉德克对这个问题给出了肯定的答案："远离乡村这些年，弟弟妹妹们消失不见了，我找到了其他亲戚，比如你，这让我觉得理所当然。"[74]

跟他真正的亲戚相比，谁是汉德克更喜欢的好亲戚呢？此人就是预言家诺娃。作为一个新时代的宣告者，诺娃在1982年萨尔茨堡的艺术节上隆重登场。汉德克要求把岩石马术学校这一肃穆的背景地作为他剧本的演出场地。他不想他的戏剧在州剧院上演，他认为州剧院在上演过托马斯·伯恩哈德所有的剧后"被用烂了"[75]。这部戏的组合完全符合汉德克的要求：他的朋友维姆·文德斯①担任导演，他的太太利普伽特·施瓦茨扮演诺娃的角色，他的弟弟汉斯坐在观众席上。

---

① 维姆·文德斯（Wim Wenders，1945— ），德国导演、演员、制片人，是二十世纪七十年代"新德国电影运动（New German Cinema）"的代表人物之一，代表作有《柏林苍穹下》。

这听上去有点俗气，但《关于乡村》可以看作是他对家乡的真爱宣言。这部诗剧讲述了工人们在一个建筑工地上的生活，结尾是诺娃的长篇独白。这一独白不禁使人想起席勒的《欢乐颂》那种万物和解的磅礴激情。"快乐是唯一的力量，"诺娃宣告说，"友谊围绕着地球跳舞。"席勒送给"全世界这个吻"，诺娃赐予"每一个短暂的吻以幸福"。结尾是一个巨大的乌托邦，一个所有的战争和冲突都已结束的场景："永久的和平是可能的。"

这是有着格里芬特色的耶稣在山上对门徒的说教，写给那些被剥夺权利以及被奴役的人——汉德克家乡里的那些人。不过，作家和诺娃并不只靠非尘世的帮助，他们命令同时代的人依靠自己的力量激荡出神祇的火花。只有一条路能够走出超验的无家可归的状态："走出这些乡村。"[76]

作家本人也是这么做的。在写"木工群体"之前，汉德克去弟弟那里观察他如何工作，还在他的建筑棚里住了一个星期。"彼得和一些更体面的人来到建筑工地上，他跟我一起吹牛。因为我参加过演出。可我跟他不一样，我是一个建筑工人。"[77]

对彼得来说，创作和盖屋顶的区别很快就表现了出来。《关于乡村》里写道："你在这里辛苦工作一年还不如去塞一个瓶子，不如转动一下咖啡豆研磨机，也比不上用圆珠笔摁一下钱箱的按钮。"[78]汉斯的同事叫伊格纳茨和阿尔宾，他们在现实生活中的名字也是他们在剧本里的名字。他们不是第一次出现在汉德克的作品中：汉德克十二岁时就已经在一个小学生作文里提到过这两个男孩的名字，他们是他在格里芬的邻居。[79]

这场演出让观众们兴奋若狂，只有评论家们无法接受诺娃对新时代的幻想。他们指责汉德克在举办一场激情恣肆的缔造意义的狂欢。汉德克研究专家格哈德·福克斯认为这位充满挑衅的布道者汉德克受到了真正的围猎："所有的罪过簿都被列了出来，它们作为记录已过时的单词用法的生词本发挥着作用：自然，上帝，形式，法则，救赎，真相，永恒等。他作为一个顽钝愚昧、新式无知、自我赞美的大祭司被痛批了一顿，也被当作有显著自恋人格障碍、远离人类的怪胎被病理学化。"[80]

　　九十年代，当那些报纸评论者因为汉德克的塞尔维亚之行再次对他进行严厉的指责时，汉德克已对此见怪不怪了。早在八十年代他就已经懂得还击并且严词呵斥，"大多数文化记者们饱食终日，胸无点墨"。他们的生活终究是一场骗局。[81]他忠于自己，坚持做自己一直以来都在做的事：通过写作，抵抗报纸和电视语言所具有的可怕的重复性。

　　汉德克一向对自己毫不手软，对他的评论家们有时也是如此。"的确，在这朵花面前鞠躬是可能的"[82]——类似《关于乡村》里的这些句子是给心怀叵测、按行数获取稿费的撰稿人提供的食粮，他们想向这位作家证明，他的作品里缺少现实。

　　诺娃给村民们开的又是什么药方呢？"你们不是那些一辈子都久病体弱的人。你们的艺术是为了健康的人，而这些艺术家是有生存能力的人——他们联合成为人民。"那位半路上杀出的文学评论者很快就嗅到了活力论可疑的坏名声。尼采！健康！"汉德克想让克恩滕人变成金发猛兽吗？"这在当时或许是一个醒目的标题。

"这部诗剧是我和我的兄弟姐妹的故事吗？"汉德克问自己，接着他做出决定，"不，如果与我和我的兄弟姐妹们一起经历的（以及他们和我）相比，它应当是一种大规模的虚构。"[83]但是，他乐于进行新发现也喜欢虚构，他把自己的生活素材放到自己的作品里。《圣山启示录》有些内容甚至全部是照搬：汉德克从他的朋友也是服装设计师多梅尼卡·凯斯多夫的信里抄了长达数页的关于如何缝制一件外套的描述——加上了引号。[84]

人们不能被这部作品高大上的基调所迷惑：《关于乡村》不仅植根于现实，而且也是汉德克对无比熟悉的乡村生活现实的无情揭露。跟朋友们在一起时，他总是强调说，这个或那个细节都源自真实的场景。他真的见过把教堂圣水盆里的水喝光的狗，他向汉斯·维德里希保证。[85]

那些"一辈子久病体衰"的人也不只是虚构的角色。"我正在休病假"，1979年10月10日，汉斯·汉德克给他的哥哥写信。1980年3月21日，他再次给这个哥哥写信："我现在正住院。"[86]汉德克患了肺结核的继父布鲁诺在格里芬从未真正有过家的感觉，他常常在信里抱怨艰苦的农村生活，哀叹自己时运不济："如果我腿脚灵活些，不管怎样，我都不用再待在格里芬了。现在是冬天，天气最差的时候，出不了门。我感觉冷空气把我的胸口都撕碎了。"[87]妹妹莫妮卡写信的语气听上去有时也像是求救的呼喊："彼得，只要往窗外望去，人就会直接虚脱。这个村子让人如此绝望。所有的一切都肮脏透顶、布满灰尘且无比狭隘。"[88]

汉德克写《关于乡村》时也受到了这些话的影响。只有凭借好运才能不在这样一个乏味的世界里生活,他从来没有彻底摆脱过这种感觉:"我知道,如果我不是因为某种幸运摆脱了既定的生活轨迹,跟弟弟比,我当时可能做了更令人恼火的事。"[89]他了解乡村生活那种残酷的艰苦,还有像弟弟汉斯那样四处漂泊的木工所受的贫苦。他也想用《关于乡村》赔罪,因为他已经冲出藩篱,却把家人们交给他们自己的命运。他坚守诺娃的信条"不要隐瞒任何事情",他不仅讲述了家庭的反目交恶,也毫不留情地对自己进行清算。[90]

"他不去听来自地狱的思乡合唱。"诺娜如此评价汉德克在《关于乡村》里的双影人格里高尔。格里高尔也承认:"我想不出对弟弟妹妹呵护有加的时刻,却想起了不少为他们担惊受怕的时候。"[91]首演嘉宾汉斯·汉德克也这么认为:"如果他从学校回到家,而我们当中有人没在家,他就会长时间地在村子里找啊找,直到他找到那个人为止。只有知道你在哪儿了,他才会感到开心。"[92]如果彼得又开始不停地训斥小妹莫妮卡,直到把她训哭为止,他也会因此感到开心。

这部戏里以妹妹莫妮卡为原型的索菲责怪格里高尔:"你为你的亲戚感到羞耻,而且你不认可我们。""你超过了像我们这样的人,因为你是善于表达的人。"[93]的确,善于表达救了这个彼得,一次又一次,直到今天也是如此。能言善辩把他从农村的狭隘中解放了出来,使他以话语为武器抵御死亡带来的恐惧。是的,这种表达能力甚至也让他变得富有,所以他再也不用害怕贫穷。

尽管他可能已经远离他家乡的同胞,对他们的苦难他却一直能感同身受。同情? 一起忍受! "只有我们倾听受伤者的话,才能看到美好和远方。"[94]正是这些边缘人之间的团结把汉德克和他的同乡们连在了一起。

是不是到了返还他一些财产的时候了？汉德克正是这么做的：第一次有人谈论这个地方，让那些失语者发声。他的弟弟汉斯喜欢这部作品，在这之前他一本汉德克的书都没看过："因为它真实。我们那儿就是这个样子。这是真实的呈现。"[95]

写作是缓慢的归乡，自始至终且永远都是。在汉德克位于沙维勒的写作室里挂着一张发黄的照片，照片上是眼中流露出愤怒的弗兰茨·格里尔帕策。汉德克把弟弟的一封信夹在了照片上："你好呀，彼得！秋天又到了，到了收坚果的时候。因为我们没有坚果了，所以我们给你寄了几个苹果。你都会爱吃的。"

恐怖女读者

据说，读书的女人是危险的。这一格言似乎特别适合汉德克的一些女读者。因为这些女人不仅是在象征意义上拜倒在了僧侣山上这位胆怯的作家脚下。在汉德克岩石城堡的入口处，总有女粉丝们在耐心地等待着这位作家，为了明确地向他表达她们的崇拜之情。

蜂拥而至的人群常常也让汉斯·维德里希感到不胜其烦，"他使用少量形容词如'金黄色的'或'乌黑的'，"维德里希讲述并猜测道，"总有一些女士在诸如《左撇子女人》这样的书里认出了自己的影子。"[96]

不过：不是所有的女粉丝都只满足于一个签名。这位明星作家曾被女粉丝们跟踪，那个时候，女跟踪者这一概念还没有出现在百科辞典里。"我能讲述一部与《痛苦》完全一样的斯蒂芬·金的电影，在这部电影中，作家遭受了一个疯狂女粉丝的暴力，"汉德克说，"我真害怕女人，也就是这些女读者。"[97]

汉斯·维德里希提到"一个一直给他写信的狂热女人，从某一天开始，他再也没有读过那些信"，他指着大门："她实在是太强壮了，把那个铁门环都打碎了。"[98]

1985年9月18日深夜，发生了一起与一个仰慕者的决斗，这是一个来自瑞士的"女疯子"（恰如其分的词），第二天汉德克还惊魂未定，这位写日记的人把这场搏斗详细地记录了下来：

"昨天夜里，我在回家的时候，看见花园里有一个灰白的人影，一个女复仇者面目模糊的脸，这个来自瑞士的女疯子（恰如其分的词）三天前就藏在鸟瞰指示图的后面。（我绕道散完步，跟她握了握手，并跟她说'明年见！'这样才摆脱了她。）昨天，因为我对她说'您不感到羞耻吗？'，她就朝我扑了过来，开始打我。在这场真正的搏斗中，我把她打倒在地。接下来我听了她长达两个小时的泄愤之语，没有别的选择（'您的狗屁文学！''没有人读这些！''您是坏人！'），我跟她一起走夜路，下山。有几次她甚至都离开了。可我刚转过身，她就朝我跑过来了——她的细高跟！——她的指甲嵌入我的胳膊里。我的头和心脏感到剧烈的疼痛。有几个瞬间，我真想打死她，或者把她钉到路边的铁栅栏上。接着，两个人之间隔了几步路的距离。将近午夜时分，一个奇特的、半梦半真的神奇场景出现了：为了告别，也为了问候，我抬起了胳膊，我命令她也抬起胳膊。她照着做了，动作异常缓慢。于是，我们站在那儿，每个人都抬着胳膊，她一步一步地往后退,同时郑重地向我提问题:'所以我能嫁给别人吗?'('可以。')——'我也可以单身吗?'('可以。')——'我们现在难道不像是小孩儿吗?'(我忍不住笑了,然后说'像'。)此时此刻,这个女疯子的外表、她高抬的手臂以及她略微弯曲的手,仿佛在发出磷光、闪着光亮、有凹有凸,好似黑暗中正在发光的身体,并且被一个光环所围绕,与此同时,我站在那儿,发现我的手臂停在了上方,似乎这是驱赶她的唯一的方式,不仅要阻止她的行为,还要把她遣送回家。有一群猫一直在我们中间跑来跑去,后来我想,它们一定是感觉到了危险,所以想保护我。终于,我一个人,慢慢地往家走,一步又一步。我轻轻地抚摸一只从我身边经过的猫;我当时真的感受到它强健的、似乎已经作好战斗准备的身体。我转念又想,这些女人,我无法用别的词来形容,她们是我的死神,真的,有那么一个女人将是我的死神。深夜我感到胸口和头部疼痛难耐,幻想着矮小的、侏儒般的,但体形无比健硕的警察们跟我一起越过这座黑漆漆的山。"[99]

这不是发生过的个例,汉德克回忆说。在沙维勒的厨房里,灶台上的蘑菇汤在咕嘟咕嘟冒着泡泡,这时,汉德克警告性地抬起了手指:"你要小心那些女读者!"

关于男女

1983年7月27日是这个世纪最炎热的一天。在这一天,这位作家光着脚走在萨尔茨堡的路上。有个年轻女人在粮食巷里——她也光着脚——从他身边走了过去。四目相对,他们转身面向对方,断定他们曾经见过，然后结伴而行。

这位作家一直梦想着三件事：作家的生活、一个孩子和一个"属于他并且注定在神秘的圆圈里向他走来的女人"[100]。

那个时候，前两个愿望已经实现了。然而，可恶的第三个愿望呢？那天跟他相遇的赤脚女孩是那个神秘的、为他而存在的女人吗？"当时我们激情四射。"玛丽·库滨回忆说，那年，她二十五岁，是萨尔茨堡戏剧学校的毕业生。[101]

2009年，在萨尔茨堡文艺节举办期间，我们在喜来登酒店的餐厅里见面，玛丽·库滨看上去几乎容颜未老。她有着女精灵般娇小的身体，同时也有着野性的、带喉音的笑声。她很爱笑，率真并且直接，有着几乎动物般的原始气息："我更像动物而非人。"整个晚上她只喝热水。

她用自行车驮来了好几包装满日记、相册和信件的麻袋。所有的都跟**汉德克**有关。**玛丽**习惯用**大写字母**写信，写邮件时也是如此。那天晚上，她**说话**也是**大写字母**的风格，她先翻了翻她占星术的笔记。玛丽是天蝎座，上升的星座是射手。这并非不重要："有些星座组合很危险，它们太了不起了。"

当玛丽和彼得在1983年那个炙热的夏天相遇时，还有个小问题：汉德克不是唯一对这位年轻漂亮的女士感兴趣的人。有一个叫安德烈·黑勒的动作艺术家也迷上了玛丽。这位维也纳动作艺术家也想俘获这位女演员的芳心——她先是逃到了夏威夷。"我当时根本不想有任何一段关系，可突然有两个人想得到我。不过后来在岛上我一直在跟**他**通电话。"

黑勒却没有那么快就放弃。一天下午，玛丽和彼得坐在公园酒店里的露台上，有辆车从酒店旁边经过。一个穿着勤务员制服的司机从车上走了下来，转交给这两个人一个微长的、包装精致的包裹。包裹里有一个送给玛丽的象牙小塑像，还有一张纸条是给汉德克的："亲爱的汉德克，您时刻都不要忘记，您正在跟我的女人讲话！您的黑勒。"[102]

这种"渐变"持续了近一年的时间，玛丽如今这么形容。1984年，他们成了情侣；虽然玛丽住在萨尔茨堡老城里的一个小房子里，而汉德克则住在高高的僧侣山上，那却是一段亲密无比的关系。他们读书给对方，接连几个小时。如果汉德克结束了写作，他常常下山去城里找玛丽，晨曦中才再次上山。他当着记者们的面称她是深夜女王，同时也说她是无所事事的人。[103]

汉德克是个色盲，他常常穿着奇异的亮色衬衫到处走。他把她称作"丁托列托·库滨妮"①，因为她挑出可以容忍的颜色作为他衬衣的颜色。玛丽的美丽、年轻和热情吸引着他。他们有次跟布鲁诺·甘茨以及他的伴侣鲁特·瓦尔茨一起在萨尔茨堡郊区爬温特山，汉德克对他女朋友摇曳的身姿百看不厌："布鲁诺，你看，多么妩媚，这看上去不是很奇妙吗？她不是在走路，而是在用张开的翅膀依山翩然而上。"[104]

玛丽几乎每天都给他写长长的信，把她的宝丽来照片寄给他。"我尤其喜欢，"她回忆道，"他善于倾听别人讲话产生出的那种美好。他有一种在别人身上几乎感受不到的精确感。如果人们仔细听并与彼得

---

① 名字中的"丁托列托"源于意大利画家的名字"Tintoretta"，"库滨妮"源于这位女演员的姓"Colbin"。

深入交流，会发现他是一个很宽容的人。他能洞见事情的本质，只有极少人能做到这一点。"

"美女与诗人"[105]很快就成为城里一对知名情侣。就连马路小报也开始操心这位作家的感情问题。《图片报》八卦专栏女作家对"独特风格的爱情"进行报道，她甚至在电话里询问汉德克："您是有多喜欢库滨女士？"汉德克的回答："我不说我喜欢她。如果把它说出来了，它就随风而逝了。"[106]这是真爱还是借口呢？

上山之前，有时他也会给她写一条短讯："我现在要回家了，我试着继续做一些事情。在我的故事中，那是一个冬天，两年半后的一个冬天。那时，我们会是什么样呢？ 这不是沮丧的想法……我很高兴在你的周围和身旁，我已戒除了对你的思念。你的老彼得。"[107]

对玛丽来说，不久之后这个世界上就只有她的作家了。"一直以来，我们只读同样的书，对电影的喜好也一样。"1985年，她向记者齐格弗里德·舒伯透露说。这位记者为他们二人画了一幅肖像，他惊叹于这段关系中那种神秘的亲密感："他们在自己的王国里与世隔绝，好的书籍以及大自然是他们王国里最重要的陪伴者，语言和写作是最高贵的表达方式。"[108]

笼罩在这段关系上的阴影并没有逃脱这位细心的记者的眼睛。他觉得玛丽"有时真的像是他的一个艺术产物"。很多人都说她的说话风格一如他的写作风格，如今玛丽回忆说："我当时完全被汉德克化了！"

玛丽作为演员 —— 也由于她和汉德克的关系使她备受关注 —— 前所未有地受到欢迎。只要有导演在德语区寻找一个深发的美丽女子,很快就会想起玛丽·库滨的名字。[109]不过,玛丽很挑剔,她拒绝了大部分剧本,认为它们是"破烂儿"——一个得到汉德克印证的判断。她认为只有他才足够优秀。1985年,两人把玛格丽特·杜拉斯的小说《死亡疾病》拍成了电影并在奥地利电视台播放。电影讲述了性、死亡和高深的语言。玛丽回忆他们如何在零下35摄氏度的萨拉赫河进行拍摄。从那个世纪最炎热的一天到电影史上最寒冷的一次拍摄:"我们的结合从一开始就在最极端的边界处进行。"

那些年,汉德克的创造力一如既往地活跃。没有丝毫失语的迹象。他把那些已被遗忘的作品从法语、斯洛文尼亚语、希腊语和英语译成德语,并在他伟大的短篇小说《去往第九王国》中描述一个新的家乡:斯洛文尼亚是他祖先的祖国,一直将是他的"第九王国"。然而,他的作品受到了威胁,有时是被一些令人恼火的、无聊的倒霉事所威胁。《去往第九王国》的原稿在邮寄的路上弄丢了。幸运的是,玛丽保留了一份复印件,虽然俩人刚又吵过架。齐格弗里德·翁泽尔德知道自己请求玛丽的原因:"永远不要离开这个男人。"这句话只有一半是开玩笑的性质。

他们一起开车穿过欧洲。"我们像疯子一样漫无目的地到处旅游。"玛丽翻着那些相册,"花神咖啡馆……其实我们过得很好,那个炎热的夏天我们在巴黎……整个法国之旅都还不错……我一直还带着这个日本姓,后来他连这个都嫉妒……我们真还入住了世界最美宾馆……这是海边的一个海蜇……如果我们两人单独在一起,日子过得好极了……他喜欢价格不菲的酒店……比亚里茨……后来我们碰见了维姆·文德斯……"

如果他们分开旅行,则给对方写长长的信。汉德克需要孤独,但他想念玛丽:

"可惜的是,人们或许只能一个人经历我所经历的事情。我愿意分享我的经历并进行更深层次的体验。你是不是正站在中国的长城上并有一个蒙古牧民以欢呼的方式问候你呢,我可以想象你留在了那里,然后变成了中国的新皇后。你离开的时间真的太长了。在路上的时候,我也感觉到了这一点。有时我觉得你走丢了。不是你走丢了,而是我把你弄丢了,反正我是这么想的。现在我想保持沉默,开始我的旅程,看看情况再做决定。致以衷心的问候,你的彼得。"[110]

汉德克也会有控制欲。有次他跟玛丽吵架,他们当时与布鲁诺·甘茨和鲁特·瓦尔茨一起在特里斯特的高级酒店杜奇德奥斯塔过夜。甘茨知道他的朋友醋意大发,事到如今他仍然感到惊讶:"我当时是喜欢玛丽,可只要她是汉德克的女人,生活中我一个手指头都不会去碰她。"[111]

彼得和玛丽曾经非常相爱,阿尔弗雷德·科勒赤回忆道:"但如果有事情不合她的心意,她也会跟他针锋相对。她也有怒不可遏的时候。"[112]"他们常常吵得非常厉害。"出版商米夏埃尔·克吕格尔说,他也是汉德克的一个老朋友。[113]如果有一部电影让玛丽感到兴奋,汉德克就把电影录像带捣成碎片。"他嫉妒我爱一些东西胜过爱当时的他。他甚至对卡夫卡破口大骂,哪怕是歌德他也口出恶言。如果他愿意,他可以屠杀一切,尽管他自己也知道,他并不是真的这么以为。"[114]

他们好像被拴在了一起,这对两个人没什么好处。"他们是充满戏剧性的一对,"汉德克的一个朋友回忆说,"他也会往她的脚上踩,那真的很疼。这个彼得能做出特别出格的事来。"后来就有了大家都知道的这个故事。1999年，在他们分开约十年后，玛丽·库滨在一封公开信里讲述了这个故事。她指责彼得·汉德克打了她："我还听到了我的头撞到石子路上发出的砰砰声。我又一次感觉到他用登山鞋踢我的下身，还有砸在我脸上的拳头。不——你不是一个爱好和平的人。"[115] 全世界都在引用她控诉语中的这三个句子。这些话与这个顽固的塞尔维亚捍卫者汉德克的形象太契合了。

写信的人绘声绘色地再现了不同事件之间的关联，她把汉德克在南斯拉夫首都贝尔格莱德参加的活动与他们一起去岩溶路徒步的逸事相联系："你回想一下我们的'演习故事'！就在十二年前，1987年4月14日，在我即将永远离开你之前，我们走在南斯拉夫的岩溶路上。突然，我们被隆隆作响的坦克和噼里啪啦的射击声吓到。我们陷入到一场战争演习中。你当时说：'战争中一切都更好。总为了什么而战。'"[116]

如今，她生气的是人们把她的文章缩短成结尾的三句话。但她不想收回文章："因为愤怒，我在言语上打败了我自己。"不过，玛丽或许并不是唯一一个想发泄自己怒火的人。"那个叫安德烈·黑勒的人对她说，就这么干，现在我们就把他搞垮。"汉德克如此认为。[117]

他真的殴打她了吗？我们在沙维勒再次见面时，我问汉德克。"殴打是一个愚蠢的说法，因为它听起来很虚伪，"他回答说，"那是正当防卫。另外我没有踢她的胃，我往她屁股上踢了一脚。我记得我把她打倒过一次。我当时只想工作，但却无法工作。我失去了控制。这样做不好。当时我也不喜欢我自己。"[118]

可是，这两个人彼此相爱，他们的关系将如何继续呢？总有一天会忍无可忍。难以为继。"她不让步，逐渐变得让人无法忍受。她一点儿都不会付出，让别人不得安宁，"汉德克说，"她不给对方留出自由空间，让他做必须做或应该做的事，她能够以一种迷人的方式这么做，也能把迷人变成魔鬼式。"[119]

"对他来说，我赤脚走到了世界的尽头，"玛丽说，"彼得当然无力应对一个以这种方式去爱的人。"

终于，她离开了他。不是因为他打了她。他们的伤口以别的形式出现，那些伤口更深，关乎生存："我们越来越频繁地伤害对方，危险逐渐升级。多年以来，我只是被压缩了。我想起我常常对自己说：'玛丽，如果你想活下去，就必须离开。'因为有时处境也太危险了。还发生了一些极端的事，也担心自己可能会死掉。因为事情太严重了。"

玛丽的相册中有张照片，照片上是在萨尔茨堡喜来登酒店门前的汉德克，时间是1989年6月29日，当时正值夏至；照片的下面写着："婚姻骗子"。她偶尔开玩笑似的这么称呼他，这位作家。"在我看来，卡夫卡是一个典型的婚姻骗子，他挑逗那些女人，然后再抛弃她们。"一年后，汉德克在一个有《明镜》周刊的编辑参加的男士讨论专场中解释说。调查记者当然追问道：他是不是跟卡夫卡一样，也是个婚姻骗子？"这听起来很滑稽，"汉德克回答说，"但也并非毫无道理。"先向一个女人，继而向全世界承诺忠诚，最后却带着文学转身而去的作家不都是婚姻骗子吗？《摩拉瓦之夜》的主人公，一个"曾经的作家"，当他在女人和书籍之间游移不定时，他也觉得自己对那个女孩来说就是一个"骗子"。[120]

汉德克在 1986 年 2 月 22 日写的一封信表明了他当时的窘境：

"亲爱的玛丽，在我还无法做到（说出）之前，我想对你说，我现在还爱着你。我多么想成为一个好男人；不过，我有时真的不具备生活能力。如果你能接受我在一些方面的无能，我是不是就能成为更美好、更可爱的人？比现在更有能力。我这个人内心分裂，不只因为要承担个人责任，也因为周围的环境。我想满足每个人的愿望，却无法把事情协调好。工作、孩子、爱，这三件事。我现在很伤心，我爱你[……]我还希望自己大有作为。你帮帮我吧，有时你也要让我做我自己。"[121]

"混乱"不是什么稀罕事儿。1985 年，汉德克用这句希望渺茫的话送别《时代》杂志的记者："男女之事永远只能以悲剧结束。"[122] 只有孤独忠诚于这位作家。"你们看，他们躺在对方身上，却没能拯救对方。"《关于乡村》里这么写道。[123]

人们总能开始，可是结束呢？ 分手后——他住在巴黎——汉德克又给玛丽写信：

"有时候，我想在你的对面，我想观察你，连同草地、山脉、海洋或影像构成的背景。但如何开始，又如何结束呢？（我跟你一样对艺术所知甚少）我在萨尔茨堡待了一天，为了房屋购买转账等事宜。我差点儿就给你打电话了。之所以没有付诸行动，不是因为我懦弱（或别的什么原因），而是因为什么呢？ 因为我感到无助，不知道怎么给你打电话、在哪儿、多长时间。所以，完全回避对方是愚蠢甚至是疯狂的，我们或许能够以一种比较冷静和奇异的方式与对方相处，本该如此。然后'结束'。"[124]

最终,两人觉得自己在对方的世界里如在牢笼一般。与一个生活在书中的人能共同生活多久呢? 文学和生活之间的差异终有一天会消失,人继而陷入到另一个人的言语世界里? "他总在描述我,我一直都在这些书中出现,"玛丽叹了口气,"可我不知道自己什么时候也变成了他。我有时也不想这样。"

他却一直坚持自己的做法,直到今天也是如此:从《去往第九王国》到《我在无人湾的岁月》再到《摩拉瓦之夜》,这些作品中出现的这个或那个角色可以看出是生活在汉德克身边的人。但没有人能够把其中一个角色据为己有。所有这些角色最终都属于他,这位了不起的木偶戏表演者,他把他自身的一部分赋予到他塑造的每一个角色身上,为他们盖上了他透明的水印。这些缪斯的酬劳既丰厚又微薄。

玛丽至今还在对他紧追不舍,直到她进入《摩拉瓦之夜》中,这位曾经的作家抓住了他的女跟踪者,并残忍地把她打倒在地。这位叙述者无法忘记这个画面,他无法忘记"打人那一刻"他自身的那一部分:"而这一时刻一生都将阴魂不散,时不时突然出现,至少一天出现一次,也没有什么叙述能够缓和这一时刻带来的痛苦或使他得以解脱。"[125]

第6章　南斯拉夫

> 如果有什么东西走向终点，我必须在场。
> ——彼得·汉德克，2009年12月16日，沙维勒

国葬

2006年3月18日，一辆大轿车离开了贝尔格莱德朝东南方向驶去。这辆车很快就离开了塞尔维亚也就是前南斯拉夫的首都，一路经过巴尔干高速公路上的风景继续向前行驶。彼得·汉德克坐在后排，看着那位一边哭一边咬嘴唇的年轻司机。当他们即将到达这个相距90公里的小城波扎雷瓦茨时，汉德克透过车窗往外看，高速公路上到处是从郊区的村子里赶到此地的人，他们手持鲜花站在那里。[1]

紧接着，这位作家又看了一眼他膝盖上的那张纸。他在颠簸的车里用半熟悉的语言把一些句子写到了纸上："SVET TAKOZVANI SVET ZNA SVE IZNAD JUGOSLAVIJE SRBIJE. SVET, TAKOZVANI SVET ZNA SVE IZNAD SLOBODANA MILOŠEVIĆA——这个世界，这个所谓的世界，知道关于南斯拉夫、塞尔维亚的一切。这个世界，这个所

谓的世界,知道关于斯洛博丹·米洛舍维奇的一切。"[2]

这位作家在这里找寻什么呢？他在这里又弄丢了什么？他是斯洛博丹·米洛舍维奇送葬队伍里的一个文学家。一年前,汉德克还去舍维宁根监狱探视了这位前南斯拉夫总统,并且发表了一篇备受关注的文章《关于斯洛博丹·米洛舍维奇审判的非现场证人报道》。[3]

2006年3月11日清晨,当米洛舍维奇被发现死在他的小房间里后,汉德克接到了米洛舍维奇家人的一个电话:问他是否愿意参加在米洛舍维奇的出生地举行的葬礼。汉德克知道,如果他接受这个邀请,关于他的公众舆论将在全世界炸锅。"后来我看了那些报纸报道,全是对一个刚刚去世的男人的仇恨。"[4]

米洛舍维奇去世后,法国媒体对这个"巴尔干屠夫""南斯拉夫掘墓人"或直接被称作"魔鬼"的米洛舍维奇进行了铺天盖地的报道。汉德克看过的报道越多,就愈发感到愤怒。《世界报》的记者连带着把米洛舍维奇的家乡也称作"冷血城市":这也是汉德克去参加葬礼的一个原因。"我了解米洛舍维奇的家乡波扎雷瓦茨,这是莫拉瓦河畔一个美丽的城市。"[5]

埃里克·福托里诺是《世界报》的记者,后来成为这家报纸的主编,他的一篇文章成了导火索。在《米洛舍维奇的心》这篇文章中,福托里诺引用葡萄牙作家费尔南多·佩索阿①在《不安之书》中的一句话:如果心能够思索的话,它将不再跳动。所以,当斯洛博丹·米洛舍维奇的心脏在监狱的小房间里不再跳动时,他肯定已经开始思考

---

① 费尔南多·佩索阿(Fernando Pessoa,1888—1935):葡萄牙作家。

了。汉德克看了这篇文章后勃然大怒。现在依然能感受到他的愤慨，为了写一个与死者有关的轻浮的俏皮话，福托里诺滥用了文学作品的语言并且还得到了普遍的认可。"这是'二战'后写出的最令人作呕的文章之一。这是新纳粹主义的一个例子。"6

当天，他把一封读者信以传真的形式发给了《世界报》："恭喜这部新闻界的杰作，利用作家费尔南多·佩索阿朝一个死者身上撒尿。这是撒尿吗？不，尿也有用途，在个别情况下。"署名："彼得·汉德克，作家"。这意思应该是：我不是外交官，也不是政治家和法官。可我为自己是作家而负责。就这么定了：汉德克将参加斯洛博丹·米洛舍维奇的葬礼，为了找到他自己的话语去描述已发生的事件。"如果只是一种肮脏的、挑头搬弄是非的语言占统治地位，这种语言都配不上语言这个词——那么，人们必须尝试找到另外一种语言。正因如此，最终我去了那儿。"7

当汉德克抵达波扎雷瓦茨的议会广场时，整座城市已经被数以万计的前来追悼的来宾挤得水泄不通。有些年轻人甚至坐在树上，默默地参加在城市主广场上举行的仪式。这是一个可怕的集会。米洛舍维奇的儿子和他的遗孀米拉·米洛舍维奇正在被国际通缉令通缉，为谨慎起见，他们已流亡到莫斯科。除了曾经的美国司法部长、如今的和平分子拉姆齐·克拉克以及汉德克，还有一些军官和政治家在贵宾之列。还有一个俄罗斯共产党领导人也来了。

米洛舍维奇的棺材被放在了一个观礼台上，棺材上覆盖了一面塞尔维亚国旗。参加追悼会的客人相继走进来并开始念悼词。一些年老的骨干军官想煽动那些持有复仇主义标语的人，那时汉德克的心里产生了怀疑。在这些"穿军装的高级军官的傀儡演讲"[8]结束后,他在这儿真的有话可说吗? 他一边听那些军官慷慨激昂地说些空洞的套话,一边飞速地记下几个句子——他要说的话应当与刚才那些人的完全不一样。"我当时已经非常犹豫,我在想,不,我不开口了。但后来我还是发表了演讲,为了让他们听到另一种语言。"[9]他又看了一眼那些坐在树上、充满期待的年轻人,他走到前面,然后用德语即兴演讲:

"我希望,作为作家,我在波扎雷瓦茨并不是孤身一人,而是站在另一位作家比如哈罗德·品特①的身旁。他可能会说强硬的话。我需要轻柔的话。轻柔的话放在今天,放在这里应该正合适。今天不仅是讲铿锵之词的一天,也是讲轻柔之语的一天。"[10]接着,汉德克再次把写有笔记的纸条找了出来,用塞尔维亚克罗地亚语继续他的演讲:

"这个世界,这个所谓的世界,知道关于南斯拉夫,关于塞尔维亚的一切。这个世界,这个所谓的世界,知道关于斯洛博丹·米洛舍维奇的一切。这个所谓的世界知道真相。所以,这个所谓的世界今天缺席,而且不止今天,不止在这儿。我知道我什么都不知道。我不知道真相。但是,我在观察。我在倾听。我在感知。我在回忆。所以我今天来到这里,靠近南斯拉夫,靠近塞尔维亚,靠近斯洛博丹·米洛舍维奇。"[11]

他在这里寻找什么呢? 对汉德克来说,这个葬礼变成了他的一个重要经历。如果没有这个经历,三年后他说道:"我真的会缺失生活中决定性的因素。"[12]这个葬礼意味着巴尔干半岛上这个古老的多民

---

① 哈罗德·品特(Harold Pinter, 1930—2008):英国剧作家、导演。

族国家的终结，也意味着汉德克神话式的家乡走向了终结。这是一场双重意义上的国葬：在这里，他的南斯拉夫被埋葬了。"这对我有象征意义。如果有什么东西走向终点，我必须在场。我确实是一个真正的、名副其实的时代见证者，不像那些事后的见证者。"[13]

汉德克对所有参加葬礼的人的讲话总共没有超过两分钟。葬礼结束后，人群慢慢散开，他们回家去了。他觉得这些人已经精疲力竭。他也一样。

大师的黄昏 I

汉德克参加米洛舍维奇的葬礼以及他在第九王国的吊唁很快就出现在世界舆论中。当他参加米洛舍维奇的葬礼时，现场的记者们已经"准备开咬"，他们走到他的面前，问他："您为什么在这里？"三天后，汉德克在沙维勒"开始产生顾虑，因为他的演讲与那些军人的演讲放到了一起"。这位写日记的人却安慰自己说，那些"轻柔之语"就是决定性的区别。[14]

果不其然，大众舆论与这位作家的看法完全不同。巴黎《新观察家》①在4月6日发表的一篇短小文章是最为激烈的抨击性文章之一，女记者卢特·瓦伦蒂尼在文章中谴责汉德克不仅对这个"巴尔干屠夫和他的复仇立场保持忠诚"，还捍卫斯雷布雷尼察大屠杀以及在巴尔干半岛上进行的种族肃清活动。在瓦伦蒂尼的论战性文章中，火药味

---

① 《新观察家》(Nouvel Observateur)是一家法语新闻周刊，该杂志自1964年创立，涉足政治、经济等领域，被描述为"法国吃鱼子酱的左派人士的半官方机构"。

最浓的是一幅被伪装成事实报道的诽谤性漫画:"汉德克一边挥舞着塞尔维亚的旗子,一边往前挤,就为了摸一下灵车,然后把他的红色玫瑰放在上面,他上演了忧伤的一幕。"[15]

汉德克马上就写了一篇反驳文章,2006年5月11日,这篇文章在《新观察家》发表。此外,因为这家周刊有损名誉的言论,汉德克一纸诉状将其告到了法院。过了一段时间,法庭批准了汉德克的起诉,但已无法弥补其损失。瓦伦蒂尼的文章发表后不久,为了表示对这位作家的抗议,法兰西戏剧院的院长马塞尔·波佐奈特取消了汉德克1989年创作的《提问的游戏或去往洪亮国度的旅行》的演出计划。

几天之内,那些巴黎沙龙最劲爆的话题莫过于"汉德克丑闻"。社会很快分成两个阵营:其中这个较小的阵营捍卫这位艺术家并指责对这部作品的"审查",这与南斯拉夫所引发的争议没有任何关系。另一个大得多的阵营则认为:他活该!

在德国,汉德克的情况也好不了哪儿去。杜塞尔多夫市本想在海因里希·海涅逝世150周年之际支付给他5万欧元的海涅奖金,杜塞多夫市长约阿希姆·埃尔温主持的评委会已于5月20日通过了这一决议。但杜塞尔多夫市议会后来宣布由于汉德克对塞尔维亚的支持态度,他们拒绝给他支付奖金,在没有市议会许可的情况下,评委会成员的决议以失败告终。

5月31日,《南德意志报》发表了汉德克的立场声明,他尝试在文章里解释他参加米洛舍维奇葬礼的原因:

"正是那种语言,一个所谓的世界所具有的那种语言,让我走上了这条路,这个所谓的世界了解这个'屠杀者'和这个'毫无疑问'有罪的'专制者',他的死亡也应归咎于此,因为他'无疑一生都从判决中逃脱了'——为什么,我请问,还需要一个法庭判他有罪吗?它是另一种语言,它促使我在波扎雷瓦茨进行我的简短小演讲——首先,这种语言不是在向斯洛博丹·米洛舍维奇,而是在向一种别的语言表达忠诚,它不是新闻界的语言、不是占统治地位的语言。我们把裂口变大,是为了裂口不再被恶劣或污邪的语句堵住。邪恶的鬼神们滚出去吧。赶紧离开那种语言吧。让我们学习提问的艺术,让我们去洪亮国度,以南斯拉夫的名义,以另一个欧洲的名义。欧洲万岁。南斯拉夫万岁。万岁! 南斯拉夫。"[16]

不过,汉德克用来解释的话语渐渐变弱乃至消失了。如今形形色色的政治家们公开进行批评,说给这位作家颁奖是"卑劣的""无法想象的"或"不具有敏感度的",同时他们宣布自己当然没有读过他的任何一本书。在文化界,不管什么人都攻击这个"独裁者的宫廷诗人"(君特·库纳特)以及"塞尔维亚大帝国的歌手"(格特·凯泽)。

北莱茵－威斯特法伦州的州总理于尔根·吕特格尔竟然得出汉德克把大屠杀相对化的结论。事实上,1999年,因为北约空袭贝尔格莱德,汉德克随即说出塞尔维亚人是比犹太人更大的受害者——后来他为自己的措辞感到震惊,立即书面撤回了这种说法。[17]

过了不久,汉德克结束了这场令人蒙羞的争吵,他写了一封信感谢杜塞尔多夫市长把奖颁给他,不过他拒绝接受这个奖。

每当汉德克试着解释他参加米洛舍维奇葬礼的起因时,即便是与他关系亲密的朋友也无法理解他为什么这么做。其中有些人已经公开与他划清了界限,比如画家扬·沃斯。他多年以来的作品译者也是他的朋友乔治斯－阿图尔·高尔德施密特只接受用笔名翻译汉德克关于塞尔维亚的文章。现在谁支持他，谁就得遭受各种打压。

"那个时候如果有人站在了汉德克一方，这就意味着，人们会对你说：'你还跟这个奇怪的人在一起。他到底是哪里出了问题，竟然与像米洛舍维奇那样的战犯同流合污。'"一直支持汉德克的老朋友胡伯特·布尔达回忆说，[18]"只有谈到这个话题彼得才会败下阵来。"《焦点》的出版商认为，"《法兰克福汇报》和《明镜》周刊的宣传者已经吹响了狩猎的号角。《焦点》也随大流。很多人想把他逼到绝路上。"

布尔达这位有影响力的出版商知道事情的真相，他了解这些被汉德克攻击的行动者和大人物。布尔达常常参加毕德堡会议[①]，商业、军队、政治和媒体领域的代表者秘密商讨世界局势。他在那儿碰见过美国超级外交家理查德·霍尔布鲁克和美国国务卿玛德琳·奥尔布赖特，这两位坐在美国代顿以及法国枫丹白露的谈判桌前或别的什么地方，计划着如何瓜分他朋友彼得·汉德克的南斯拉夫。"彼得站起身来，掀翻了桌子。1999年我还在枫丹白露的城堡前见过他，他说：'罪犯在里面坐着，他们正决议发起战争。'"

只有几个朋友没有与汉德克划清界限。如果汉德克又说起塞尔维亚，他们会快速转换话题。"我没有完全禁止对塞尔维亚历史的讨论，"彼得·史蒂芬·容克说，"我没法这么做，因为我知道我的选择：接受这件事或友谊破裂。"[19]

---

① 毕德堡会议是世界级的年度非官方会议，约有130位与会者，参加者多为商业、媒体及政治领域的精英。会议每年都召开却拒绝任何媒体采访，也不透露任何会议内容。

"彼得根本不想再与别人一起生活,"约亨·容回忆说,"他把自己视作一个个体,一个像帕西法尔一样的人物,像他作品中一直出现的那些人物。一个纯粹的傻子,他只是在观察、感知、持续观察这个世界,他不想对其进行干涉或采取行动。他就是这么一个人,他拒绝追随时代潮流,所以他远离这个世界。"

他之前从未这么孤单过。这就是结局吗?

岛屿

在哪儿开始?过去的一切又是如何发生的?为了找到彼得·汉德克那次旅行的起点,人们必须回到过去两次,每一次都依次往回追溯二十年。汉德克的旅行在斯洛博丹·米洛舍维奇的墓前结束。

回到1985年9月16日的清晨。汉德克做了一些关于写作毫无成果的噩梦,在这之后一个句子突然闪现了出来:"在晚上,我追随我失踪的弟弟西蒙·科巴尔的轨迹来到了斯洛文尼亚。"这位作者把短篇小说《去往第九王国》(1986)的主人公称作菲利普,决定性的是,汉德克已经迈出了写一部新的短篇小说的第一步,这带领他越过通往南斯拉夫的边境。这个句子使他顿悟,泪水从这位作家的眼睛里流了出来。当天他还在日记中写道:"从此以后,生命在每一个独特的细节以及叙述当中有了它强大的、闪亮的一席之地。"[20]南斯拉夫就是"第九王国":他的写作王国。我们接着回溯过去,再追忆二十年,回到1964年的夏天,回到南斯拉夫的那个渔村,这个年轻的大学生在那里写他的第一部小说。为了把《大黄蜂》写完,他特意选了克尔克岛①，如同汉德克跟他的父亲埃里希·舍内曼所说的那样："我假期想待在亚德里亚海的一个岛上并试着写作。"[21]

这不是一项轻松的工作："在克尔克岛上，我每天都坐在可恶的太阳底下，我写呀写，直到感觉糟糕透顶。"[22] 重要的是，他要完成这部小说的写作，"不过我并没有放弃，即便有时候我写得直想吐。"两个月后，汉德克又回到了格里芬并完成了手稿。

当时汉德克已经是一个非常自律的工作者。只有在完成他每天的写作定额后，他才去探索一下他周围的环境："对这个岛屿的回忆是非常美好的（除了写作）；我住在一个异常偏僻、紧邻大海的渔村里；那个时候连电都没有，最近这几年才连上了电线。"[23]

没有人是一座孤岛，包括作家。或许也可以？ 一个作家孤岛？一个孤岛作家？ 对汉德克来说，南斯拉夫的这座克尔克岛是他离开熟悉的环境进行写作的第一个地方。从现在起，对汉德克而言，克尔克岛不仅将永远与他写作的起点相关联；在未来的岁月中，他在这个"异常偏僻的渔村"里的边缘生活也将成为他作家生活的象征；他在人群中的孤独以及与他们偶尔邂逅的象征；冒险的象征以及陌生世界中危险的象征。

四十多年后，《摩拉瓦之夜》（2008）中那位"曾经的作家"在开始长途旅行时，再次回到了他曾经的"写作乡村"，回到了那个渔岛上。在那里，他将回顾那段对他的成长有着决定性作用的时光。因此，我们再次看到这个"想当作家"的年轻人坐在村庄广场上的一个小餐

---

① 克尔克岛是克罗地亚亚德里亚海北部的一个岛屿，岛上最大的城市是克尔克。

桌旁，日复一日地在一台老式打字机上敲出《大黄蜂》的内容，不让腐烂的鱼头发出的臭味或岛上那些永无休止的牛的臭屁味扰乱他的思绪。[24]

这位"被罢免的作家"后来想起他的第一批观众，他们对他的写作先是报以善良的微笑，继而表示惊讶："在夏天即将结束之际，他们竟然明确表达了对他行为的敬佩之情，也许是因为他坚定的品质像他们身上的那股韧劲一样，还有他那股不容打扰的决心。"

在岛上的生活不仅仅让他远离了日常的纷扰，让他能够持续写作。特别是在那些质朴的南斯拉夫渔民中间，他感到自己作为作家的努力得到了认可。这与汉德克回到格里芬后所面对的粗鄙现实形成了鲜明的对比。他想在家里抄写原稿，但却再也没有了安生日子："现在我们这里有些事情让人感到害怕。我母亲的丈夫有一大群亲戚，他们把这栋房子挤得满满的，不论你去哪儿，都会担心自己会踩到一个不知道躺在哪里或正在睡觉的人身上；而现在，我竟然被困在这里并且日复一日地抄我的手稿。"[25]

对于儿子在写作方面的担忧，父亲埃里希·舍内曼似乎并没有表现出极大的理解。就好像写那么点儿东西也算工作！汉德克感到失望，他认为没有什么是比写作更重要的了。作家究竟是干什么的，对这一点，亲生父亲似乎跟继父一样所知甚少。作为一个坚定要成为作家的人，汉德克感到自己又一次被冷落了，因此他在信中把父亲数落了一顿：

"比如我的小说跟你有什么关系呢？如果我想说一些相关的话（同上），我立刻就想到了你，还会马上想到一个不会直说，但却认为做这些事（比如写作）其实无用的人。的确如此，一想到这些，我就感到生气，因为我觉得写作跟其他任何一件为他人所做的事情一样，都是有用的；就这么说吧，如果我想象着我为了你去谈论一个游戏，我会语塞，再比如现在我给你写信，我就觉得自己傻乎乎的，因为我竟然想讨论这样一件事情。我想坦白告诉你的是：文学工作跟其他所有工作一样也是一项工作，跟其他任何一项工作一样，文学是有用的。只不过，文学一方面可能激发更大的乐趣，另一方面却制造出更多的困难和麻烦，真的是这么回事。现在我还是写了一些话，尽管写得很乱。你不要写信说你'读了这封信也不会变得聪明'，我自己也不会因此变聪明……如果你乐意的话，我把小说中的一个片段寄给你，这部小说过不了多久将刊登在一个文学杂志上。你读的时候可能会感到恼火，就像有时我在读你无聊的信时会感到痛苦一样，说实话，我就是这么想的，哪怕你会因此不高兴。不要生气，快给我写信吧。有时我读你的某一封信时会感到愤怒，因为信里尽是些可怕的套话；如果你来信告诉我你每日的安排、你的辛苦还有你的烦恼，我就觉得你说的大多都是废话：好像一个年轻人就不会承受更多，或者至少不会有更多的思虑；如果我听你夸夸其谈，我宁愿结束我的闲扯，否则只会剩下对唱了。亲爱的爸爸，你不要那么生气。你可以有那么一点点生气，这没有关系。我写信给你并非出于'狂妄'，而是因为一点点愤怒，但这种愤怒让我内心感到轻松，所以我现在能够衷心地问候你了。你的彼得。"[26]

　　一切都无济于事：除了他的母亲，家里没有人愿意并且能理解他。这位作家终其一生都是一座孤岛。他自己是唯一他能依靠的人。只有在陌生人中，他的行为才偶尔让他感到本能的舒适。但只有极少数的人真正想近距离接触他。自从和海岛上的女孩发生故事以来，他认为一切都是冥冥之中的安排。

《摩拉瓦之夜》中那位曾经的作家还讲述了另一个在那个"伟大的夏天"发生在南斯拉夫岛上的重要事件：一位女士，他的第一个女朋友，在那里与他邂逅。在书桌和床之间，这个男孩不仅变成了一位作家，也变成了一个男人：

"甜蜜，是的，还有振奋，与另一个人的身体合二为一，这与独坐在桌前的那几个小时相互交替，在桌前，他要逐字逐句地将自己所知道的写出来，然而，突然间，然后是频繁的，再后来是每一天，他感受到一种清晰而无情的威胁，这两种经历之间无法协调，但正是因为如此，第一次给了他某种整体感和活着的感觉。"[27]

《摩拉瓦之夜》的叙述者觉得名字并不重要。他留下了很多线索也抹去了部分线索。但确实有那么一张照片，这个海岛女孩站在一个年轻小伙子的身边，他留着短发，穿着白衬衣和紧身牛仔裤。

"这是在克尔克岛上，天啊，"四十五年后，汉德克看到这张照片时不禁脱口说出，"可以说是我跟我的第一个女朋友在一起。来自萨格勒布的贾斯娜。"[28]

我们让《摩拉瓦之夜》的叙述者再次讲话。他很快就明确了一点，对于这位"自以为是的作家"来说，写作和性之间的关系或许可以协调，但是，文学家的生活和爱情之间却永远隔着鸿沟："一方面，从事写作者或记录者的职业，并应当从事这样的职业；另一方面，成为情人或爱人，因为这两方面造成的矛盾，什么乐趣都没有了。这曾是

一种过错。所说的这种过错。两者相结合的话,在当时要受到惩罚。只能选择其中一个。"²⁹

这条道路逐渐变得明朗,这是一条孤独之路,这条路从克尔克岛到斯洛文尼亚的耶内尼斯,然后径直通向波扎雷瓦茨。

孤独的牛仔

这位作家依靠自己,这是一个内部世界的冒险。一个来自约翰·福特西部片中的孤独牛仔。他只以笔和书为武器,按照自己的法则,写作的法则,游历这个世界。

"他通过写作的方式,"《摩拉瓦之夜》的叙述者讲述说,"使一个法则对他写的东西,对他的书发挥作用。"³⁰写作的法则不许有特例,但却不确定:"法则不允许投机取巧也没有特例。什么会对这个法则造成威胁? 一个惩罚? 哪种惩罚? 威胁本身意义广泛且不确定。可以确定的是:在相反的情况下,将再次产生一个判断,不,是一个判决。相反的情况指的是:如果他违背了这一法则。"

汉德克的法则不禁使人想到卡夫卡作品中的人物角色一直所受到的匿名威胁。1979年,汉德克在卡夫卡奖的获奖演讲中坦言,卡夫卡曾是"我写作生涯的典范,包括他写的每一个句子"³¹。这里更多的是指卡夫卡的文学生存方式,而不是他的写作。《变形记》的作者用他那些总是被威胁的角色给汉德克提供了一个参照,在比照中他自己的生存恐惧状态变得富有创造力。

他易激动,容易陷入恐慌并自我怀疑——只有写作的法则(以及对违背这个法则所产生的畏惧）才赋予他的作家生活一个外在的形式。

这一点阐释了汉德克写作所具有的极端性，也表明为什么他在南斯拉夫冲突中全然不顾自己受到的损失也要坚持他对那些事情的看法。在世界舆论看来，这个孤独的牛仔早已成为一个不法分子。"如果事关重大，他会不计个人得失进行反抗，"阿尔弗雷德·科勒赤如此评价他的这位朋友，"他寸步不让——相反，他还会更进一步。他为自己捍卫真相而感到无比自豪。"[32]

汉德克一生都将他写作的法则置于其他所有法则之上：置于人际关系之上、置于这个更好的社会固有习俗之上，也置于国际法院的司法权之上。任由别人评说：一向都是如此。这使他有时无比孤独。

"这当然是一个巨大的困境，"他的朋友米夏埃尔·克吕格尔回忆说，"这个世界曾努力争取他，他却无法对这些情感做出回应。他们所有的人都曾争取过他，但他更多的是活在自己的世界中。他一直都是离群索居。这是关乎他生活的问题，他想独自一人，为的是做他自己的工作，但与此同时，他也需要别人。"[33]

这个孤独的牛仔很快就能找到反对者，可是同伴呢？他们通常跟他一样是边缘人，像以前的美国司法部长拉姆齐·克拉克那样的人，一个"孤独的、老弱的、高贵的人"[34]，汉德克在斯洛博丹·米洛舍维奇的葬礼上碰见了他，之后便让他作为孤独的失业工人和孤独的流浪者出现在《摩拉瓦之夜》中。

与其他任何一个地方相比，巴尔干半岛长久以来难道不正是那个更加符合汉德克内部世界的外部世界？随着南斯拉夫解体，他的内部世界难道不也正在面临崩塌的危险？毫无疑问的是：九十年代发生在巴尔干半岛的事件与他息息相关。随着斯洛文尼亚退出南斯拉夫联邦共和国并倒向西方，汉德克也失去了"生他养他的故土"。他又一次变得无家可归。

世界舆论早就不再争取汉德克。在大众看来，由于汉德克为塞尔维亚人奔走呼吁，他最终变成了独行侠。事实上，他过去也一向如此。所以他现在必须在那里，与被包围领土的、孤独的人民在一起。"他难道不承认当时早已不允许有在本国境内的外国领土了？不承认这样的事情发生以及相关的'飞地思维'是被禁止的？"[35]

不，他现在的位置就在这里。1955年，汉德克去科索沃首府普里什蒂纳旅游时，看到塞尔维亚少数民族成员把写着"我们并不孤单"的亚麻布挂在他们的房子上。"这意味着：没有人像我们这么孤单，"汉德克后来在一个电视采访中说，"我从来没见过像科索沃的塞尔维亚人那么孤单的民族。"[36]

无家可归旅馆

萨尔茨堡不是永久居住的地方。他在那里生活了七年，这期间他"没有见过一个本真的人"[37]。他宁可孤单一人，宁愿去"第九王国"旅行。"有时我一个人开车、一个人步行、一个人坐在那里，所以头脑变得有点愚钝，"汉德克在南斯拉夫给他的女儿阿米娜写信，"但我不愿跟任何人讲话。"[38]

阿米娜在萨尔茨堡结束高中学业后，再也没有什么事情能拴住她的父亲了。1987年11月11日,汉德克把一个装有房门钥匙和给汉斯·维德里希带话的信封扔进了信箱,留言:"现在我真的逃走了——唯一感到遗憾的是岩石旁的窗户,在那儿我总是能眺望远方。"[39]

他出发前还去格里芬看了看。"通往我家乡的道路——去那里一些偏僻的小地方——一次世界之旅。"1987年11月18日,他把这句话在写到了日记本里。[40]第二天他就到了耶内尼斯。然后他的"世界之旅"开始了,从南欧到埃及和日本。

因为"对孤独的自由空气的渴望",他整整三年都在周游世界。[41]马其顿、希腊、埃及、巴黎、柏林、比利时、日本、安克拉治、伦敦、里斯本、加利西亚、法国、西班牙、维也纳、萨尔茨堡、阿奎利亚、凡尔赛、戛纳、卢卡、威尼斯。他通过无数张明信片和信件与朋友们保持联系,除此之外,他觉得旅途才是他的栖息之处。家乡?这些书就是他的家乡。有一次他来到一家名叫"家乡之屋"的旅馆,他就想:"为什么没有一家旅馆叫无家可归呢?"[42]

他的旅行总是引领他去往在过去或在将来发生某个政治事件的中心地带。1987年12月,他在南斯拉夫的一家小酒馆里听到了一句预言性的话:"战争即将爆发,我们将进行战斗!"[43]当时汉德克尝试以历史撰写者的身份,通过他的书《再次献给修昔底德》接替这位希腊历史学家。他不仅能感觉到被预知的即将来临的灾难,也感受到了历史的影响。有一天,他透过里昂的酒店窗户看到在火车站上空飞翔的燕子,突然想起他下榻的终点酒店曾是里昂盖世太保头目克劳斯·巴比的大本营。1944年,按照巴比的命令,生活在法国庄园伊齐厄里的孩子们被运送到奥斯维辛,最后几乎所有的人都没有活着回来。

汉德克通过描述他从酒店窗户看到的那些微小的事物，尝试"通过另一个故事对这个故事施驱邪术"。美好和痛苦共在，没有相互抵消："一只蓝色的蝴蝶落在了一个铁轨上，在太阳中发着光，它转了半圈，好像因为天气炎热才开始动弹，伊齐厄的孩子们开始朝天空呼喊，他们被运走后，几乎半个世纪过去了，现在才发出真正的呼喊声。"[44]

汉德克关于塞尔维亚的文章正是有了这种细致的观察才与众不同，这也让他遭受了很多批评并且不被外人所理解。人们对他在塞尔维亚市场上看到的"不同黄色的成团的面条"怀恨在心，猜想他尝试用田园生活把受到战争破坏的巴尔干半岛上发生的暴行抹杀干净。

然而，汉德克将坚持他的法则，坚持他自己的政治。在政治写作特别红火的六七十年代，他依然没有改变自己的法则。1975年，他在电视上谴责戏剧作家弗朗兹·克萨维尔·柯勒茨用他的（当时获得巨大成功）政治性悲惨戏剧来导演一种"表达他同情心的标题音乐"。德国共产党员柯勒茨为自己招来阶级敌人，而汉德克依然坚持对所有政党持独立态度："每一位已经决定写作的作家同时也已认定了一种政治，但这是他自己的政治，不是任何一个政党的、他必须卑躬屈膝去服从的政治。每一位作家都是为了其他人而奉行自己的政治。"[45]

哪怕是在1989年柏林墙倒塌以及这一事件发生之后，汉德克都是这么坚持的。在《关于点唱机的尝试》中，他取笑"那些富有诗意的历史见证者的诗歌供应"[46]——他没想到的是，在历史变革进程中，不久后他自己也成为一名见证者。不过是以他的方式，以间接证人的身份，以微弱的言辞。即将发生一个新的变化。

上千页的孤独

三年后,汉德克的世界之旅结束了。1990年3月,他再次在巴黎东南部定居,"在原始森林边上,晚上茶色猫头鹰发出叫声"[47]。沙维勒位于塞内山谷的森林中间地带,这是一个荒凉的郊区,巴黎区际火车开往凡尔赛时会途经此地。从十七世纪起,一条连接太阳王宫殿和巴黎的重要路线也开始经过这个不起眼的地方。这是一个通行地,对这位门槛作家和未来的飞地思想家来说是一个再合适不过的地方。

"现在我还需要一栋房子和一个孩子。"汉德克的世界之旅开始之前曾向他的朋友吐露心事。可惜的是,实现这个愿望还需要一个女人,但这总会实现的。汉德克很快就找到了住处:一个有着上百年历史的、隐藏在巨大树篱后面的狩猎屋,经过一个林荫小道就能到达。这个孤独的猎人独坐于此,在厨房里偷听巴黎北部非洲人的广播节目,在面朝花园的房间里削他的铅笔,或者徒步穿过他"无人湾"郊区里的森林,寻找蘑菇和下一本书。

汉德克搬进来没多久就又开始工作了。"很快我就四十八岁了,我还一直留着长发,只不过头发变得越来越稀疏。令人惊讶的是,写作方面的进展还可以,主要是由于好奇,所以我还在一直写作。"[48]巴尔干半岛上的冲突已经布下了阴霾。当汉德克在这段"威胁性时期"把他克恩滕的朋友古斯塔夫·亚努斯的诗从斯洛文尼亚语翻译成德语时,他感到自己"越过那些边界与童年时代的区域连在了一起,也穿过了那些斯拉夫词汇,它们常常像是超出了个人范围的回忆"[49]。

汉德克似乎预感到，在南斯拉夫发生的那些事件不久将经历一个邪恶的转折，他个人也将受到牵连。那是暴风雨前的宁静："在这的房子里，在寂静中，有时也在别的时刻，笼罩着一种由空虚和光亮形成的华丽壮观——还要多长时间？还要很长时间！（人们可能想这么祈祷）"1991年2月，他在给他的朋友格雷纳特夫妇的信中写道。[50]

他不会再孤单那么久了。很快，那个女人也找到了——只是与他想象的不同。有次吃晚饭时，他认识了法国女人索菲·塞敏，她当时是时装设计师山本耀司的首席新闻官，在巴黎工作。"终于不再是一个当演员的女人了！"

但该来的还是来了，汉德克本人对此也有责任。索菲·塞敏在电影《缺席》（导演：彼得·汉德克）中扮演了一个角色，在这之后她辞掉了自己的工作。1993年，为了成为演员，她开始进行戏剧实习。[51]尽管如此，这个女人有点不同。汉德克的朋友坚信索菲·塞敏是他命中注定的那个女人。2006年，汉德克在一次采访中说："这个女人曾是我生命里的故事，相当了不起的故事——或许也因为她不染纤尘。"[52]

过了不久，索菲就带着她来自上一段关系的儿子搬到了汉德克那儿。房子和花园看上去足够大，汉德克又一次尝试协调写作和家庭之间的关系。他告诉他的父亲：

"我有几次在壁炉里生火，把我（！）花园里的欧洲栗树结出来的超大栗子放到壁炉里烤，我（和一个女人还有她的孩子）吃得津津有味。园丁过段时间来，他将种植玫瑰花，或许还有竹子（我喜欢听竹子簌簌作响的声音)。我做的事情并没有让我变得富有,我也从未指望过能大富大贵,不过我过得很舒服——表面上看来确实如此——比我这个'方向'的大多数人过得都好,而且我的自由可以无边无际,自由是多产的(希腊人曾把大海称作是'多产的')。"[53]

一切会顺利吗,至少这一次可以? 这位作家已经有二十年没有跟一个女人同住一个屋檐下了。他现在难道不是已触犯了法则? 过了不久,他有了最初的顾虑。"有时候,我们站在或坐在对方的面前,感觉对面似乎是堵陌生的、沉默的墙,有时候,几乎没有人像我们这么自由,我们无法理解我们近乎敌对的状态[……]与一个孩子共处当然是一项无法完成的任务,日复一日,我也不是父亲和说了算的人。"[54]

汉德克知道他在写什么。他难道不是仇恨并且蔑视他的继父布鲁诺·汉德克,从而渴望埃里希·舍内曼是一位更好的、真正的父亲吗? 为什么索菲的儿子就该不一样呢? 汉德克本人现在也承认,在他日记一个"糟糕的段落"里,他用那些精心挑出的邪恶句子抱怨房子里这个吵闹的、陌生的孩子,他也想起他本人与他虚弱的、粗暴的继父之间的关系。[55]不过,汉德克的心烦意乱在不知不觉间消失了,随着时间的流逝,这位继父逐渐喜欢上了路易斯:"不得不承认,陌生感在刚刚过去的几个月令人心慌并令人心生抗拒,可当我看到这个之前对我来说如此陌生的孩子后来和他的小妹妹利奥卡迪在一起时,当利奥卡迪突然张开怀抱,变得温柔又安静时,伴随着最初的这些时刻,我开始越来越喜欢他——从最初大家都感到别扭(可能更多的是我感到别扭)到后来一派友好的祥和气氛。我们保持着应有的距离，有时相对无言却感到亲近，我们以这种方式一直保持着这样的关系。"[56]

一栋房子，一本书，一个孩子！他的计划还没有完全实现。美梦很快就成真了：1991年春天，索菲怀孕了，汉德克告诉他的父亲："有时我们是三个人——有时不是，还有她五岁的儿子，他经常在房子和花园里大喊大叫（有时候我无法忍受，也不想再忍了）。"[57]

1991年8月28日，他们共同的女儿利奥卡迪出生，她的名字是西班牙城市托莱多城市女赞助人的名字。[58]这个被父母所期待的孩子让汉德克欣喜若狂，在他后来给他萨尔茨堡的老朋友兹拉特科·博科基奇热情爆棚的信中便可以看出这一点，他的这位朋友如今以阿德里安·布鲁维尔的艺名作画：

"[……]我有孩子了，距离她出生有十二天了，一个叫利奥卡迪的女孩，可以说我开始了第五种生活，这可能还不是我最后一种生活！这个小婴儿现在正在树林前一间宽广又明亮的房间里睡觉，林子里有雪松、橡树、欧洲栗树和塞尔维亚落叶松，我坐在她身旁的地板上，我的坐垫是一本关于提香的书，事实上，他的名字可能是博科基奇或西维奇（我外祖父的名字）。是的，我们还能再见面吗？我试着少喝酒。也就是说，我喝少许酒。我的钱也不多，可我有一栋童话般的、绿树成荫的房子和一个花园，护院里有很多腐烂的梨，还有一个日本苹果。我就在这儿——如果你到巴黎来，我坐半个小时火车就能到卢浮宫阿德里安·布鲁维尔①的画作前。就此停笔！你精疲力

---

① 阿德里安·布鲁维尔（A. Brouwer, 1605—1638），荷兰风俗画家。所画人物经常有夸张的表情，主题是乡村底层民众的日常生活。

竭的点唱机老朋友彼得向你问好。"[59]

兹拉特科·博科基奇在这之后的十五年一直作为导游陪伴汉德克多次去塞尔维亚和科索沃旅行。

在女儿出生一个月后,汉德克告诉他的父亲,一个孩子来到了这个世界上——如同他的一本小小的新书:

"她8月28日出生,体重3000克,身高50厘米。她还很小、很轻。她的妈妈和爸爸还要学习与彼此更好地相处,并且尊重对方的习惯。我能够想象,每次吵嚷和拌嘴都会荼毒这个小小的孩子。这是一种巨大的喜悦,甚至有一种不配得到这一切的感觉。也许也能配得上。另外,我在这个房子里写的第一本小书出版了,书名是《试论幸福的日子》,书正在销售,也有人在读,目前就发生了这些事情。"[60]

索菲·塞敏和彼得·汉德克很久以后才结婚。在这之前,汉德克与利普伽特·施瓦茨历时二十七年的婚姻结束了。

汉德克在过四口之家的家庭生活时也没有忘记工作。有段时间他在计划一个项目,《我在无人湾的岁月》就是这个项目的结晶。写作不是想当然的事,因为力量还够用,所以这次应当再干一件大事,他向父亲透露说:"我很开心,也惊诧于以我的这种做事方式能够坚持这么长时间,最后还完成了创作。明年我想去做一件耗时的事,不单单是为了青史留名,还为了在流传千古和单纯的日子之间留下些什么。"[61]

1992年,汉德克和布鲁诺·甘茨、珍妮·莫劳和索菲·塞敏一起拍了电影《缺席》,这部电影在威尼斯的双年展上放映。

汉德克再次回到了家里,书桌旁等着他的是:园艺、孩子教育、购物和厨房里的家务活。在这种条件下他还能写出一部伟大的作品吗？这是不是违反了独处的法则？怀疑，又是怀疑："必须耐心等待，如何处理好写作与孩子琐事之间的关系。（还有女人的各种麻烦事。）"[62]

1993年1月7日，一个有进展的句子终于出现了："迄今为止，我在我的生活里经历了这么一个变化。"他每天都在继续写他的小说。他刚刚"完成了每日的工作，疲惫，头痛欲裂，但却期待着第二天的到来，为的是继续写作"，2月14日，这位作家在信里告诉他的父亲。这是他写给埃里希·舍内曼的最后一封信。1993年3月30日，他的父亲离开了这个世界。汉德克把他父亲的死——正如过去他母亲的自杀——在他写作时就以书面形式记录了下来。他把"我父亲的死"写在他的手稿《我在无人湾的岁月》其中一页的边角上，就在同一天，这部小说诞生了。[63]

深呼吸、写作、大步向前。只有在独处时他才能这么做。他的工作日当然是从家庭、家庭生活开始。然后，他用拉丁诗人霍勒斯的十到十五行诗让他的头脑保持清醒。接着，他把铅笔、橡皮、铅笔刀和纸包好，再带上一个火腿面包和一个苹果。大约十一点，他离开屋子，徒步走到沙维勒森林一个小湖边上，这里有他的固定座位。

他在户外完成了《我在无人湾的岁月》的大部分内容。"在外面我感觉身体更舒服，也更不受拘束。坐在室内的话，我几乎没法从纸张中抬起头来。在外面，观看、倾听和写作更能融为一体。另外，在户外我有更多的力气。如果坐在房间里，三四个小时之后我就感觉空气不足。在户外我常常能待五六个小时。"[64]

他制定的法则对此怎么认为呢？他可以成为写作者或情人，但他能两者兼备吗？这位真正的孤独骑士必须走出去，到森林中去："帕西法尔总是'独自一人'骑着马出去，甚至从最友善、最优秀的社交圈子中转身而去，没有原因，且毫无征兆（我心有戚戚焉）。"[65]

历史又在重演，似乎又回到了三十年前的克尔克岛上，他在来自萨格勒布的贾斯娜和《大黄蜂》之间摇摆不定。"对于她，对这个女孩来说，这位大不了几岁、自以为是的作家头一回成了一个骗子，对这个年轻的女人来说确实如此，换言之，他对自己未来的书也是如此。"[66]为了躲避玛丽或其他人，他逃到大自然里。他回到他的岩窗后面，记录下自己的感悟："'只与大自然相伴'有时好像是'与爱人单独相处'。"[67]这样的话，他在萨尔茨堡不也成了一个骗子吗？

追随这个孤独的牛仔来到北美洲中部的草原，他采集痕迹，为物品画像，一如既往。汉德克在草稿的边上画湖边的老鼠头。1993年12月18日拂晓时分，他的工作终于完成了。外面天色还暗，风吹过雪松，汉德克正在写作，不，他不写了，他在画画："画上鸟儿在雪中留下的痕迹表示上千页的原稿完成，它们将出现在《我在无人湾的岁月》的封面上。"

"现在我的书写完了，"1994年，汉德克在给一个朋友的信中写道，"最多添加或删除极个别的词。我坐在绕房而建的花园后面，等待着邻居家疯狂的德国牧羊犬每天在灌木丛中对我吠叫不止；如果有别的民族模仿某种德国特征，几乎没有比这更糟的了。他们还敞着大门弹奏贝多芬的音乐。你可能会因此憎恨音乐，是的，就是这种魔鬼式的咆哮。"[68]

汉德克在《我在无人湾的岁月》中讲述他在外部世界的旅行和冒险。这部小说也是进入作者内心世界的一场冒险旅行。"我不适合写社会小说。我只能讲述我自己。不过，你对自己思考得越多，它就愈发变得像小说。一个人越是丰富他的自我，世界与自我的关系就越充盈。"[69]在无人湾的岸边，幻想和现实、内部世界和外部世界像潮汐般循环往复。

作者把他的书当作"新时代的童话"出版是有原因的。童话——这是表达乌托邦的一个质朴且不感伤的词汇：寻找幸福和集体。童话讲的是觉醒，这位叙述者打算进行他生命中的第二次转变："因为我忠于自己，所以我面临着失去生活乐趣的风险。新的转变迫在眉睫。这次转变与第一次从背后攻击我的转变不同，这一次我自己将进行转变。"[70]转变的目标："丰富并拓展自己。"

这个童话围绕着一个熟悉的汉德克问题展开：在孤独和公共之间摇摆不定。有时他想拥有后者："只有在群体中，我内心的快乐才能得以释放，不过，在哪个群体中呢？"[71]有时他又不想如此："我害怕在群体中产生的幸福，怀有某种对毁灭的恐惧。"[72]这不仅是他对自己的担忧，也是对自己的畏惧，这些情绪有时在人群中向汉德克袭来，导致他突然离席。

汉德克所有的朋友，包括他最亲密的朋友，都会讲起在他们记忆中让他们深感不适的经历：这位作家先是在他的朋友圈子里找出一个人，然后想尽一切办法去折磨他、指责他、摧毁他。这位叙述者害怕毁灭吗？他了解自己，也知道有时他孤单一人是为保护他的朋友们不被他伤害："我把自己与他人分开，这样的话，在写作时我作为自己书中的主人公就能够有不一样的行为，重要的是我的行为更加稳定，毕竟我只对我自己构成危险。"[73]

如果一个人想妥协却无法达成妥协，这难道不是所有孤独中最深切的孤独吗？这只发生在他写作时，还是在他独处时？这就是那个法则。令汉德克感到惊讶的是，别的作家并不抱怨自己被迫独处："里尔克使用'孤独'这个词的时候从来没有紧迫感。"[74]他知道真正孤独的滋味。

汉德克在《我在无人湾的岁月》中讲述那些被冷落的、因为他的过错而破裂的友谊，他自己却是永远的焦点。"彼得一直想成为书中的主人公，"布鲁诺·甘茨回忆说，"依照自己的想象塑造的主人公。"[75]还有别的可能吗？这是这部巨作提出的一个重要问题，彼得·汉德克生命中发生的第二次变化围绕着这一问题进行。他尝试把生活和写作统一起来。

对这个法则和作家发出嘘声，这本书中的一切都变了样："主人公们应该是别人。"[76]他——这个了不起的主人公——低调地退出，假装讲述远方朋友们的旅行。实际上这是他自己的旅行。在童话里人就不能做梦了吗？

他就这样在他想象出来的无人湾中把朋友们都聚在了一起。在他的旅行同伴从世界各地寄给这位叙述者的报道、观察文字和信件中，汉德克的很多朋友发现了自己的影子。汉斯·维德里希、休伯特·布尔达、阿尔弗雷德·科勒赤、齐格弗里德·翁泽尔德、乔治斯-阿图尔·高尔德施密特以及别的很多人去拜访过他。"他不说这是你，而是说：我也想到了你，"维德里希解释说，"他有很多的拼贴画，它们当中有一条清晰的线,他把记忆和笔记本里的很多东西交织到了一起。"[77]

他们讲述他的故事,也变成了他。他是主角:"他不在吗?"书的结尾处提出的这个问题意味深长。[78]朋友们来了又走了,最后,这位作家把所有的一切与自己融为一体:上千页的孤独。

为什么? 一个独特的句子指出了汉德克写作的秘密:只有通过背叛,他才对自己保持忠诚。"如果不是让自己交替性地进入到写作中,继而揭穿自己的事情"[79],他一定会失败。

写自己还不是艺术。一个由于虚荣心作祟在自己的作品里吹嘘自己的作家,他写出来的是自传体的庸俗之作。真正的艺术 —— 我们就使用这个词所具有的激昂含义 —— 真正的艺术要求不讲情面的自我认知。因此,《我在无人湾的岁月》的作者为揭示自己而进行的自传式虚构性的益智游戏属于二十世纪文学巅峰之一。

《我在无人湾的岁月》是一部重要的作品,在这部作品中,有很多东西隐匿其中,也有一些东西浮出水面 —— 对传记作家来说,这是一个布满机关的地带。这部小说像是一个忏悔:为了吸引读者,作者用文学手段把他犯下的错误变得尖锐化,并让这些过错一直永远围绕着一个真正的中心:"早年在寄宿学校,我和其他人挤在一起做礼拜,为了逃避这件事,我去了后面的忏悔室,那时我不是已经在编造罪行或者把可以饶恕之事变成暴行故事了吗? 我为自己的故事感到自豪,精神抖擞地再次从忏悔室里走了出来。"[80]对汉德克来说,忏悔很早就变成了叙述的动力,每部作品都变成了伟大宗教信仰的未成品。

然而，它仍然是一个童话。汉德克在文学中实现了转变，在生活中却是竹篮打水一场空。协调家庭与写作关系的尝试很快又失败了。当吵闹的孩子们在错误的时刻穿过汉德克的无人湾并打扰他的安宁时，只有一件事有用：马上写下来。

有一天，他失去了理智，叙述者忏悔道，但他没有发疯，失去理智的那一刻也很短暂。看在上帝的分上，当时可能会发生什么事呢？"我可能会把我儿子打死——我也害怕我会这么做，为了躲避我自己，我逃到地下室的角落里，我可能会把房子给点了，然后再带着刀和斧子跑到大街上，朝着陌生人狂砍，直到最后。我好像必须接连毁灭不同的东西，只是因为它在那儿。"[81]

这个缺点不是假装的。《我在无人湾的岁月》的作者与这部作品叙述者的情况没什么两样。写作帮助汉德克克制自己的暴脾气，借助丰富的词汇，他心中升起的怒火在日记中找到了宣泄口。[82] 为了防止自己真的跑到大街上肇事，汉德克逃到郊区森林里："我所熟悉的唯一的精神力量或肢体力量：宁静、快乐、渴望（凡尔赛，下午三四点钟，天气寒冷，步行后穿过门廊泉站，刚才在上面走，穿过森林）。"[83]

汉德克在写作时找到了他寻求的安宁。这位作家仅需五页原稿，之后他在《我在无人湾的岁月》中的房子再次变得空空如也，对写作与家庭在同一屋檐下和平共处的希望也破裂了："我又一次失败了，因为我不知道我是谁，也可能忘了我是谁。"[84] 为了他自己在真实的生活中也能享有安宁，汉德克和索菲在附近的维罗夫莱又买了一栋自用的房子，"这是出于工作原因，因为我的房子隔音很差"[85]。这是法则的愿望。

秃鹫鹦鹉

从无人湾中岔出两条路：写作和行走。为谁写作？ 走向何处？"一个作家正经历着所有人正在经历的事情，可他只经历那些可以用譬喻来描述的。"汉德克1983年在《重温之想象》中写道。[86]这也属于变化：他想再次对世界和历史打开心扉。"我几乎不再与我的时代共命运，或者说与它并不同步。"《我在无人湾的岁月》的叙述者在作品开头抱怨道。[87]自从《战争与和平》问世以来，剩下的只有"后置的世界史"[88]了。但他现在被迫用他的故事"干涉我的时代"[89]。

九十年代，汉德克的道路引领他不久后走出了无人湾，前往那些被击溃的最后的岛屿，它们是他的"第九王国"留下的岛屿：科索沃的飞地。这位作家的无人区。

内部世界和外部世界将再次互相映照。汉德克曾在巴尔干多次旅行，这期间他对南斯拉夫的解体感同身受，这时他与索菲·塞敏的婚姻由于两人的绯闻暂时出现了裂痕。[90]1995年11月，两人还在汉德克的朋友兹拉特科·博科基奇和扎尔科·拉达科维奇的陪同下开始了第一次长途旅行。他们去了因为欧盟禁运令而陷入孤立状态的塞尔维亚。

旅行结束后，汉德克随即为《南德意志报》写了一篇关于此次旅行的长文。文章写完后，他与导演卢克·邦迪、彼得·史蒂芬·容克和其他一些人在蒙巴纳斯林荫大道旁的圆顶屋餐厅里见面，他把文章中的一些片段念给他们听。他的这些朋友感到很震惊。他们预感到汉德克对塞尔维亚的支持将激起公众的怒火。"我跟他说了这一点,我的太太也跟他说了,苏菲也跟他说了,卢克也是。他丝毫不为所动。"容克回忆说。[91]

汉德克私下里也迫切地想知道他的文章会产生什么样的反响。依旧是风暴来临前的宁静。1996年1月5日,在汉德克文章的第一部分发表后,他在日记中满意地写道:"干得漂亮,有八个印刷错误。"[92]十天后,文章的第二部分发表了:"我(自己)深受触动,其他人呢? 这个世界呢?"[93]

《多瑙河、萨瓦河、摩拉瓦河和德里纳河冬日之行或给予塞尔维亚的正义》[94]不是普通的旅行随笔,而是汉德克在塞尔维亚各种观察的结晶,他借助这些观察批评西方媒体对塞尔维亚人的态度。人们对这篇文章的反应同样激烈:出现在报纸里的标题是"关于战争、血和土地的妄想""汉德克:含羞草和傻骆驼""漏洞百出的诗人""塞尔维亚的蜂鸟""一个瞎子预言家"和"安静点,彼得·汉德克!"。[95]

这看起来可不妙。1996年1月20日,汉德克在日记中写道:"对'我的'塞尔维亚的反应:这些邪恶的鹦鹉,秃鹫鹦鹉,他们不轻易罢休,不能罢休(可他们的心、鹦鹉的心早已停止了跳动)。"[96]

激怒大众对他进行攻击的正是他对塞尔维亚人的生活所进行的详细的、诗意的观察,汉德克用他的观察反抗那些报纸文章写手以及评论家的行话、空话和"愤怒的嘴唇运动"。尽管他并没有漏掉塞尔维亚人的战争暴行,可那些暴行却是公众意识中根深蒂固的"另一种黄色的成团面条"。

汉德克预示到了这一点,他固执地把他能想到的对他本人的谴责先说了出来:"现在你带着诗意来了? 是的,如果诗意被理解为与朦胧的含义截然相反的话。"[97]这是一个尴尬的局面:这位精确的观察者在这篇文章里对自己保持忠诚。他诗意的目光还从未在这么一个有分歧的主题上停留过。但是,逃避没有用。回溯过去,没有一部世界史是在讲述,反倒是在干涉这个时代。

内部世界和外部世界——它们已经很久没有离彼此这么近了。"就我而言,现在我可以说,我几乎从来没有像现在这样持续而坚定地与这个世界或这个世界事件紧密相连,或者说息息相关? 抑或融为一体?"这位塞尔维亚旅行者如是说。[98]

就这样,变化开始了。他觉得自己"一直在被失败者和一事无成者所吸引——似乎他们才是行为正确的人"。《我在无人湾的岁月》的叙述者坦言。[99]如果重读这几行文字的话,汉德克对那些塞尔维亚人的同情或许就不会那么令人惊讶了。

他的塞尔维亚人,那些被误解的人,那些作为战争罪犯被蔑视被驱逐的人,他们让他感到亲近。他认为他们是悲剧形象。这却不是他们的过错。他常常有深深的负罪感:一种"耻辱和犯错的'感觉'"在七十年代总是涌上他的心头。[100]汉德克时常陷入回忆之中,因为他自己的作家生活,他认为自己对这些罪恶感负有责任:"你感到孤独,这是你咎由自取,何其可怜(或者用他的话说是令人作呕的可怜)的孤独。"[101]

他的愤怒、暴躁以及容易激动的性格让他感到孤独:

"对自我展开的斗争是一场大规模的战争。我憎恨我的观点。自我批判是我每天生活的一部分。在写《缓慢的归乡》时,我从未想过自杀,但却有一种'应该死'的感觉。就像卡夫卡在《致父亲的信》中所描述的一样,我被判了刑。这种感觉甚至持续了很多年。通过持续写作,我反抗这个高大的父亲,写下了《圣山启示录》和《痛苦的中国人》。我说得没错。我从未说过这样的话:我有过被判刑的感觉。"[102]

汉德克在写《缓慢的归乡》的过程中发现了实现和平的希望:他必须将自己的故事与这个故事相联系,把内部世界与外部世界联系起来:

"在这个世纪之夜,我被迫在自己的脸上研究独裁者和世界统治者的各种特征。对我来说,这个黑夜结束了。我的故事(我们的故事,你们这些人)应该走向光明,就像这一刻曾经是光明的一样;但直到现在,这个故事还没有可以开始:作为一个知道自己罪过的人,我们不属于任何人,也不属于其他那些自知有罪的恶人,在和睦太平的人类历史中,我们无法实现休戚与共,但我们的没规没矩只会不断导致新的罪责。"[103]

不,他不想成为一名报道战争的新闻记者,只想成为一个讲述和平的人:"我的工作是另一种工作。记录邪恶的事实是合情合理的。为了和平,记录还需要一些其他内容,一些不亚于这些事实的东西。"在游记即将完成时,汉德克写道。[104]

长久以来,他一直在为和平而奋斗。《关于乡村》中的诺娃不是已经宣布永久的和平是可能的吗?"注意:这里所写的一切都是在一个和平时期完成的,受到和平的影响。"他在《重温之想象》(1983)中也是这么写的。[105]但是,如果因此认为作家能够创造和平,那是否过于自大呢?"还没有人能吟唱和平的史诗。"维姆·文德斯的电影

《柏林苍穹下》中的那位老人提醒道。[106]

文德斯提到，在这部电影创作过程中，老荷马这一人物要归功于他和汉德克一次关于"叙述天使"的谈话。"对汉德克来说，这个人物能在伦勃朗的荷马油画里找到自己的影子，他的剧本由此产生了。"在电影拍摄期间，汉德克经常把他写的长篇对话或内心独白放在信封里，然后把信寄到拍摄现场，文德斯将这些信封钉在办公室的墙上："可以说这些信封变成了岛屿，我总是带着我自己的场景划船抵达那里，如同抵达了安全的陆地。之后又回到大海上，直到彼得的另一篇文章如同灯塔一样再次出现。"[107]

对于像文德斯这样的朋友们来说，汉德克是一个指引方向的人，但只有极少数人愿意在他九十年代写的关于塞尔维亚的文章中找到他作为争执调解人的指引，正如汉德克在评论中所写的那些心灰意冷的话："确实如此：只有少数人敢读我的文章，好像'塞尔维亚'这个词是一个障碍，是'毒气'。"[108]

汉德克不会轻易让他的批评者们得逞，他为什么非要如此呢？他最想做的就是在那些秃鹰鹦鹉所在的报纸笼子里逐个掐死它们。刻薄的评论和批评像暴雨一般砸在汉德克身上。他不仅站在雨中，还在雨中写作："早上我做了一个梦，在梦中我带着我的打字机站在打开的窗户旁，打字机的一半都在雨中，我在打字机上敲打，敲出一句重叠的话，将这些字打在湿漉漉的纸上。"[109]

"太可怕了：塞尔维亚、塞尔维亚、塞尔维亚，"索菲向一个朋友抱怨道，"别的什么事情都不重要了。他每天早上往那儿一坐，然后开始读报纸，都是这个话题；我真是受不了了。"争吵变得越来越频繁：

"索菲一点儿都不理解我。"[110] 她不是唯一那个不理解他的人。汉德克与戏剧导演卢克·邦迪共进晚餐后，开始后悔"我没必要那么激动，永远不要捍卫你逐字逐句写下的东西"[111]。汉德克睡不好觉，他梦见自己的妻子与另一位作家合伙骗他。他梦到的这位情敌是在1924年死去的约瑟夫·康拉德，但这并没有让他真正松了口气。[112] 活着，继续活下去，一天又一天："向上，向上（不要让你的愤怒阻碍你）。"[113]

有一天，他独自一人在家。这位作家在1996年12月1日给一个朋友写信，当时索菲已经搬走："我们现在有两座房子，两个房子之间只隔着一条人行道。我在两座房子之间来回穿梭，这座房子很安静，虽然我不配享受这份安静，但房子总归是有权享受的吧？"[114]

汉德克的日记表明，塞尔维亚引起的争议已经成为他生存攸关的问题。在《冬日之行》中，他让"我"去面对媒体真相，结果"我"几乎被毁灭了。他因此失去自我了吗？这位作家在信封的内页下面写下了以下这些句子：

"作为一个写作的人，如果你同时想成为一个公众人物，那么结果就是你其实会做错所有的事情。写作很少逼迫人们抛头露面……现在谁是大众？如果一个人带着他的'我'出现，这不同于真情流露或泪流满面，一本书被一个'我'认可。哦，是我吗？胡说八道的我吗？啊，是我吗？没有人了解塞尔维亚。只有那些已故的人……"[115]

K. 博士的诗

几天后，汉德克去帕勒旅行。这个离萨拉热窝不远的小地方在拉多万·卡拉季奇担任总统期间是波斯尼亚和黑塞哥维那境内斯普斯卡共和国的首都。

1996年的夏天,海牙法庭发出对波斯尼亚塞尔维亚人首领的国际逮捕令,这位首领被指责犯有种族灭绝罪、反人类罪且违反了《战争法》。据说他与塞尔维亚的军队头领拉特科·姆拉迪奇联合行动,是1995年4月轰炸萨拉热窝并在1995年7月屠杀8000名波斯尼亚人的主要指使人。

那些被杀害的、放在萨拉热窝停尸房里的孩子的照片也令汉德克感到震惊。这些照片真的让他无比愤怒,他的第一反应是思虑:"为什么最终不是我们这当中的一个人,或者更好的是那里的一个人,来自塞尔维亚民族中的一个人,把一个对那些事件负责的人,也就是波斯尼亚塞尔维亚人头目拉多万·卡拉季奇,从活路带到死路上,据说战前他是一个童谣作家! 另一个施陶芬贝格或乔治·埃尔斯?"[116]

与此同时,汉德克产生了怀疑。他谋杀的念头难道不是"一个遥远的看客无能的暴力冲动"[117]? 假如他有一个杀死拉多万·卡拉季奇的机会,他会杀他吗? 牺牲者的不幸毋庸置疑,可他能够相信这些报纸印发的"经过精心设计的、费尽心思且事先准备好的记载"[118]吗? 汉德克希望自己能亲自去了解情况,这是他《冬日之行》以及后来去塞尔维亚、波斯尼亚和黑塞哥维那和科索沃考察的主要内容。

这同样适用于那些报纸在描述巴尔干半岛事件时所使用的语言图像。这位受过训练的精神病科医生卡拉季奇可能不只是一个战犯,他其实也是媒体所宣称的疯狂的奇异博士? 一个业余抒情诗人,在他平平无奇的诗作里,萨拉热窝在战前就已被大火所吞没,犹如一个暴君尼禄，他将自己用来抒情的对毁灭的幻想付诸了行动？

其他像易卜拉欣·鲁戈瓦这样的政治家又遭遇了什么呢？作为也写作的政治家，他们被人利用去对付那些不会写作的人，汉德克在他2002年写的关于斯洛博丹·米洛舍维奇审判的报道中反问自己。那些法国报纸把科索沃阿尔巴尼亚人的总统称作"巴尔干甘地"，这位总统曾是罗兰·巴特的学生，讲一口漂亮的法语。"我到现在也没读鲁戈瓦的诗，我做不到。在哪里可以一睹真容？谁或者又是什么可以消除我的偏见？若不是亲眼所见，就无法摆脱偏见。"[119]

在哪里可以一睹真容？"我想读一首卡拉季奇的诗。"1996年初，汉德克在《冬日之行》中写道。[120]1996年12月20日，他到达帕勒时，卡拉季奇已经辞职，他和他的保镖住在一个歪歪扭扭、有穿堂风的窝棚里。

汉德克来时也带了随从。他的朋友兹拉特科·巴科维奇、他的翻译扎尔科·拉达科维奇还有苏尔坎普出版社的一个职员跟着他一起走进卡拉季奇的办公室。这个蒙特内哥罗人有一颗大大的方形脑袋，留着厚厚的刘海，他坐在一个巨大的写字桌后面，桌上摞成山的纸堆里放着一个果盘。

哲学教授和黑格尔专家阿列克萨·布哈也在场，他当时是斯普斯卡共和国的外交部长，就是他把与卡拉季奇会面的邀请函转交给了汉德克。"我觉得我当然要去，"汉德克如今这么说，"我想了解历史，所以就去了。我随时还会这么做。"[121]

卡拉季奇从他坐的椅子上站起身，向他的客人们问好，并让斯利沃维茨端茶倒水。"当时他还没有开始流亡，那天他可能已经接待了三四个代表团,"汉德克回忆说,"我根本不确定他是否知道我是谁。"[122]

卡拉季奇当时已经在准备逃亡,他很清楚他面前的这个人是谁。早在八十年代他就读过汉德克的剧本。他也听说过《冬日之行》。"他知道我对塞尔维亚人的看法与那些月球征服者不一样。"[123]

两人互赠书籍:汉德克的行李中有一本《冬日之行》的译本,卡拉季奇把他选出来的一些签名诗送给了汉德克。汉德克无法辨认卡拉季奇的赠言:"他的字写得真像一名医生的字体。"不过,汉德克没有接受卡拉季奇换书的请求。他这次来还带着一个委托。他在萨尔茨堡认识的两位波斯尼亚穆斯林告诉他,他们家的亲戚在斯雷布雷尼察附近失踪了。汉德克让他们把失踪者的名字和出生日期写在一张纸条上并把纸条带到了帕勒。"我把这些人的名单给了拉多万·卡拉季奇,我还清楚地记得:他说——以一种非常严肃的口吻——他会关注这件事。"[124]

汉德克连续的追问使得这位波斯尼亚塞尔维亚人首领很是诧异。"他似乎全程都在关注在巴尔干半岛上发生的事件并向我提出了尖锐和棘手的问题,"2009年,卡拉季奇在海牙国际战犯法庭的监狱中回忆说,[125]"他问我关于战争、去年在斯雷布雷尼察发生的各种事件、冲突的背景以及波斯尼亚群体所受的疾苦的问题。"

见面几周后,卡拉季奇销声匿迹,在长达十二年的时间里,他化身为一名叫德拉甘·达比奇的预言家,在巴尔干半岛上神出鬼没,蓄着胡须,留着长辫子,没有人认出这个人是卡拉季奇。直到2008年夏天,卡拉季奇的伪装才败露,他在贝尔格莱尔德被捕并被移交到海牙的联合国战犯法庭。

汉德克无从得知他的萨尔茨堡朋友们那些失踪亲戚的情况。"这其实是最重要的事情,但我从来没有收到过回复。"[126]

"法庭肯定是一个解决之计,"2006年,距离汉德克拜访卡拉季奇已过去了十年,汉德克写道,"就卡拉季奇的情况来说,形势更为紧迫,要么这样,要么那样,需最终查明情况!就拉多万·卡拉季奇和拉特科·姆拉迪奇的情况来说,事情也是这样,从另一方面来看也如此,比如对那些圣战者。"[127]

第7章 风暴

> 后裔们,如果我以后不再住在这里,你将在叙述王国,在第九王国里找到我。
>
> ——《去往第九王国》

这是战争

2001年9月11日,当恐怖分子轰炸世贸中心大楼并造成约3000人死亡时,汉德克正在读与神秘主义者伊本·阿拉比有关的作品。这位泛神论神秘主义者兼智者1165年出生在西班牙摩尔人辖区,1240年在大马士革去世,被视作宗教宽容的捍卫者。

汉德克在西班牙的塞拉德格雷多斯山脉旅行时,他借助一本阿拉伯语字典研究伊本·阿拉比的原著,他从这部著作中给他的小说选了一个格言:"可怜可怜她吧,她在那样的一天旅行。"《图像消失》中有关于这次旅行的描述。[1]

9·11事件促使汉德克把伊本·阿拉比的话与现实相联系。基地组织恐怖主义分子驾驶两架飞机朝世贸中心撞去,阿拉比的这句话成为这两架客机上乘客的亡者控诉书。

战争，死亡，驱逐。新的世纪开始了，旧的世纪结束了：地球上的战争永不停息吗？这位作家无法阻止战争，但他为死者哀悼，这样，他们永远不会被遗忘。在图像消失前，汉德克还提出另一个格言："你走了／不会再回来／死去／在战争中。"这几行文字不是这位作者想用来愚弄我们的"拉丁语预言"。他把同样的格言也放在了《大黄蜂》的开头部分。那同样是对死者的一个哀叹：献给在战争中阵亡的格里高尔舅舅。

"永恒的和平是可能的。"在经历了巴尔干十年内战以及世贸中心恐怖袭击后，汉德克对《关于乡村》中女预言家诺娃的话一定有了前所未有的强烈质疑。他拿起伊本·阿拉比《世界之树》的法语版，用阿拉伯语在书里把单词"ahlaka"写了四遍：毁灭！毁灭！毁灭！毁灭！[2]

《图像消失》讲述了一个银行女经理的故事，她横穿塞拉德格雷多斯山脉去冒险。汉德克的女主人公一直以来所经历的危险更多地反映了叙述者的内心和外部世界。这些图像即将消失，这关乎女主人公的生存状态："她依靠这些图像生活，从中获取最强烈的存在感。"[3] 与此同时，天空中的轰炸机发出隆隆声——这是《大黄蜂》中那架世界大战轰炸机的回声，也有北约的飞机，在1999年科索沃冲突期间，北约飞机从巴黎维拉库布莱空军基地飞来，携带着致命的炮弹，朝着巴尔干地区飞去，正好经过汉德克房屋正上方。

汉德克对被合理化的暴力感到厌恶，这是一种令人难堪的暴力。1973年，汉德克在他的毕希纳获奖感言中解释了这种细微的差别：

"必须对此进行区分:让我没有能力也不愿参与政治生活的,不是对暴力的厌恶,而是对权力的厌恶;权力可以允许自己将暴力演变成一种仪式,使暴力变得合理化。我无法摆脱对权力所产生的合理化暴力的憎恶;直到现在,我仍然认为,几乎所有强大的东西都是无形且没有生命力的。"[4]

1999年,为了抗议北约轰炸,汉德克退还了毕希纳奖,这完全符合他的一贯做法:他无法接受对这种战争行为的"人道主义"辩护。大家还是无法理解他吗? 他把这个奖项的奖金寄给了达姆施塔特德语语言文学科学院。"我感兴趣的是那些人用这笔钱干了什么,"十年后,汉德克表示不解并抱怨道,"他们可能把这笔钱用在了治疗那些从科索沃扔炸弹的人身上。"[5]

1999年,天主教的主教们支持北约袭击,为了表示抗议,汉德克宣布退出天主教会,但他并没有真正退出。"我觉得自己退出了,但严格来说这件事情并没有被执行。按照教规,我的退出无效。当时是一个空位期。""教会是否期待他退出?""如果他们能摆脱像我这样的人,他们高兴还来不及呢。"[6]

多年来,纽约世贸大厦的恐怖袭击一直占据着媒体报道的头版头条,但人们很快就忘记了北约军队对南斯拉夫共和国的轰炸。对汉德克来说,这是一种侮辱:"每个人都说,9月11日是一个神奇的日期。但我却说:3月24日呢?"他曾在巴尔干旅行时说,"没有人知道,1999年3月24日,一个独立的、拥有主权的欧洲中部国家,在没有法律许可的情况下遭受了可怕的炸弹袭击,平民和孩子们无辜丧生。'在1999年3月24日发生了什么?'这句话必须被打成发光字,每晚高悬在欧洲上空。不是让圣史蒂芬大教堂或科隆大教堂亮灯，而是让这句话闪耀发光。"[7]

汉德克对这些塞尔维亚人的书写目前是使这个民族以另一种形象出现的唯一的光亮。因此，在刺眼的泛光灯下，汉德克犹如一个孤独的烛台。他坦然接受这个事实。有时，"柔弱之语"不就是正确之语吗？某些事物难道不是只有在黄昏的光线下才看得真切吗？"这个世界属于谁？肯定不是所谓的西方。世界在别处。更有可能存在于月亮上，而不是在这个混乱的地球上。"[8]

诗人的临时军事法庭

到处都有受害者和罪犯。为什么偏偏是汉德克表明对塞尔维亚人的看法呢，而后者被全世界当作罪犯。他在电视摄影机前保护"这些在这里生活的悲惨的人，除了被逼着去打仗，他们没有别的选择"，另外，他提出要求："所有的人，几乎可以说每个人都要被审判。如果要惩罚的话，所有人都要被惩罚，或者借此大赦所有的人。"[9]

法学大学生汉德克一直都对被告以及与被告罪责类型有关的问题感兴趣。1962年，在参观完一个男子监狱后，他给他的父亲写信："私下里我其实有当刑事辩护律师的想法。"[10]

在《关于大法庭》（2003）中，汉德克回忆，曾有一次他去克拉根福监狱探望他因违法而入狱的弟弟汉斯。"他或许不是无罪。但在我看来，在控告和判决的层面上，他在某种程度上是无罪的。"[11]汉德克甚至认为，一个"已经被紧紧捆在毒剂床上的死刑犯""无论如何不是一个罪孽深重的人"[12]。

在控告的层面上没有罪，但也不是无罪。在法则——他的法则——面前，他一向这么认为。

"有时我不得不理解谋杀犯和罪犯，因为我想了解我自己。比如我自己就可能成为一个杀人犯，即一个犯罪分子。"红军派在七十年代实施恐怖行动时，他直言不讳。[13]在《给刽子手》这首诗中，他反对红军派的措辞，他们的成员想通过诸如"人民监狱""指挥部"和"军队"这样的概念使他们的恐怖行动在准国家的层面上合法化。这位作家觉得自己能够理解纯粹的谋杀犯之类的犯罪分子，但他无法容忍假装无辜的、持有政治信念的恐怖分子对自己慷慨激昂的辩护："你们不是谋杀犯，不是罪犯——我的兄弟们——你们是士兵、法官和刽子手。"

这个谋杀犯是他的兄弟？在汉德克的很多作品中，叙述者的身体里都隐藏着一个杀人犯:《真实感受的时刻》中的格里高尔·科士尼格,《痛苦的中国人》中的安德烈亚斯·洛德,《孩子的故事》中的父亲。小说是一个严肃的事件。小说的作者成功逃脱，却一直觉得自己是一个罪犯。迄今为止，汉德克一直有和解的愿望，同时也有惩罚的冲动。

《孩子的故事》讲述了一封威胁信，写信的人为了给在大屠杀中被杀死的犹太人报仇，威胁要杀死这位叙述者的女儿。叙述者查出了寄信人的下落，为了动用私刑，他随身带上一把刀，然后就出发了："在出租车上他甚至还知道刀刺入心脏所需的那套清晰、短暂的动作流程，他看到自己在这之前庄重地站在那里，以一个执行者所有的那种末日审判的姿态。"[14]

故事并非虚构,汉德克在七十年代的巴黎确实经历过类似的事情。"这像是美国西部片中的一个情节,与《O.K.镇大决斗》(*Gunfight at the O.K. Corral*)中发生的一样。""我当时想,我现在就去那儿,刺穿他的肚子。"[15]

按照汉德克的说法,事实证实这个写信的人是一个犹太作家,他的女儿和阿米娜·汉德克在同一所幼儿园。"因为六百万死去的犹太人,他变得疯疯癫癫,对他来说,我是一个德语作家。无法解释这件事情,这太疯狂了。你有一个女儿在犹太幼儿园上学,为了这六百万死去的犹太人,我要杀死她。这就是他的想法。"

叙述者想动用私刑,但当他站在那个人的对面时,这个手持凶器的肇事者停下了手,任何一种世界法院的态度都背弃了他:"他不杀人。不是这么回事。手腕绵弱无力。"[16]

汉德克也没有采取行动:"我摁了一下门铃,然后他站在我面前,这一切突然就结束了。我说:'您就是这位,那位……我的女儿?'他说:'是的,您请进,我们喝杯茶'或说了些别的什么。"[17]

这些人的故事能够如此延续下去。最后,叙述者诅咒"生命的虚无者,他们需要历史装饰他们的简历。"他也诅咒历史本身。历史让人类变成罪犯和受害者。

所以,这个作家有罪,这个世界也有罪。不过,不是接受克拉根福州法院的审判,也不是被斯坦海姆评审团或海牙的国际法庭审判,而是被他内心世界的法庭审判。对汉德克内心世界的法庭来说,这位作家就是法官,但并非仁慈的法官。在《戴米拉·戴米埃尔之塔》这篇关于2005年米洛舍维奇审判的"非现场证人的报道"中，汉德克描述了他"特别法庭"的心路历程，通过他的叙述能够对他的内心世界一探究竟。以一些断断续续的话语开始的争吵很快就变成了对他对面那个人的无情清算——一个女人，一个朋友或是别的什么人：

"你有罪。我对你太宽容了。应当用更严厉的话谴责你。你的罪责比我暗示的还要深重。你就偷着乐吧，这次我还留着没有动用的很多手段，下次可不会这样了！另外，我的所作所为有更高的追求：不关乎你和我，而是关乎原则、事件、世界、公正、牺牲者、未来、净化、榜样和争吵。"[18]

这听起来像是对一起乱杀无辜事件的描述。早在1968年，汉德克就已描绘出关于一个毁灭的设计蓝图：

"你充分利用第一个惊恐瞬间来引起第二个惊恐瞬间，第二个惊恐瞬间是为了再次引发惊恐瞬间，因为你自己没有被任何一个惊恐瞬间所打倒，所以趁他们刚从一个惊恐瞬间中恢复过来，你便能领先于他们，从而再引起一个惊恐瞬间，他们却还在平复第一个惊恐瞬间，所以最终这些惊恐瞬间再也无休无止。"[19]

最后是高潮部分："参与短暂的过程。/彻底消灭。/干掉。/除掉。/打倒。/顺手扔掉。/不让任何人数数，数到三都不行。"

然后，他对面的人的账就算清了。汉德克细致的设计有一个对应的标题："对滥杀无辜的建议"。"如果我没有对语言的狂热，我可能也变成了一个滥杀无辜的人。"1978年，他在一次采访中坦承。[20] "他可能会大发雷霆。"胡伯特·布尔达说，他记得有次汉德克在彼特拉克奖颁奖礼上对《法兰克福汇报》的记者约亨·希伯来了一拳。

"他练过。"他的女儿阿米娜这么认为。[21] 十年过后,他的技术被他彻底完美化了:"我可以在十分钟内羞辱任何一个人,直到他生命走到尽头。"[22] 这只是一句半开玩笑的话,他并不会这么对待他的朋友们。那些支持他的人必须适应他的情绪,适应得好坏而已。"这个彼得有滥杀无辜的倾向,"演员布鲁诺·甘茨证实了这一点,"他很有耐心,为人宽厚又慷慨。有一段时间,他的脸上突然显现出滥杀无辜者的表情。他找一些人做靶子,然后把他们统统消灭。他擅长做这个,每次都直击痛处。"[23]

这位演员与汉德克发生过一次类似的争执,对这件事的回忆至今还在折磨着他。这次不愉快发生在1992年拍摄《缺席》期间的一天夜里,在一家宾馆门前,大家都喝了不少酒:"当你尊敬的一个人拼命打击你,即使他的文字对你的生活有很多启发,这样的经历会让人长时间感到痛苦并无法自拔。"

1978年,汉德克的老朋友阿尔弗雷德·科勒赤在锡耶纳荣获彼特拉克奖,汉德克应为他这位朋友写赞词。对这位获奖者来说,这段经历在情感上变成了一个冷热水交替浴:"彼得突然出现了,他撞倒了咖啡馆的一把椅子,然后来到我身边并对我说:'你写的都是什么狗屁哲学!'"[24] 几个月后,科勒赤才平息了他内心的波澜,他写信告诉汉德克,他的行为让他感到十分痛苦:"作为得奖者,我感到羞愧,我的内心备受煎熬,甚至产生了逃离的想法。直到你的演讲结束后,我才能忍受你的目光,我明白了,在你任意以你坚持的方式接受别人之前,你必须以伤害的方式接触对面的人。"[25]

出版商沃尔夫冈·沙夫勒也在锡耶纳,他也感到了汉德克的愤怒。"他攻击沙夫勒,把作为出版商的他贬得猪狗不如,汉德克控制不了自己的情绪,"约亨·荣格回忆说,"如果有两个人在场,他总表现得与众不同:在更大的社交圈子里,他也能让人感到心里很不舒服。当有几个人聚在一起时,他会挑选其中的一个人——通常是这个圈子里最脆弱的那个人——嘲笑他或带着轻微的恶意攻击他。这些嘲笑或攻击常常介于戏谑和严肃之间。汉德克甚至还写了一封信给沙夫勒,为了火上浇油,这封信写得精彩极了,但却具有致命的杀伤力。"[26]

齐格弗里德·翁泽尔德也必须具备强大的心理素质。"翁泽尔德爱他,可汉德克有时又是如何对他的,这真是令人难以置信!"在苏尔坎普出版社工作过的一个员工抱怨道。1981年2月25日,翁泽尔德收到了一封信,他的明星作家在信里宣布想永远离开苏尔坎普出版社。

根据这位出版商后来的妻子乌拉·翁泽尔德-贝尔凯维奇的说法,翁泽尔德和汉德克之间发生了争执。汉德克曾嘱咐翁泽尔德不要与任何人谈论戏剧《关于乡村》,"但后来齐格弗里德·翁泽尔德与一位戏剧导演提起了这部剧,因为他认为保守沉默的规定并不是严格的规定。"[27]最终,这部戏的导演不是汉德克指定的克劳斯·佩曼,而是维姆·文德斯。

翁泽尔德的泄密只是外在原因,给这位作家提供了一个与他的出版商撕破脸并算总账的借口,深层次的真正原因另有其他。两年前,汉德克在翁泽尔德的别墅做客时,在早餐桌上发现了一本文学评论家马塞尔·莱希-拉尼茨基的书。这个他多年死对头的书也在苏尔坎普出版社出版，书里还有拉尼茨基给翁泽尔德的献词。汉德克怒不可遏。为了安抚他这位明星作家，翁泽尔德最终把马塞尔·莱希－拉尼茨基的书演戏做样般扔进了纸篓里。[28]

作家控告会就这么以一条反对另一个人的"无缝对接的证据链"[29]开始了，与汉德克后来在《戴米拉·戴米埃尔之塔》中写的完全一样：

"亲爱的齐格弗里德①（一直都是），谎言时期必须结束了。两年前的某一天，我在法兰克福的早餐桌旁看到那个爬过德语文学作坊史的最卑鄙的怪物在文集里写给你，也是我的出版商的献词（作为那些对《无欲的悲歌》和《左撇子女人》完全嗜杀成性的文章的扉页）：'一直以来亲密无间'，当时我就有责任把我的作品永远地从你所谓的庇护中拿走，这是对我自己负责，也是对那些如今还在我眼前浮现的事情负责。还有那些与《缓慢的归乡》所谓的赠阅本有关的不负责任的煽动性言辞，由于受交稿期限的强制性约束，我差点没了命，最后我还是遵守了期限（'工作人员'后来决定，不应当有赠阅本，动不动就是这些被你当作借口的'工作人员'，之后的事情也是如此，搞得像是我不想有《圣山启示录》提前送给媒体的样书一样：'我的工作人员认为……'）。现在还有了剧本丑闻，在我的剧本尚未完成的情况下，你违背我的意愿把它交给陌生人。这再次彰显你作为出版商的动机。一位作家可能在很多方面与现实生活脱节，但对人类的精神世界而言，作家那种有时带有天真的敏感犹如火眼金睛：在我有充分理由离开作家出版社（这是一个团伙）之后，你想利用我的作品进行你的

---

① 翁泽尔德的全名是齐格弗里德·翁泽尔德。

个人报复，报复那些在作家出版社成立之时你所忍受的、感受到的却从来没有对你造成伤害的失败——现在的行动和动机就是如此，对此无须多言。最后，我必须以我真实的样子出现，无论如何，都要以作家的形象出现。我们就此分道扬镳，可谓覆水难收。让我感到痛心的只有近乎二十年的辉煌战绩，它们或许无法再属于我，尽管你的行为从法律层面来看是违反尽职调查的鲁莽的丑事。我的这个剧本将不在苏尔坎普出版社出版。还有我接下来的作品，如果还有的话，它们将与苏尔坎普出版社无关。我从其他离开出版社的作者那里了解到，你让他们还有他们的书都一蹶不振。你也可以这样对待我，随你的便。尽管如此，我希望，为了艺术和历史，随着时间的推移，一种客观事实是可能存在的。我已经开始翻译蓬热[①]的剧本，译文'太短了'，你的'工作人员'这么认为（它有40页），但我想继续翻译；因为我觉得这个文本很有震撼力。如果你们出版社还想要这篇翻译，我会寄给你。彼得·汉德克。"[30]

暴怒之下，这个秋后算账实际上类似于汉德克在《戴米拉·戴米埃尔之塔》中描写的一个"不受控制的定罪戏剧"，这个戏剧瞬间却让他后悔莫及："一些东西是错的。是我错了。我内心的法庭游戏和审判，这当中有什么在过去是病态的，有什么在过去是错的？第一个开头就错了，开头就是错的。"[31]

最后，和解的愿望越来越强烈，还有那种对别人或许不公的感觉。齐格弗里德·翁泽尔德获得了赦免，尽管只是获准假释。"出版社是

---

① 弗朗西斯·蓬热（Francis Ponge，1899—1988），法国诗人、评论家。

谎言的王国,"如今汉德克仍然这么认为,"如今,作者们几乎比读者还多,出版社的工作人员只能依靠撒谎来拯救自己。在这种情况下,友谊已经不复存在,出版社永远排在友谊的前面。"[32]

在汉德克的朋友和女人中,没有谁不曾被这位作家的临时军事法庭打倒在地。"他有时暴跳如雷,"彼得·史蒂芬·容克说,"正因如此,距离事情发生过去了三十年,但直到今天我仍能感受到他的愤怒,只是记不清原话了。你以为事情没有了转机,但这件事第二天就被他忘了。"[33]

只有他最亲密的朋友们才会偶尔提及他们所承受的痛苦,这位作家通过长时间的沉默、致命的目光或激烈的谴责就能让他周围的人感到痛苦。"他能做到立刻二十分钟不说话。"阿尔弗雷德·科勒赤说。有一次,这两位朋友去施泰尔马克州南部的科勒赤的父母那里做客,汉德克突然大发雷霆,因为他的这位朋友在《手稿》上发表了埃尔弗里德·耶利内克的一篇批判性文章。"当时正在吃饭,他手里拿着刀子,突然说:'如果你再发表针对我的文章,我们之间就结束了,你将一无所获。'"[34]

"跟他谈话常常是当众受辱,这不仅仅与语言有关,还与他的行为方式相关。他对谈话中的一个动作,甚至是那些最微小的细节都要评头论足。"彼得·史蒂芬·容克解释说。[35]

"他有着惊人的记忆力。他能想起多年前别人冒犯他的话,"科勒赤说,"他对那些与他聊天的他不认识的人总是非常中立,甚至可以说是态度友善,"汉德克的这位老朋友补充道,"他不想跟他喜欢的人处在一种尴尬的状态中,也不想与他们东拉西扯。"[36]如同科勒赤在

1979年给汉德克的一封信中所说:"你的那种准确度在某些时刻给人一种难以名状的恐惧感,对你而言这是一种敏感,但它让我和我所说的话变得非常不确定。"[37]

"他总是试图纠正人们正在做以及应该做的事,"约亨·荣格说,"但他并不自以为是。他关心的是,人们以一种恰当的方式看待这个世界。"[38] "他对人性有着深刻的洞察力,正因为他看到了太多,所以不得不默默承受,"汉德克的妻子索菲·塞敏说,"这也是一种爱。"[39]

但是,这是一种什么样的爱呢? 科勒赤讲述颁发彼特拉克奖时的混乱场面:"他常常接连打击胡伯特。这真的很残忍。"汉德克的朋友胡伯特·布尔达自掏腰包资助这一奖项包括评审委员会的豪华之旅,汉德克也是评审委员会的委员之一。"很多人干脆逃走了,"布尔达回忆说,"我肯定被他打击过很多次,但我也因此变了一个人。没有汉德克,我就不会成为现在的自己。我忍受了所有这一切,因为他塑造了我。对我产生了影响,赋予我个人特色。友谊不是跟一个朋友一起打高尔夫,然后再一起去啤酒馆。友谊的本质在于朋友决定了你的个人特色。"[40]

彼得·史蒂芬·容克现在对汉德克的言语攻击也有了不同的看法:"如今我带着无尽的爱来看待这件事。如果这些人是他想帮助并且想指出正确道路的人,在塑造他们时,他真的觉得自己很重要。"布鲁诺·甘茨回忆说:"他能够体贴入微,关心他人。"

维姆·文德斯认为,如果没有与彼得·汉德克的友谊,他可能永远不会成为导演。"如果我没有认识他,我的生活肯定会完全不同。彼得以他的方式给予我巨大的勇气,他感染着我,让我敢于追求我的梦想。"[41]

他们读他的作品，爱着他，同时也忍受着他，最后他们始终是他的朋友。后来，他们中的一位甚至写了一部关于他的小说。

他照亮他人

2009年夏天，巴黎，卢森堡公园旁边一个宽敞的旧公寓。卢克·邦迪坐在一个大沙发上，一手拿着黑莓手机，一手拿着苹果手机。如今这位戏剧导演备受瞩目。他讲述了他朋友汉德克的故事，其间还和其他人通了电话。邦迪在沙发上越陷越深，最后几乎躺在了沙发上。自1967年以来，这两个人一直是朋友。

"他是一个有魅力的人，"这位导演说，"他也具备一种在群体中拥有话语权的必要能力，因此，可以说，大家整个晚上说的话都是围绕着他展开。"[42]邦迪回忆道，有一次他的父亲弗兰西斯科提到年轻时的汉德克，说他"总是在思考问题"。

有时据说他很残忍，对女性尤甚。"就像人们读斯特林堡的日记，"邦迪说，他短暂地停顿了一下，"他非常喜欢女人，但总跟她们争吵。"有次汉德克引用赫拉克利特的话：争吵是万物之父。① "我领教过他的攻击性，即便语言是被滥用了。"汉德克具有异常坚定的道德原则，有时他可以残忍地以一种让人无法理解的极端性执行他的原则。"他明确表示他不喜欢一些事情。"

比如1994年发生的那件事情。当时柏林剧院正在上演邦迪执导

---

① 赫拉克利特（Heraklit），希腊哲学家。这句引语常被译为"战争是万物之父"。

的汉德克的戏剧《形同陌路的时刻》，评论界对邦迪的剧作广为称赞。"他一点儿也不喜欢我执导的演出，他对我说：'你把它变成了你自己的作品。'首演后那个晚上，我心情不太好。在我和佩曼之间，他更喜欢佩曼的戏。"

邦迪无法认同这一看法："佩曼没有能力导演汉德克的作品，因为他达不到那种深度。"在戏剧界，他们之间无法互相给对方带来任何好处。愚蠢的是，克劳斯·佩曼在争夺汉德克戏剧作品导演权的竞争中多数时候处于领先地位。在2009年旺季，他们执导的比例是11:1。不过，邦迪追了上来。第二年，他在城堡剧院执导了汉德克翻译的欧里庇得斯的《海伦》。

如果有人认为像邦迪这样的人会被维也纳演出周的一些首演和经理工作压得不堪重负，那他们就想错了。邦迪还写了一本名为《窗边》的小说，于2009年秋季出版。[43]为他审稿的竟是彼得·汉德克。

这部小说讲述了老年、疾病和死亡。叙述者是一个名叫多纳迪的戏剧人，他不仅忍受着背部疼痛的困扰，还担心自己年轻的女朋友塞拉芬有一天会离开他。只有艺术以及对朋友们的回忆能够帮助他减轻忧虑。

他的一个朋友是已故艺术家英格·利希特："他是我们这个时代最伟大的雕塑家，生活在法国布列塔尼的一个村庄里。他为他的小物件盖房子，人们可以在这些房子的前面透过一扇狭长的窗户观看他的作品，但是绝对不允许触摸它们。"[44]藏在这位敏感艺术家背后的是谁呢？当他走进餐厅的那一刻，他潇洒、自信的举止吸引了所有人的目光，但他向来只点白葡萄酒，从不考虑波尔多葡萄酒。

2009年夏天的一个晚上,汉德克和邦迪在巴黎圣日耳曼大道的利普啤酒馆见面,有关真正葡萄酒的讨论很快就结束了。邦迪非要喝一杯红葡萄酒,而汉德克为我和他自己要了一瓶桑塞尔白葡萄酒。他将自己的阿玛尼西装上衣随意地扔在椅子上。餐厅里特别吵,餐厅服务员以其不友好的举止而臭名远扬,但这次他们异常友善。"他们一直都没什么好脸色,"汉德克边说边对邦迪冷笑,"除非有个犹太导演在这里吃猪肘子。"

他做的事是一种"愉快的炫耀",例如用放在高雅餐厅餐桌上的餐刀削铅笔,汉德克曾经承认过。[45]胡伯特·布尔达告诉我,早在六十年代,他就被汉德克在预订座位时的淡定态度所折服。[46]布鲁诺·甘茨也激动地谈起年轻的汉德克身上所散发出的成熟魅力:"每当他穿着非常漂亮的西装,在昂贵的餐厅里从裤兜里掏出五张百元法郎纸币,并说'这个让我的出版社来付'的时候,我都觉得这一切美妙极了。"[47]

在利普啤酒馆的那个晚上,作家没有随意摆弄桌上的餐刀。"昨天迈克尔·杰克逊去世了。"邦迪说着,然后把他的 iPod 递给汉德克。汉德克戴上耳机听 *Billie Jean* 这首歌,赞叹道:"如此精确的节奏,正好十分之一秒。"就在前一天,他跟利奥卡迪一起去听了莱昂纳德·科恩①的演唱会。第二天,他和女儿一起追随作家乔治·贝尔纳诺斯的足迹去了布列塔尼旅行。"一个伟大的作家。"汉德克这么认为。让邦迪气愤的是,汉德克还要了第二瓶白葡萄酒。

"每次我们看到他,"邦迪的小说叙述者的女朋友抱怨道,"他都

---

① 莱昂纳德·诺曼·科恩(Leonard Norman Cohen,1934—2016),加拿大著名音乐家、歌手、小说家、诗人。

要喝很多葡萄酒，必须告诉你'真相'，关于你的本质、你的工作。你每次都要听他的，这无异于一个自杀的人。我自己甚至还对着他点头：他让你卑躬屈膝，但你却崇拜他。'你不是你想成为的空想家。'或者：'如歌德所说，你是一个差强人意的天才。'"[48]

汉德克只是对这部小说原稿中的一些语言细节进行了润色，邦迪向我透露说，他没有改动任何内容，也没有改动那些对他的微弱嘲讽："他确实有一种自嘲能力。关键是这部小说是关于他本人的。"

的确如此，他的朋友们尊重这个叫英格·利希特的人，把他奉为神明，尽管他有时会贬低他们："他总是渴望让别人认识到他们自身的狭隘性。在他眼中，他们的价值是有限的，他们只值得在特定的环境中被注意到，而其他时候则另当别论。他强调他的温和。我们所有人都会说，包括我自己在内，'唉，他是个温和的人'，好像这有多么特别似的。我们也会说，'他变得更加温和了'，这是为了向我们自己辩解，证明我们并没有因为愤怒而想把他赶走。如果他的心情不错且对我们充满善意，我们才被允许待在他这儿的前厅，但在那后面还有很多扇紧闭的大门。"[49]

的确如此，卢克写了一本还不错的书，汉德克仁慈地说。有几处语言不太流畅，但整体上还不错。邦迪看了他朋友一眼，眼神中有羞涩，也有幸福。他的朋友则一脸严厉地看着他的杯子，然后朝邦迪露出和解的冷笑："我原本以为你写不出一个完整的句子。"

但是，汉德克也能干出别的事来。"他具备君主的某些特征，"彼得·史蒂芬·容克说，"每一个人对他的言行举止就像以往的平民对待国王一样。"[50]汉德克的宫廷中既有仁慈和恩惠，也有流放和死刑。

这位君主令人捉摸不透，人们无法得到他的恩惠。1975年，女作家卡琳·斯特鲁克请汉德克为她的小说《母亲》写一篇书评，他却在《明镜》周刊发表了一篇完全否定的文章。[51]在这篇"毁灭一个人的书评"发表后，这位女作家备受打击。她在给汉德克的一封信里表示她非常后悔，"我对你给我写书评的恳求过于急切"[52]。

不过，汉德克对弗朗茨·魏因采特、格哈德·迈尔、赫尔曼·伦茨等不知名的作家却鼎力相助，私下里给予他们建议并公开支持他们。"如果有人取得了巨大的成功，他反而抱有极大的怀疑态度。"汉斯·维德里希说。[53]

服务员端上开胃菜后，汉德克逐渐变得愤怒。

丹尼尔·科尔曼①？"他根本不是一个有创造力的人。他坐在电脑前，将细节组合到一起。"

埃娃·梅纳瑟？"几年前她写了一部关于父亲的小说。小说的开头是：'我的父亲是急产。'我当时就想，这些都是名副其实的报纸上的句子。"

英戈·舒尔茨②？"庸俗的家庭文学。"

奥尔罕·帕慕克③？"编织精美的商品。"

---

① 丹尼尔·科尔曼（Daniel Kehlmann, 1975— ）：德国当代作家，2005年出版的小说《测量世界》被译成40种语言。

② 英戈·舒尔茨（Ingo Schulz, 1962— ）：德国作家，主要作品有《三十三个幸福瞬间》《简单的故事》等。

③ 费利特·奥尔罕·帕慕克（Ferit Orhan Pamuk, 1952— ）：土耳其小说家，2006年获诺贝尔文学奖，主要作品有《我的名字叫红》等。

赫塔·米勒[①]？"工艺品。"

托马斯·曼？"这个托马斯·曼真让我恼火，他在歌德屁股后面卑躬屈膝。"

海米托·封·多德勒尔？"尽管他是个纳粹，但他是一个比穆齐尔[②]更优秀的作家，因为他对自己展开了诗学上的斗争。"

接着，汉德克正言道："有时我总在想，当我读到科尔曼一些信口开河的句子或赫塔·米勒写的书时；我读了十页，每个句子都只是一个主句，没有一个句子是在写作中得来的，而是事先以某种方式写好的，这时我就会对某种文学感到愤怒。这就是一个工艺。"

不，作家之间没有友谊，尤其是在奥地利作家之间。或者说存在友谊？ 汉德克的脸上突然浮现出笑容："当施蒂弗特祝贺格里尔帕策八十岁寿辰时，他称后者为一个'高贵的朋友'！"

接着，汉德克目光低垂，变得亲切起来："我可能与歌德谈得来。我可能会以我的斯拉夫方式劝他。我或许会说：'听着，约翰·沃尔夫冈，现在我们去那里看风景。'我可能会取笑他，说，他不用把背挺得那么直。"

听众中出现肃穆的沉默，一丝祥和的气息出现在利普啤酒馆的餐桌周围，汉德克说得正起劲。他提到了多德勒尔！贝尔纳诺斯！约翰·契弗[③]！"他不是一个爱吹牛的人，也不是追逐名利的人，他是

---

① 赫塔·米勒（Herta Müller, 1953— ）：德裔罗马尼亚作家，2009年获诺贝尔文学奖，主要作品有《低地》《独腿旅行的人》等。

② 罗伯特·穆齐尔（Robert Musil, 1880—1942）：奥地利作家，主要作品有《没有个性的人》等。

③ 约翰·契弗（John Cheever, 1912—1982）：美国作家，主要作品有《瓦普肖特纪事》等。

一个圣人,"汉德克对这位美国作家赞不绝口,"同时也是个笨蛋。"

正如本书所描述的那样,在利普啤酒馆度过的这个晚上就这样结束了。在所有人都酒足饭饱之后,汉德克拿出了他的黑色信用卡,在他的朋友邦迪的大声抗议下,汉德克买了单。

她们在他的句子中的位置

据说,读书的女人是危险的。但这种说法站得住脚吗?阅读不是写作的回声吗?男性最喜欢独自一人写作,为自己写作。在男性作家的作品中,女性一直以来不都是这些大师线上的木偶吗?有时他们让女性成为悲剧的主人公,比如冯塔纳笔下的艾菲·布里斯特;有时他们只让女性以曾被作家爱过,但却因为后来他要写作而又被抛弃的陌生人的形象昙花一现?比如塞缪尔·贝克特写的男性独白《最后一盘磁带》。

在汉德克的作家生活中,他一直对这个规则抱怨不已,不过行动上却以此为依据。他在《摩拉瓦之夜》中写道:"作为他自认为的作家,他没有权利同时跟一个女人在一起。他不允许自己成为任何女人的丈夫。[……]他必须成为第三个人,而不是夫妻中的一员。一种沉重又深刻的罪孽每次都压在他的身上,有时,他搂着这个女人,像是被施了咒,他的内心火烧火燎的。"[54]

最终,他都选择了写作,并因此忍受着与浪漫毫不沾边的孤独。"他对自己非常严格,始终如一,因为他知道:这是法则,"汉德克的第一任妻子利普伽特·施瓦茨说,尽管所经历的一切,她依然对他的坚毅表示钦佩，"他将那么多困难变成了正能量，并从中获取力量。"[55]因此，他找到了自我。

但是，那些女性呢？"后来我变得沉默。"施瓦茨谈到她与彼得·汉德克漫长婚姻的最初阶段，1994年，双方在达成谅解的情况下离婚。"后来很多人都说，她说话的风格与他写作的风格并无二致。"玛丽·库滨回忆起她与汉德克共同生活时几乎失语的情况。[56] "彼得不是那种让人如沐春风的男人，他喜欢责备别人。"汉德克的第二任妻子索菲·塞敏说。[57]

如果换一下，如果让这些女性用语句武装自己然后骂回去，又会是什么样的情形呢？2009年，贝克特的《最后一盘磁带》和汉德克的《光的一个问题或直到这一天把你们分开》在萨尔茨堡文艺节上进行了双首演，这是一个独一无二的组合：作为对贝克特剧本的回应，汉德克创作了他的女性独白，贝克特剧本的主人公是一位过气的作家科拉普，六十九岁的他在临终前开始听磁带，回想他对一个"陌生女人"曾经的爱。

汉德克让这个陌生女人开口说话，在她愤怒的演讲中，她毅然决然地与这位作家走上法庭，他死了，"咽了气，看上去就像人咽气时那个样子"：一个愚蠢的国王，一个人类幸福的失败者，他们两人曾在夜晚的小船上度过了短暂的幸福时光。

1975年，贝克特想写一部关于船上女人的作品。最终他没有写，汉德克也没有写，因为汉德克这个女性形象与古希腊山林和回声女神艾蔻（Echo）相似，她只能重复别人对她说过的话。在汉德克那里，我们对于这个女人也了解甚少，而对她所谴责的这位重要作家却所知甚多。

她的控诉也是对他的演讲和他的沉默的回应。她的抗议对这位作家去世后的声誉也有所裨益，他一直将自己视为"这个明亮如白昼的游戏世界的冠军"，却把这个女人留在了她春过无痕的夜里。他活着的时候又是怎样的呢？ 在他还是个孩子时，这位目光阴郁、预见不幸的预言家就已经在他的周围建造了一座"不愿结束阐释和预示的庙宇"，从那时起，他就仿佛被困在庙宇的地牢里。晨曦中的大师。一个在沉默中拥有支配他人权力的人，这一点在她的演讲中更加明显："我的位置，"这个女人抱怨道，"只在你的句子里。"

毫无疑问，汉德克在这里是在为自己画像。人们的第一想法肯定是他将艺术和生活如此巧妙、自信地联系在一起，正因如此，一些戏剧评论家认为，这只是对贝克特作品的理解接受或类似的无聊玩意儿：汉德克不仅带着肤浅的阐释艺术上了法庭，还带上了他自己的生存状况。这样的素材他应有尽有。这部剧是献给索菲·塞敏的。2009年8月9日，玛丽·库滨坐在前排包厢里观看了这部戏的首演。一年后，她也将出演这部戏。这部戏在格蒙登戏剧周的演出成为这位作家与他作品中隐藏的过往的一种和解。她排练时"有时感觉自己仿佛在与自己讲话"[58]。

写这部戏时汉德克六十五岁，比《最后一盘磁带》中的科拉普年轻不了几岁。《直到这一天把你们分开》是这位日渐衰老的作家对自己的清算，也是对艺术家生存状况一种冷峻的、伟大的自我剖析。汉德克典型的游戏风格与他特有的忧郁形成了鲜明对比。这算得上是一种把这位艺术家从女人"怒放的生命"中带走的宿命般的艺术奉献精神。

"你同样不相信那种永恒，否则我们将永远在一起，你和我，而不是过后我只出现在你的词语和句子里。确实，在过去这是一个什么样的节日呢，多么和谐。那一刻你却不像个男人。"[59] 分开这对夫妇的不是死亡，而是白天。因为对这位晨曦中的大师来说，随着黎明的到来，写作的时刻也开始了。

贝克特的科拉普认为，写作是由"风暴、夜晚、认知之光和灯塔组成的无坚不摧的组合，直到生命结束"。汉德克的作品中也出现了天气警报：在戏剧《风暴依旧》临近结尾处出现了两次。这段引文是莎士比亚《李尔王》的一个舞台指令，早在二十年前汉德克就把这句话写到了他的日记中。[60]

可能从哪里刮来的风呢？

"我曾经以为我拥有这部作品。"索菲·塞敏说。[61] 在首演前一年，她在萨尔茨堡的米拉贝尔宫朗诵了汉德克最初用法语写的内心独白，当场有这位作家和几个朋友。索菲心潮澎湃，她饱含激情、抑扬顿挫地朗诵了这个女人的台词。"他根本不喜欢这种朗读。"一个朋友叹了口气说，汉德克对他妻子的朗诵严加指责，言辞之激烈，以至于在场的人不得不去保护她。他们中大多数人都经历过这种情况。

当他们还是夫妻时，利普伽特·施瓦茨说，她常常问自己如何跟她的丈夫讲话。直到她看到电影《老爷车》中的克林特·伊斯特伍德时，她才明白过来。"我当时恍然大悟：就是那个中国女人跟克林特·伊斯特伍德说话时的样子，就是那样！"他是一个"白色魔鬼"，电影中的这个女孩如此嘲讽这位老战士，而伊斯特伍德的回答言简意赅："是的，我是那个白色魔鬼。"

那么，从来就没有和平吗？

不，有过一次。在《摩拉瓦之夜》里的那个船屋里，法则失效了，这位"曾经的作家"不再是独自驾驶他的汽艇。"他和一个女人，这如何是好？"朋友们对此感到惊讶。[62]接着，汉德克让他的主人公再次讲述和索菲·塞敏 —— 他生命中的女人 —— 第一次见面的情景。

这并非世外桃源，叙述者心知肚明，"我们之间可能会爆发战争，那个跟他一样凶残的人，在任何方面都能应对这种传统的夫妻之战。"[63]他知道他们将暂时离开对方：索菲投入到演员罗伯特·洪格·比勒的怀抱，而彼得则在卡佳·弗林特那里找到了温柔乡。然而，他将这对爱人第一次见面的情形定格成了一个永恒的画面：

"这两个人在一起旅行时 —— 途中也在实地考察 —— 火车和公交车穿过这个大洲，竟然没有发生事故，没有爆发新的战争，他们当中没有亲戚死去，那些生病的人在这段时间内有所好转。原本以为事情无法改变，早已被安排好，在这段终有尽头的日子里，它一定会发生，随时可能发生。他们一起出发时 —— 即便是退休了也要启程 —— 这些厨师的白色围裙又变得那么洁白，比任何一个洗衣粉广告里的还要白；能看到太阳，没有失明的危险，草原挨着奥林匹克体育馆，阿尔卑斯山的顶峰线与枣椰树森林相接，这位亿万富翁的庄园没有城墙或篱笆，与那些难民的帐篷城相邻，修道院花园挨着洲际机场，动物收容所与微笑中心毗邻，高尔夫球场挨着这片荒地，噪音通道挨着沉默迷宫，矿山坑道挨着这些滑翔机的起飞礁石；地图册与黎巴嫩之间没有距离，从圣雅各布因罗森到圣地亚哥是一段小路，从地球到金星几乎是转瞬之间，有一天晚上，金星像火星一样闪着红光。

在一个美好的日子里，威廉·福克纳笔下愚笨的主人公跟着他爱的奶牛一起跑到这里。然后，约瑟夫·K在去火车站的路上迷了路。一个盯着火车看的男人站在那里。鲍尔和宾德舍勒在落日反照到石灰岩上的霞光中漫步。在另一个美好的日子里，樱桃果园开花了。此外，这座桥拱立在德里纳河之上，尽管这条河根本不是德里纳河。一只狗在不停地吠叫。过了一会儿，两个人停在原地亲吻。然后呢，或者在这之前呢？不，这时，一辆自行车缓缓地倒下了，一个球从灌木丛中滚出来，春天的一片云变成了夏天的一片云，一只耳环发出叮铃铃的声音，一个跑步的人打招呼，一条鞋带被系上了，一个熨斗发出嚓嚓的声音，水中的一张报纸沉到了水底，一个舞池里挤满了人，但没有一个地方，'从未有一个地方'见过一个叫浮士德的人走在圣灵降临节所创造的林间小道上的，更不要说一个叫梅菲斯特的魔鬼、尼禄、美狄亚、麦克白夫人或一个邪恶的魔术师，根本没有见过三K党、成吉思汗乐队[1]、卡拉·沃姆·布鲁克、格林戈·布施[2]、帕帕·贝内代托[3]、乔西普·费舍尔曼[4]、马格达内拉·甘哲尔[5]、伯恩哈德·辛里

---

[1] 成吉思汗（Dschinghis Khan）乐队：德国一个流行乐队，乐队的名字来自他们在1979年欧洲歌唱比赛中的演出曲目。

[2] 格林戈·布施（Gringo Busch）：依照本书作者在书后的注释，这一名字源于美国前总统的名字 George W. Bush。

[3] 帕帕·贝内代托（Papa Benedetto）：这一名字源于教宗本笃十六世的名字 Pope Benedict XVI，他是第八位德国籍教宗。

[4] 乔西普·费舍尔曼（Josip Fisherman）：依照本书作者在书后的注释，这一名字源自德国前外交部长的名字 Joschka Fischer。

[5] 马格达内拉·甘哲尔（Magdalena Ganzhell）：这一名字源于 Madeleine Albright，她是美国历史上第一位女性国务卿。

奇·格鲁克斯克劳特、奥西姆·维克森和其他所有人的踪迹；即使是A.许特勒也从未出现过。上帝保护这些相爱的人，反过来说，这些相互鼓励或者说这些狂热的人，他们又保护着谁呢？是的，又是谁呢？"[64]

爱情让时间瞬间停止，也刹住了历史的车轮。爱情使人忘记争吵，也包括政治上的纷纷攘攘。这一次，世界文学中所有的悲伤爱情故事都有了一个美好的结局。世界游移在梦境和现实之间，有颤抖的一秒钟那么长。

格里高尔的花园

2003年，汉德克为了参加他刚刚翻译完成的《在克洛诺斯的俄狄浦斯》的首演而前往维也纳。然而，在机场时他突然开始憎恶维也纳市中心：

"那时候我想着，我不喜欢去市中心，对我来说，那像是一个与世界作对的地方。因此，我从机场步行到多瑙河畔，根据一张地图找到了无名公墓。那里有一家名为'通往无名公墓的酒店'的地方，我心想：太好了，去城堡剧院之前，我可以去那里喝一杯。这真的是我生命中最美好的时刻之一，因为在那里，我在奥地利找到了一个家的感觉。"[65]

每个牛仔都有他心中的纪念碑谷和布拉沃河。在那一天，在多瑙河畔，它们在他的身旁。"这里尘土飞扬，到处是灰尘，我喜欢这个景象。这里有河谷草地，有蛇、蘑菇和旅馆。在春天长出木耳，然后蛇会出现。好吧,这些是无法实现的梦,就像以约翰·福特命名的那个纪念碑谷一样。"66

汉德克一生都崇拜这位美国西部片大师。在他还是一个年轻的小伙子时,他戴着约翰·福特式的有色眼镜。他克隆伯格房子门口的门牌上写的不是"汉德克",而是"约翰·福特"。这位作家还把一篇与这位导演有关的文章贴在了大门上。"好像他为自己在观察这个世界时所带有的脆弱的、寻找的目光感到羞耻,"福特的传记作者约瑟夫·麦克布莱德这样写道,"福特把自己的眼睛藏在一副墨镜和一个独眼眼罩后面,这让他的脸看起来如海盗般气势汹汹。"67

约翰·福特有时对同一个人既极为仁慈,同时又像魔鬼般残忍。"他对一个人的友好程度总与他的喜欢成反比。"这位导演的一个朋友如此评价福特。作家达西·奥布莱恩[①]把福特称作一个"衰老的、多愁善感的、残忍的、天才般的狗杂种,五十年来,他对自己做的事情都了如指掌,没有他,就没有这种形式的美国电影"68。

那么,汉德克呢? 早在五十年代,在格里芬的村庄电影院里,他就凭直觉认定这位伟大的西部片导演是终身与他心灵相犀的人:

"我觉得自己像是约翰·福特的一个孙子。我有一种感觉,觉得他可能是我的祖父。我认为我跟他很像。如果我跟他一样曾拥有权力,我可能跟他完全一样,都令人讨厌。善良但却让人反感。我觉得我可能也非常情绪化。他这个人非常情绪化。一个极度敏感的人,充满仁慈和蔑视,这两点他兼而有之。"69

---

① 达西·奥布莱恩(Darcy O'Brien,1939—1998),美国小说家。

难道汉德克没有权力吗？他不就是这么做的吗？"约翰·福特是一个伟大的美国人，总统们可能为他做了一切，所有的一切，"汉德克非常肯定地说，"除了不想阻止他喝酒。"

2010年2月19日，奥地利联邦总统海因茨·费舍尔在霍夫堡会见了汉德克。这次私人谈话也涉及这位作家回奥地利的相关事宜。费舍尔向汉德克承诺将帮他购置一块合适的地皮，如果他想在奥地利定居的话。汉德克考虑了一下。他告诉这位总统，他不打算住在布尔根兰和萨尔茨卡默古特湖区，这让总统感到惊讶。维也纳市中心不在他的考虑范围之内，托马斯·伯恩哈德曾在市中心住过。汉德克的选择超出了这位奥地利国家元首的预期："在郊区某个地方，沿着宽阔的多瑙河，类似于塞尔维亚，多瑙河确实流经那里的一个无名墓地。"

无名公墓位于维也纳第11区，在宽阔的多瑙河的一个转弯处。因为河水流向，在无名公墓这个地方，尸体一次又一次被冲到岸上来。上百年来，那些没有名字的人被安葬在河岸附近的墓地里；总计有五百八十二名死者被安葬在这个半隐蔽式的墓地里。步行前往这个偏僻之地的人将得到一个惊喜：十字架上不仅有年份，一些墓碑上还刻有名字。或许是这个无名公墓的一个公墓管理员虚构出了这些信息？他不想把这些不幸的人作为无名氏埋到地下？诗人啊，唤出这些亡者的名字吧：格里高尔、汉斯、玛利亚……

另外，还有一个公墓，距离这个无名公墓有几千公里的距离。那是克里米亚半岛上的德尚科依墓地。格里高尔·肖茨长眠在375号墓地，他于1943年11月11日阵亡，当时三十岁。[70]在他阵亡前几个月，也就是1943年7月，他伤痕累累的弟弟汉斯在俄罗斯北部阵亡，年仅二十岁。他被安葬在"新圣女英雄陵园"里。有一张这个时期的照片上是穿着军装的两位兄弟，在格里高尔的讣告上，这个舅舅的身份不知为何又变成了平民。

谁能带回这些亡者呢？

对汉德克来说，给事物命名并描述它们，从一开始就是一种以永恒抵御易逝性的手段。早在1962年，他在给父亲埃里希·舍内曼的一封信中讲述他写作的主要动机。他说，一只鸟儿的歌声可能转瞬即逝，但如果他对其进行描述，那些字母将永远存在，"不同于鸟儿的鸣叫声，字母矗立在那里，展示着过去，就像一个空白的钟表盘，指针不停地向前移动"[71]。汉德克的写作是一种复活的形式，文字是死亡之后的再生。这封信的日期是4月18日：这是一封复活节信件。

早在《大黄蜂》中，汉德克就以文学化的方式复活了他已故的舅舅格里高尔·肖茨。这个名叫格里高尔的人一直是他"写作的祖先"，在他的作品和梦境中，与他母亲的其他亲戚一起神秘出现，以拯救者和和平使者的形象示人。

在两次世界大战期间，格里高尔在南斯拉夫马里博尔农业学校学习果树和葡萄种植，并在回到格里芬后建立了一个果园。如果汉德克回到他古老的家乡，他经常会去看看这个现在已经荒芜的果园。这是一个特别的地方，一个"崇高的祖先纪念碑"[72]。在《去往第九王国》中，汉德克描述了外祖父曾在那里用他的榛条棍子扎穿一条蛇的情景，原文如下：

"它不仅在当时一整天里，而且在这些年间都缠绕在那个叉子上。叉子固定在打入地里的木桩上。比起所有那些阳光果实，它更加持久地成为这个地方的标志。如今它已经悄然地消失了。在果园最荒凉的角落里,我对着自己的先辈,同样在寻找一个孩童的那双眼睛,离开了亡灵的声声哀诉,摆脱了那个'四分五裂的永恒之国'(哥哥如是说),接着我直言不讳地说:'真的,我将会给你们叙述!'当然不是以胜利的声音,而更多是以失败的声音。"[73]

这是汉德克最初开始写作的时刻:他讲述了这些祖先以及他们被逐出伊甸园的故事。这个被称为伊甸园的花园实际上是格里高尔的花园,他具备一个耶稣像所有的特征。偏偏是不信上帝的母亲把这个死去的人称为"为人子的榜样"。一听到他即将归来的消息,她就立刻为他备好房间,还洗一洗门槛,用花环装扮大门,而父亲则驾着马车去迎他,"朝着空旷的天边驶去"[74]。

格里高尔的花园是一个与公墓完全不同的地方:伊甸园。"与活着的人相比,我至少可以对逝者有更多的承诺。"1987年11月17日,汉德克在格里芬教堂的家乡公墓中记下了这些话。之后,他出发前往格里高尔的花园:"在祖先的果园里,这些没有被采摘的苹果摇晃着,摇摇晃晃,苹果上还有雨滴,乌鸦的叫声在空中响起,从远处的小溪传来其他小山丘上的石头被水冲刷的声音:不,我对果园的探索还没有结束,对祖先的探索也仍在继续。"[75]

在《摩拉瓦之夜》中,用来存放格里高尔苹果的水果窖其实是一个废弃教堂的地下室:"有一天,这个哥哥在刨地时发现了这间地下室,然后把它偷偷地清理了一下。水果窖的拱顶是以前那个教堂的拱顶。如今,这个地下室又变成了教堂,不过更多时候是被偷偷地使用,肯定没有正式开放。没有任何一处暴露在外面,这是殉教者的埋葬之地,或者地下墓穴。"⁷⁶这些秘密的信徒来自世界各地,他们聚集在这个隐蔽之地:这是"第九王国"的领地,是汉德克的读者群。

随着年龄的增长,汉德克越来越深入挖掘他先辈的故事。他们离开这个世界的时间越久,在他的作品中就愈发有活力:把他们写到作品中,以抵御死亡,反对战争和破坏。

1996年,在穿过塞拉德格雷多斯山脉时,汉德克在一个草原公墓里休息,他注意到了两个新的墓地。第二天夜里,他梦到:"我跳到母亲墓穴的上空和上面,墓穴上有裂缝,从裂缝中传来一个痛苦的声音,接着,母亲从地下出现了,没有被带去生命,而是在那地下生活,这是之前约好的,我们庆祝着重逢时,母亲变成了我的孩子。"⁷⁷

在汉德克用《无欲的悲歌》为他的母亲立了一座丰碑后,他在《摩拉瓦之夜》中实现了母亲三十年前在最后一封给儿子的信中说出的愿望:他将她的房子变成了一家旅馆。⁷⁸作家在写作时似乎继续与逝者们对话,并唤醒他们。

与此同时,汉德克自己的生活也在无人湾继续,像往常一样。他缝补自己的衬衫,为衬衫刺绣,敲开坚果,在沙维勒附近的森林中徒步,越过弹坑,为减轻写作而引起的关节炎疼痛,在采蘑菇时他将手伸进荨麻中。⁷⁹夜里,他躺在床上,常常辗转反侧,无法入眠,内心的涌动和思绪纷飞,直到梦一般的睡意追上他:"谜团重重的黑夜,是时候进行新的转变了吧?"日记里这么写道。⁸⁰"睡觉时感到心痛,母亲去哪儿了?"改日再说。⁸¹

2008年1月3日是他的外祖父格里高尔·肖茨逝世三十三周年忌日。在这一天,汉德克回想起"奥特画廊"里的一个箱子,他的外祖父把他对"一战"的记忆都封存在这个箱子里。[82]

当汉德克还是个小男孩时,他经常坐在这个箱子旁边看书,一看就是几个小时。这个旧箱子里除了有外祖父保存的各种与世界大战有关的破旧物件,还有其他一些东西:儿子们在战地写给父亲的信件以及格里高尔在马里博尔农业学校读书时制作的果树种植工作笔记。

在《去往第九王国》一书中提到的果树种植工作笔记并非虚构。这本笔记是真实存在的,汉德克将其放置在他位于沙维勒的房子中,这个新的存放地点更加凸显了它的意义:笔记悬挂在他书房里的圣像角里。"我时不时抬头望一眼。"汉德克说道,他把工作笔记从这个神圣的角落中取下来,然后把它放到桌子上这些发黄的战地信件旁。[83]

来自天堂的风暴在呼啸

钟表的这些指针不停地向前走,没人能够停止它们。一秒钟已经过去,几个小时飞逝,几个月悄然溜走,一切都是明日黄花。格里高尔写下果树种植笔记和寄出战地信件之间只有几年之隔。"Sadjarstvo!"——果树种植——这个舅舅用叹号把它写在笔记的扉页上。这听起来像是一条命令。格里高尔记录的时间是1936年——距离奥地利加入德意志帝国还有两年的时间——这些记录全部是用斯洛文尼亚语写的。在这个笔记本中撰写者用干净的手写体描述了许多苹果品种,还记录了果树的藤架。对汉德克来说,舅舅隽永有力的笔迹是一个(无法企及的)标杆。

三年后,战争爆发了。过了没多久,格里高尔和他的弟弟们被征兵入伍。即使在战争期间，他也是一个"苹果人"。他从荷兰给家人写信，并没有放弃希望："如果上帝把我们完好无损地带回家乡，"1942年10月8日的一封信中写道，"我将向我最敬爱的家人证明，即使没有一百公顷，也能过上体面的生活，而且可能日子更安宁也更实在。"[84]格里高尔却再也见不到他的果园了。

第二年，格里高尔所在的部队被调往俄罗斯，很快他们就在克里米亚半岛上作战。格里高尔曾经娟秀的笔迹变得潦草起来，费了好大劲儿才能认出那些战地信件上细小潦乱的铅笔字。在这期间，他的外甥出生了，而他最年幼的弟弟却战死在俄罗斯战场上。1943年10月，格里高尔在临终前向家人传达了他最后的音讯："我们在这里过的日子更像是原始人的生活，一点儿不像高度文明化的德国。"

这些东线上的士兵打开应急帐篷，在暴风雨中蹲在野外，等待着"从克里米亚半岛胜利撤退"。这是写信人的讽刺评论。格里高尔所处的绝境在信里表达得很清楚："时常出现令人绝望的情形，你那时就想着，必须要火拼了，对父母和兄弟姐妹的思念却压住了内心的愤怒。"之后，格里高尔·肖茨开始讲述他在暴风雨肆虐的战场上做的一个美梦："战争结束了，朱尔[格奥尔格]和我回家了，我们俩同时结婚了。我们乘坐一辆大车到了修道院，接着去了教堂，这时一辆漂亮的汽车出现了。从车上走下来一位年轻的先生和一个穿着得体的老妇人。他们走近时我才发现他们是汉斯和外祖母。婚礼结束后，他们又消失了。真的，人在这儿待着会浮想联翩，也会做梦。"三周后，格里高尔·肖茨死了。[85]

六十五年过去了，他的外甥也做了一个梦："故去的先辈在游行，还有那些邻居，他们都是这个村子里的人，他们的神情介于庄严和威胁之间，我和他们所有的人一样老。"2008年1月，汉德克在日记中写道。[86]汉德克正在构思一个新的戏剧，关于"二战"时克恩滕州游击队员的故事，"我家人的故事"[87]！一年后，剧本完成。名为《风暴依旧》。

这些故去的先辈再次出现在汉德克的作品里，他们与作者"我"聊天，而"我"则站在克恩滕州尧恩野外一片刮着风暴的平原上，"我"背对着天堂，几乎与瓦尔特·本雅明的《故事天使》如出一辙：

"另外，我突然又变成那个伸开双臂向尧恩战场做出场手势的人，我没有转身，为了我们俩人能够相伴，无论是作为尖兵的身份，还是队长的身份。毫不夸张地说，当我的目光掠过肩膀，朝向空旷处时，所有的亲戚都出现了，每个人都和他们活着时一模一样，也穿着平时的衣服，每一个人都是如此。其中也包括格里高尔：不！不能这样。你没有权力讲一个童话故事。现在你还觉得自己是导演。家乡失去过一次就永远失去了。风暴依旧在肆虐。持续不断的风暴。风暴依旧。"[88]

格里高尔在这个剧本中的名字是"约纳坦"，他加入了游击队，尽管这完全违背了他爱好和平的天性：假如弟弟和父亲想带他去打猎，他宁可去他的果园。"你是一个苹果人，一个苹果人不适合打仗。"父亲对他说。[89]

在这个狂风乱作的平原上，与先辈一起出现的"我"却是一个敌人的孩子，他的父亲是德国士兵，就像格里高尔所骂的那样："是的，这个人向我展示了敌人的面孔，这个魔鬼，他把我们这些当地人从家里赶了出去，一个都不留。小侏儒、死人和篡权者的坏子，家庭公敌，人民公敌。从摇篮里滚出去，带着这个私生子滚到狗窝里去！"[90]

这是在效仿莎士比亚的梦幻剧。汉德克并非突发奇想才将这个戏剧的名字与《李尔王》的舞台指令联系在一起，他使用招魂术时肯定也想到了《哈姆雷特》："你们所有的先辈都是我爱的孩子。不仅因为我想在你们画像前日夜点燃灯火：还因为我想抚摸你们亡者的头，将它们捧在手中，就是这样！"[91]爱最终占了上风，舅舅对这个外甥的愤怒消失了："我们当然会留在你这儿，你想到哪儿去了？你这个大白痴，你难道不知道我们将一直留在你身边，直到你的生命走向尽头，或者更久？你这个大白痴！"[92]

随着希特勒德国的灭亡，看起来这些游击队员好像取得了暂时的胜利。然而，不久后新的当权者出现了，冷战开始了，格里高尔的果园被夷为平地。如果破坏没有尽头，故事将永远继续下去吗？

1942年12月，彼得·汉德克在接受洗礼时，他的教父正在战场上打仗，不得不让他的妹妹代替他。他在心里却记挂着这个新生儿。1942年11月10日，他给妹妹玛利亚写信："亲爱的米奇，祝你有一个轻松的时刻，祝你好运，早日康复，也祝你的小宝贝健健康康。如果这个时候你挺过去了，一切都会变好的。我多么想成为孩子的教父，但战争不允许。以我的名义，一切都会好起来的。"[93]

彼得·汉德克一生都在遵守这一使命。他以他写作先辈的名义让时间的指针停止，让这些亡者复活。他唤起叙述的权利和力量，即使违背了这个世界上的所有法则："是的，我是导演。我是那个从你们那里夺取权利然后交到他手中的人，这个古老的权利。让我这个梦想家来停止这一切吧，我无能为力地看着他做梦，又无法阻止他的梦境。

我醒了。我就是权力。Jaz sem oblast. Jaz sem avtoriteta（斯洛文尼亚语：我就是权力），我是那个有决定权的人……"[94]

直到今天，汉德克每天早上坐在自己的房子里，在日出之前开始书写一个和平世界的梦。"一笔又一笔，铅笔与手指融为一体，我得到了一只书写之手，书写一些美妙又沉重、意味深长的东西。这不再是随手记录，而是一种描述。"[95]

叙述仍在继续。这颤抖的一秒还在持续。和平是可能的。花园里花团锦簇。"我们不再为后世乘凉而辛苦劳作了。"这位作家结束了他的故事。[96]在人类的深夜，终将有一道遥远的光芒闪现，叙述的太阳：晨曦。

第 8 章 天选之子

> 地狱空空荡荡，魔鬼都在人间。
>
> —— 莎士比亚《暴风雨》

公布于世

"如果有人在十五岁时就写出这样的作文，五十岁时他会得诺贝尔奖。"汉德克的德语老师曾对他最爱的学生说过这样的话。[1]莱因哈特·穆萨的话没有说错，尽管他的学生把得奖时间推迟了四分之一个世纪。

2019年10月7日，瑞典学院宣布彼得·汉德克获得诺贝尔文学奖，这个消息震惊了众人。几乎没有人料想到这位永远不合时宜的汉德克会获得这个奖。这位得奖者本人却并没有对此感到惊讶。

"你想保留这件燕尾服吗？"2019年11月，我们在巴黎见面时，我问彼得·汉德克。"天啊，我穿着这件燕尾服就能立刻躺进棺材里了。"从斯德哥尔摩传来消息已经过去几个星期，这位得奖者还不得不问答这样的问题，得到这个世界上最重要的文学奖项并将其握在手中到底是什么感觉。

我们坐在蒙帕纳斯达大道上一家名叫"被挑选者"的酒吧里。汉德克刚刚从电影院里出来,《五指》是约瑟夫·曼凯维奇导演的一部古老的间谍惊悚片,他看完电影后,觉得心情沉重。在去酒吧的路上,经过一个自助拍照亭时,他突然产生了给自己拍张照片的念头。这是他过去的一个习惯,汉德克会突然消失在路上遇见的每个自助照相亭里,这个习惯记录着彼得·汉德克的变化:"不过这次是十年来第一次给自己照相。"[2]

这位艺术家的照片是一个年老的诺贝尔奖得主的画像:他看起来疲惫、脆弱并充满警觉。他的目光寻找着摄像头,但并未露出充满胜利信心的笑容。汉德克戴着一顶插着肉食鸟羽毛的皱巴巴的礼帽,身穿一件旧的 Dior 西装。翻领上的镶边是他自己用彩线绣上去的。"做这些小事大有益处。早上缝补刺绣时,我可以任由自己的思想驰骋。园艺工作无法带给我任何幻想。"[3]

不过,现在没有时间去缝补刺绣了。在消息宣布当天,全球媒体就侵入到他安逸的无人湾。他没有感到快乐,他对那些媒体代表说,在那天他们成群结队地来到他沙维勒的房门前,甚至闯入他的花园。取而代之的是:一种无辜的感觉,至少在那一刻是如此。接着,他引用了 —— 典型的汉德克发言 —— 他的同胞海米托·封·多德勒的话,并解释说,他觉得自己"像是被从自我的柱子上解放出来"[4]。

从那之后,几乎每天都有记者朝圣般地到他那里,但并不是所有人的来访都以和平告终。在我前去拜访的前一天,他将一个奥地利记者轰了出去。在问了一小时无关痛痒的问题后,那位记者提到了塞尔维亚。汉德克直到现在仍然感到愤怒。这是在滥用他的好客。他默默地陪着那个男人走到屋外，然后砰的一声把门关上了。"我差点儿把他打倒在地了。"汉德克说道，因为内心的愤怒，他感到精疲力竭。

外祖父遗传给他的易怒倾向没有带来任何益处。他的日记一直记录着他愤怒爆发时的情景，包括最近的几次："魔鬼路西法每天都在我的心中作怪，每天他都轻轻地坠落在地狱。"[5]在他身边的人应该保护自己。

几年前，他把《法兰克福汇报》的一个记者暴打了一顿。还有一次，他辱骂了哲学家尤尔根·哈贝马斯，因为这位哲学家声称自己不知道披头士《黄色潜水艇》这首歌，这使汉德克大为恼火。

对于汉德克来说，诺贝尔奖是情感的冷热交替浴。"那不是快乐，"他若有所思地重复了一遍，"那不是快乐。"他想了一下，然后说："尽管如此，那是一种平静。"

大师的黄昏 II

尽管如此，在过去几周里，汉德克一直是愤怒争论的聚焦点。2019年10月10日，瑞典文学院宣布彼得·汉德克获得2019年诺贝尔文学奖。这个消息一出来就引起了国际舆论的一片哗然，这在诺贝尔奖历史上还是首次。

美国笔会发表声明，宣布与汉德克保持距离，理由是他"公开支持那些种族屠杀的统领者"。不同国家的反应不同，这一决定在巴尔干半岛引起的反应也有不同，其中既有恐惧也有欢呼。"斯特雷布雷尼察的母亲们"是1995年塞尔维亚人对波斯尼亚人进行大屠杀的幸存者组成的团体，他们在瑞典驻萨拉热窝大使馆前游行示威，并写信给瑞典皇室，请求国王卡尔十六世和王后亲自阻止颁发这一奖项。

颁发诺贝尔奖给汉德克随即成为一个政治事件。阿尔巴尼亚总理在推特上说，他简直要"吐了"。科索沃的一位前外交部长骂汉德克是一个"修正主义的、令人恶心的文盲"。塞尔维亚导演埃米尔·库斯图里察一直是汉德克的朋友，却宣称："汉德克获得诺贝尔奖证实了人们永远不应承认科索沃独立的想法。"[6]

"汉德克让别人骂观众，在巴尔干半岛上连一头猪都不会对此有兴趣，"作家萨沙·斯塔尼西奇在推特上评论说，"这个奖项只是政治性的奖项。"[7]

> **莫里茨·封·乌斯拉（Moritz von Usular）@MoritzvonUslar**
> 汉德克的姿态"去你们的！"我只对我极端艺术中的"我"负责，那个"我"完全正确，特别优秀。人们必须爱他，后来所有相关的一切都是错的。关于这个原创戏剧已经有好剧本了吗？

> **霍里欧 @Holiode**
> 没有品位→汉德克似乎在他《偷水果的姑娘》中已经提前进行了这个表示敬意的、无关紧要的时代访谈："我本来还能长时间地听到那笑声，尽管它听起来很微弱，仿佛来自一个石窟。"

> **萨沙·斯塔尼西奇 @sasa_s 2019年11月7日**
> 在伊沃·安德里奇之后，南斯拉夫有了第二个诺贝尔奖得主！

在这位来自波斯尼亚黑塞哥维那的德语作家和德国图书奖得主写了上百条推特并且写了一封反对给这位作家颁发诺贝奖的感谢信之后的那些天,他变成了最著名的汉德克批评者。

巴尔干半岛对一场被尘封的战争一直感到愤怒,而在西欧,这场战争早已不被重视。因为获得诺贝尔奖,汉德克成为他们愤怒的发泄对象。这场发生在九十年代的南斯拉夫战争夺走了四万多平民的生命。2017年,国际法庭就已对原南斯拉夫进行了最终判决。成立海地丘吉尔普林法庭是冷战结束后国际审判的里程碑。所有参加战争的各方都受到了审判:塞尔维亚人、克罗地亚人、科索沃阿尔巴尼亚人、波斯尼亚克人。波斯尼亚塞尔维亚人曾经的首领拉多万·卡拉季奇和他的将军拉特科·姆拉迪奇被判处终身监禁,但也有许多战犯逍遥法外。

诺贝尔奖委员会的一些成员为这些批评感到震惊,他们坚决捍卫诺奖得主汉德克的选择。诺贝尔奖委员会主席安德斯·奥尔森在给波斯尼亚和黑塞哥维那出版商团体的信中强调,委员会认为,在一个开放的社会中,必须给予对作家和"他们的文学作品不同的、理性的阐释"空间。[8]

瑞典学院常任秘书马茨·马尔姆和学院成员埃里克·M.鲁埃森在《瑞典每日新闻报》中强调汉德克"在政治事务中存在极为挑衅、不恰当和不清晰的说法",但人们"在他创作的作品中没有找到任何对文明社会的攻击或对要尊重人人平等的质疑"。[9]

亨里克·彼得森也是诺贝尔奖委员会的委员,他同样捍卫汉德克对批判意识形态的基本态度。他指出这位作家在巴尔干问题上实施了

"一种政治性的自杀式攻击的演习"并且"可能充分了解这些风险"。[10] 彼得森极其准确地概括了汉德克不妥协的态度以及他有时置一切于不顾的极端性,即使是面对执着的自我剖析,这种极端性也一直存在。诺贝尔奖公布后,几周之内发生的争论使人不禁想起一部四十年代的黑白西部片:一方是戴着白色礼帽的英雄,另一方是戴着黑色礼帽的流氓。在呼喊声和弥漫的硝烟中,这些细微的差别消失了:"……只有影子,几乎再也看不到什么差别。"[11]

许多人无法静下心来且不带个人偏见地阅读汉德克的作品,相反,他们一开始就为一种先入为主的观点寻找证据。在这段时间里,回忆阐释学占了上风。

不过,也有肯定的声音。挪威作家卡尔·奥韦·克瑙斯高[①]称赞汉德克毫不妥协地投身于作家生活,他认为没有人比汉德克更有资格获得这个奖项。克瑙斯高在写系列小说《我的奋斗》时,把汉德克奉为自己的偶像:"《无欲的悲歌》中没有堕落的气息,我为之感到惊叹。一部好的小说应该是怎样的,一个好的句子应该是怎样的,什么是品质,什么是一个故事,生活是什么样的,我们对此怀有期待。正因如此,在文学和艺术中不去实现这些期待尤为重要。这使我们有可能看到自己,因为我们不再局限于预期所形成的条条框框当中,我们在别处;从那里我们能够看到我们所认为是真实的世界。"[12]

十五年前,奥地利女作家埃尔弗雷德·耶利内克在斯德哥尔摩被

[①] 卡尔·奥韦·克瑙斯高(Karl Ove Knausgård, 1968—):挪威作家。2009年至2011年,克瑙斯高出版了六卷本自传小说《我的奋斗》,获挪威最高文学奖项布拉哥文学奖。

授予诺贝尔文学奖,她也公开支持她的同行:"伟大的诗人汉德克值得获十次诺贝尔奖。"[13]诺贝尔奖只是对作品的文学品质进行表彰,否则,也必须"剥夺一个像塞利纳这样的反犹怪物所持有的任何一个文学头衔"。而他无疑是最重要的文学家之一。

与克瑙斯高一样,耶利内克强调作家的另一个角色:一个有意识地对抗主流并不得不接受批评和麻烦的人一定是边缘人:"如果所有人都朝着一个方向奔跑,作为独行者的艺术家们就必须反其道而行之,这是他们的权利,也是他们的责任,尽管在这个过程中还有很多人朝他们迎面而来,但那些人并不是来找他们的。人们必须接受这一点。"[14]

汉德克处于全世界咒骂的风暴中心,他是如何挺过来的呢?"地狱空空荡荡,魔鬼都在人间。"汉德克引用莎士比亚《暴风雨》中的一句台词来回答。[15]"地狱空空荡荡,魔鬼都在人间。有时我面对的并不是时代,而是如今这个被伪装成世界的世界。"汉德克表示,他想以快乐和幽默来接受这一切,但他做不到,或许只有在他独自一人时他才能做到这一点。

这是对这位作家内心世界为数不多的一次观察。只有在忘记自我并感觉到"脱离自我的柱子"时,汉德克才会感到轻松和愉悦。"不过,只要你一开口说话,"汉德克说,你就觉得自己好像在谈论别人,"如果你听到了自己的声音,一切又变得不同,不是你感受到的那种快乐。"这位极度敏感的作家很难有轻松的感觉。他必须只听到自己的声音,而这个世界的重担很快又落到了他的身上。

当他感到自己被攻击、被包围、被围攻时,这个敏感的人会迅速调整到最佳的竞技状态。他开始进行攻击，周围的气氛开始变得不愉快。"现在停止谈论这些破事，"当话题转向那些在诺贝尔奖争议中进行精心策划的他的反对者时，正在罗顿德餐厅用晚餐的汉德克抱怨说，"只要我今晚坐在这个桌子旁，只要我还是个人，我就没必要听这些烦人的事。"索菲和我担心地看着他。他差点儿就起身离席了。

他并没有离开他的座位，而是开始讲述：关于他与一个正在服丧的邻居见面的情形，这位邻居的太太刚刚过世。每当这位邻居开车经过汉德克房前的坡道，溅起的石子就会让汉德克感到恼火。有一天，汉德克说，他正在用耙子铺石子时，发现这位刚变成鳏夫的邻居在一旁抹眼泪。他们默默地拥抱了对方。这是一个温柔而哀伤的故事，也出现在《偷水果的姑娘》中[16]，这一刻是出于同情心而达成的和解时刻，讲述这个故事也让汉德克恢复了平静。

这个真实事件并不是唯一的事件。在写作时，在与不同的人相遇时，汉德克会表现出同理心。他会注意到沙维勒铁路交叉口地下通道里那个无家可归的人，也会注意到一个年迈的女邻居或一个迷路的孩子。

然而，公众从来没有看到这位不友好作家身上的温柔的一面。在公众面前，他摇身一变，扮演着他生命中的各种角色：复仇者、国王、边缘者，也可以是迷失和迷惘的作家，他将作家这一角色当作对自己的反讽。

在他家乡格里芬举办的一次招待会上，当一个女记者与他讨论他所受的批评时，他被激怒了。所有的人都想让他作出回应：回应这些批评，回应这个对他不满的世界。"我从没听过一个到我这里来的人说他读了我的什么作品。"[17]他并非一定要为自己辩解。他希望人们去读他的作品。"我是一个作家,我与托尔斯泰一脉相承,与荷马一脉相承,与塞万提斯一脉相承,给我安宁,不要问我这样的问题!"[18]他痛恨新闻业,汉德克用这句话结束了他对媒体的咒骂。"我在这里不是为了回答这些狗屁问题,"他向那位女记者咆哮道,"请您立刻离开。"

媒体对此的反应也如出一辙:"汉德克更加愤怒了"[19]"接下来的访谈被打断"[20]"他断然拒绝了一切!"[21]宣布诺贝尔奖之后不久,"舆论,"托马斯·施泰因费尔德在《南德意志报》中总结说,"朝着反对汉德克的方向发展。"[22]

汉德克提到他重要的同行荷马、托尔斯泰和塞万提斯,这使他成为社会媒体中被冷嘲热讽的对象。"我与……一脉相承"立即成为一个被媒体"模仿的热词",一个有着无限发挥空间的词。"这与狂妄和自大狂无关,"在吃晚饭时汉德克解释道,"我的意思是:我就是我,你们有什么意见?"

野猪牙和颂歌

第二天,我们在汉德克位于沙维勒的房子里见面。十年前我写完传记后,又去过那里好多次。当我从主街拐进那条被树木环绕的林荫小道时,汉德克古老的狩猎屋就展现在我的眼前。房子周围有高高的灌木丛,花园有一扇铁门,这座房子一直像一个避难所,屋子里堆满了书籍、羽毛和汉德克在他的无人湾漫步时收集的被主人丢弃的物品占满了。

　　我穿过那扇铁门,找到了正在花园里剥栗子的汉德克。从我上次来访到现在,房子发生了一些变化。汉德克扩充了他的装备,他把半打野猪牙和一个游隼的翅膀贴在了房门上,像是用来驱逐鬼怪和其他入侵者的保护符。

　　汉德克从他的大衣兜里掏出一个小笔记本,向我展示他刚用希腊文在笔记本上写的一行诗。这是品达《奥林匹克颂歌》中的一行诗:"在欢乐的驱赶下,疼痛消逝了。"在推特上发生咒骂风暴的时期,这句有着两千五百年历史的诗句是一剂不错的解毒药。

　　他示威性地在餐桌上放了一本墨绿色的书,这本书看起来,就像是案发现场的一个物证。苏尔坎普出版社在2018年出版了十四卷《彼得·汉德克文集》,这一本是文章编的第二卷。文集收入汉德克在长达半个多世纪的时间里以书籍形式发表的所有作品。出版社对这些巨著①进行了推广,明确强调这些书对读者来说是"必不可少的""不能拒绝的供给品"。23

　　这位作家也持有相同观点,出版社的说法尤其适用于由不同文章组成的第二卷,因为这一卷收集了汉德克所有关于南斯拉夫解体和巴尔干半岛战争的八本书:从《梦想者告别第九王国》(1991)到《德拉戈柳布·米兰诺维奇的故事》(2011)。

　　这些书现在就放在那里的桌子上,它们是这位作家二十年以来在外部和内部世界所经历的动乱的见证者:穿插在报告文学、反思和控

---

① 原文是拉丁语。

诉文字中的游记和杂文。自从《冬日之行》发表以来，这些文章不断引发争议。汉德克被授予诺贝尔奖可谓一石激起千层浪，愤怒的情绪再次被点燃。

汉德克骄傲而固执地指着这卷书，威胁道："所有的人都到我家里来，如果我再抓住一个到我这里充内行的人，我就用这本书砸他。"

我耸了耸肩，对他说，在塞尔维亚争议之前，他一直在骂记者，所以他现在对于这些反对的声音，应该已经见怪不怪了。"骂了记者……"他抱怨道，"……哎，我说的是社会垃圾，这是一种惊叹。"汉德克一旦骂起人来，他的话听起来就带有一种近乎令人感动的守旧感。

执迷不悔

人们要么完全拥护汉德克，要么完全不认同他。那些与南斯拉夫有关的文章是他毕生作品的一部分，文章里有误径歧途，也有真知灼见。[24]这些文章却也因此成为众矢之的。它们表明汉德克是一个无可争议的语言大师，在政治方面却是一个新手，人们无法像对待艺术一样，以同样的纯粹性看待政治。每个记者都会认可他对语言陈词滥调和乏味故事的批评，并更加努力地去追求真相。汉德克对媒体报道普遍持怀疑态度，这有时几乎成为他的一种惯性做法。

汉德克利用他的批评，反对把受害者和犯罪分子绝对化，但最终他变得和他的反对者一样绝对。2019年11月，我对他说，他在对敌人展开的行动方面有时可能迷失了方向。"语言的犯罪行为是最糟糕的。"汉德克固执地认为。谈论战争和亲历战争完全是两回事。没有史诗能够减轻受害者的痛苦。在寻找一种语言反对媒体大标题的过程中，汉德克的表现绝对算得上是坚定不移，但他却因此背叛了自己的原则，他"误入歧途而执迷不悔"[25]。

从一开始，汉德克和他的反对者便势不两立。2019年秋天，汉德克关于塞尔维亚的文章多年来引发的争议变成了一场修辞上的阵地战。随着诺贝尔奖的公布，这场战役又一次打响了。夹杂在不同阵线中的无人湾被爆炸性的战争概念布雷封锁，双方用这些概念开战："种族灭族否认者"对"社会的垃圾"，"专制者的朋友"对"仇恨社论的作者"。

汉德克后来在诺贝尔奖演讲中引用的《关于乡村》中诺娃的话与他的愤怒、骂观众以及骂记者相对应："永恒的和平是可能的。"如果永远的停战是可能的话，在这些日子里人们肯定会感到高兴。

确实，我对和解有自己的看法，在沙维勒时汉德克对我这么说。他没有感到仇恨，仇恨属于别人。"我感受了其他情绪。对这些'社会垃圾'，我感到'愤怒、恼火和恶心'。"如果汉德克怒火中烧，这表明不光是对他的个人攻击引起了他的愤怒，还有对真实缺失的愤怒。他认为不只是他的批评者缺少真实性，如今整个时代都如此："当今世界到处都是装好人的坏人。"[26]这并不是一种道德评判，而是一种美学评判。汉德克的话中充满了他对错误的表象、阴险的空话和骗人套话的愤怒。正因如此，他认为在一场道德争论中不可能没有语言批判。也正因如此，他的对手很容易将把他的批判描述为不道德的评判。

从某种角度来说，可以理解汉德克对国际媒体对他的攻击感到愤怒。很多攻击他的人用在网上找到的并通过谷歌翻译的（部分被曲解的）汉德克的原话，以此给自己装上弹药，他们将这些引文像箭一样射向汉德克，希望在12月10日诺贝尔奖颁发之前毁掉他。

在这些日子里，一个据称是汉德克关于波斯尼亚黑塞哥维那屠杀的句子被反复引用："您随意处置他们的尸体，我无所谓。"《纽约时报》甚至也引用了1996年他在一次朗诵会上说的这句话。这句话唯一的英文出处是1999年《爱尔兰时报》网页上的一篇文章，所有的快评员都引用这句话，因为它与彼得·汉德克这个残忍的种族灭绝辩护者的形象太匹配了。

实际上，汉德克的原话是："您随意处理他们的痛苦，我无所谓。"[27] 这听起来也没有那么优美，但它完全是另外一种表述法。这不是对逝者的侮辱，而是批评一些作者过分夸大痛苦，汉德克认为这种做法有失公正。

不过，对于和例如亚历山大·多林和彼得·普利斯科尔这些持有不同政见的媒体代表者见面，他并无异议。2011年，他接受了他们的采访。发表这个采访的杂志可以说是历史修正主义的备选媒体之一。这个采访引用了汉德克的话，他不相信这些斯雷布雷尼察"所谓"母亲的任何话，"我不分担她们的悲伤。如果我是母亲，我一个人独自悲伤"[28]。

对斯雷布雷尼察屠杀的幸存者来说，这句话听起来既伤人又无情。不仅如此，汉德克——"其实我想避免数目"——在他的谈话伙伴面前，忍不住又开始追问斯雷布雷尼察屠杀中按照判决早已确定的受害者数目以及这次"'二战'以来据说最残忍的屠杀"的原因。他这样做，不仅否定了大部分媒体，也否定了他自己。一年前，他在《南德意志报》上明确表明他的立场："我重申，愤怒地重申，带着对塞尔维亚的犯罪分子、指挥官以及策划者的极度愤懑，我再次宣布：斯雷布雷尼察屠杀是战后在欧洲施行的最残忍的'背离人道主义的罪行'。"[29]

为什么会存在言语上的矛盾呢？在与多林和普利斯科尔会面时，汉德克显然还在受过去十五年那些围绕着他本人的激烈言论的影响，他受到了挑拨，出于反抗再次对流行的观点进行反驳。他自己很清楚："……我不了解，我不是专家。"[30]

2019年10月，这篇旧采访被重新挖了出来，引发了一场可想而知的风暴，这也促使出版社和作者发表声明。汉德克在声明中表达了他的歉意："我没有校阅也没有授权这篇采访文章。这个采访与我的本意不符。我也无法想象以这种形式说出了这些话。我只承认我写的内容。2006年，我曾写过：'斯雷布雷尼察屠杀是战后在欧洲施行的最残忍的背离人道主义的罪行。'我想补充一点：种族灭绝当然引发了无尽的痛苦，我从来没有否认过这一点。这是一种无法消除的痛苦。我为我的言行道歉，它们应该表达出其他的内容。"[31]

在汉德克一生中，这实属罕见的行为，他还从来没有准备好发表任何一种公开道歉，在被胁迫的情况下就更不可能了。

米洛舍维奇和权力

汉德克最终使用的明确言辞也无法阻止批评者的计划，他们使出浑身解数，阻止诺贝尔奖的颁发。由于在德语语言区之外，只有少数人认真且全面地研究汉德克的作品，因此，一个对国际批评界有利的事件再次成为焦点：2006年，汉德克参加了米洛舍维奇的葬礼。这是作家和专制者之间"友谊"的见证，而他在墓前吟诵的所谓的"赞美诗"则是"尊敬"米洛舍维奇的证据，但这种友谊根本就是子虚乌有。[32]

汉德克声称他参加葬礼是为了成为证人，想看看这个曾经的多民族国家如何随着南斯拉夫最后一位总统进入坟墓。不过，他的出席之所以被解读为他本人对这位塞尔维亚政治家的支持，他自己也难辞其咎。一方面，作为汉德克著作《去往第九王国》的最后一个代表人物，这位对南斯拉夫解体有着决定性作用的强权政治家米洛舍维奇扮演了一个难以置信的角色。另一方面，这位语言大师低估了画面的力量：汉德克站在米洛舍维奇巨大的照片前发表演讲，这一画面在全世界范围内广为流传，而这并不是这位作家选择的"轻柔的话语"。至于他在演讲中说了什么，这在被画面所驱使的公共感知中并不重要。每个地方政客都知道：被看到才是王道。

事实上，汉德克既不崇拜米洛舍维奇，也没有通过演讲对他歌功颂德（参见第6章）。他和米洛舍维奇只是泛泛之交，他们的友谊无从谈起，也没有证据证明他们之间有友谊存在。相反：对于这位塞尔维亚专制者来说，这位奥地利作家并不重要。当汉德克在舍维宁监狱再次探望米洛舍维奇时，米洛舍维奇的内心倾诉让汉德克感到厌烦，最后他只能通过观察窗户后面的一个草叶来打发时间。[33]

曾是奥地利高级外交官的沃尔夫冈·佩特里奇给我讲了一个迄今为止还不被人所知的小插曲，它发生在1999年，这个插曲很好地诠释了汉德克和米洛舍维奇两人之间的真实关系。[34]九十年代末，佩特里奇是奥地利驻贝尔格莱德大使，也是欧盟在科索沃的特派员。1999年春天，在朗布依埃进行的和平谈判中，佩特里奇作为欧盟首席谈判代表，与美国和俄罗斯的代表一起在科索沃的阿尔巴尼亚人和南斯拉夫联邦共和国之间进行斡旋。

朗布依埃距离沙维勒西南部约50公里。1999年3月22日，佩特里奇在沙维勒的市政厅前偶然碰到了汉德克。汉德克临时邀请这位跟他一样也来自克恩滕州并有着斯洛文尼亚血统的外交家去沙维勒共进晚餐。当晚，他们还谈到了那些正处于关键时刻的谈判。几天前，北约向米洛舍维奇政府下了最后通牒：如果政府不签订朗布依埃协议，西方联盟将轰炸南斯拉夫。第二天，即3月23日，为了说服米洛舍维奇在科索沃冲突中做出让步，佩特里奇计划乘飞机前往贝尔格莱德。这位奥地利首席外交官明白，实现和平统一的机会微乎其微，于是临时决定采取非常规的举措。他问汉德克，是否愿意陪同他去贝尔格莱德，以完成他的外交使命。佩特里奇希望汉德克的一番话或许能够说服米洛舍维奇做出让步。然而，汉德克断然拒绝了。他知道自己的底线在哪儿。

作家成为权力的谈判者？这对汉德克来说无法想象。十二年前，我们初次见面时，汉德克曾经对我说过："如果有谁像我一样有创伤，就永远不会诉诸权力。米洛舍维奇还当权时，我从未跟他讲过话。我只去监狱看过他。"[35]

第二天，佩特里奇独自一人飞往贝尔格莱德。他考虑如何利用汉德克在塞尔维亚的声望来完成他的和平使命。他见到了米洛舍维奇，并向后者转达了这位作家的问候。米洛舍维奇的反应与佩特里奇预想的不一样。美国和俄罗斯的谈判者盯着他们的欧洲代表团成员,就好像他在用韵脚讲话一样,米洛舍维奇表现得很焦躁。"当我提到汉德克的名字时,"佩特里奇回忆说,"米洛舍维奇做了一个蔑视的手势,然后将注意力转向了要解决的问题上。"谈判失败了。第二天,北约的轰炸机飞到贝尔格莱德上空,开始在"北约轰炸南斯拉夫"的规定范围内轰炸贝尔格莱德。

驱逐的幻想

二十年后,汉德克补上了在那些日子发生的另一件事。随着汉斯·维德里希的收藏日益丰富,1999年6月,维也纳使馆发给汉德克的南斯拉夫护照也成为奥地利国家图书馆的收藏品。这个文件与其他很多文件上的照片一起,长期以来都在奥地利国家图书馆handkeonline.at 网页上展示。

《拦截》这个美国网站公布了这个"秘密"文件,并将其视为这位作家与米洛舍维奇国家结盟的新证据。[36]汉德克本人解释这个文件曾是一本"帮助护照":"在宾馆里,你不必像外国人一样支付费用,而是像本国人一样。"[37]尽管如此,可以想象,在当时解体中的南斯拉夫其他地区,不是每个外国人都能轻易获得一个护照。汉德克的知名度以及他在1999年北约轰炸期间对塞尔维亚的公开支持,在该官方文件获批过程中起了重要作用。

当然,他乐于以作家的身份,同时也以旅行者的身份在他的"第九王国"中变成一个"本国人":"对我而言,这本护照是一个奖品。"[38] 这本很快就失效的文件比签发它的国家存在的时间还要长久。早在2003年,南斯拉夫联邦共和国就已经有了一个新宪法,并将国名改成了"塞尔维亚和黑山",这也在官方意义上证实了这个曾经的多民族国家的解体。直到2009年6月15日,这本用于汉德克的失落国家的护照才失效。汉德克在"第九王国"的公民身份就这样结束了,这本护照静静地躺在奥地利国家图书馆的档案馆里,与其他文件放在一起,备受冷落。

2019年10月,这本护照再次被推到风口浪尖,并在阿尔卑斯共和国引起了各种奇特的猜测。奥地利报纸纷纷推出博人眼球的大标题:汉德克接受南斯拉夫护照后,是否就失去了奥地利国籍? 奥地利总统范德贝伦向一个无国籍的作家表达了他的爱国主义祝福? 继1961年伊沃·安德里奇获得诺贝尔奖后,汉德克是南斯拉夫第二位诺贝尔文学奖得主,还是奥地利第三位诺贝尔文学奖得主? 宪法法学家竭尽全力让克恩滕州政府关注这个可能的双重国籍事件,而维也纳内务部则表明警示性的立场:"如果一个奥地利公民通过意志的宣示而获得一个外国国籍,他将因此自动失去奥地利国籍,除非他之前已经申请并获得保留奥地利国籍的批准。"[39]

从这些大标题中不难看出一丝隐秘的幸灾乐祸的心态,为驱赶一个硬骨头艺术家进行的思想游戏以及对于驱逐产生的后民主式幻想。汉德克的法语译者乔治斯·阿图尔·戈尔德施密特认为这些攻击简直就是一种"跨文化暗杀。"[40]

许多作家和文化工作者认为,客观批评和个人诽谤之间的界限已不复存在。他们在一封公开信中证实"自认为拥有自由思想的媒体"有着令人恐怖的"极权主义意志",对一位作家及其作品所倾泻的仇恨使他们感到震惊,"在对自己没有明显好处的情况下,这位作家坚持为自己争取作家生活的独立性,并且坚持反对那些对他以及其他作家先入为主的认识"[41]。

取消国籍的争论也唤起了汉德克对往事的回忆。他知道作为无国籍者那种寄人篱下的滋味。1948年,他的家人从柏林逃到了格里芬,多年后,他们才获得奥地利国籍。汉德克清楚地记得在获得国籍之前所有官方文件上加戳的公章:"我还清楚地记得,文件上一直写着'无国籍'。我不认为我当时喜欢这样的情况。"[42]

他知道国家收容是多么具有欺骗性且令人生疑。1967年,在他开启人生新篇章的这一年,奥地利媒体争相宣布这位文坛新星是克恩滕和奥地利人:"别人不能从我们手中抢走这位年轻人,现在他有些像是德语文学的神童。"[43]

只要汉德克对奥地利这个国家及其社会进行批判,就会遭到公开的谩骂。对汉德克来说,笔会工作人员对他的指责也不再是什么新鲜事了。早在1975年,奥地利笔会总秘书长就谴责这个抹黑祖国的人所持有的"恶毒的、对奥地利持敌对态度的笼统评价"。无论过去还是现在,对汉德克的批评都围绕着这位作家为之抗争的正确思想进行。

在那段时间里,汉德克的无国籍看上去特别像是一种表彰,这没什么好奇怪的:"当时以及事后,我都欣然接受了这个事实。在我二十岁的时候,我曾想:天啊,我们没有国籍。现在,对我来说,这根本不重要。"[44]这位艺术家不属于任何一个国家,只属于艺术的无人之国。

汉德克并不是在南斯拉夫战争期间才开始用愤怒反抗主流,他向来如此,他也坦然接受刮到他脸上的那股逆风。1982年,当《关于乡村》在萨尔茨堡文艺节上首演时,研究汉德克的专家格哈德·福克斯曾说过一句话,指出所有的罪过簿都被揭示了出来,"它们作为记录不合时宜的单词用法的词汇本发挥着作用:自然、上帝、形式、法则、救赎、真实、永恒等"[45]。

汉德克并没有改变。在他的诺贝尔奖演讲中,他甚至详细引用了《关于乡村》中的句子,只不过三十年后,这些罪过簿有了新内容。这位刚被选出的诺贝尔奖得主,如今被冠以反犹太主义者、同性恋仇恨者、种族灭绝拥护者、独裁者的朋友、法西斯分子、右翼极端分子和罪犯的头衔。但是,人们不该像一些专栏作家那样把责任推给推特和脸书这些新媒体。早已创立的报纸和杂志要对此负责,因为他们在2019年骂汉德克是"垃圾"和"王八蛋"。[46]

只有一点人们无法对汉德克进行谴责:他爱哭。敌对行为一直让他振奋。"在每一个对个人进行的愚蠢又邪恶的攻击中都隐藏着一个用于永恒叙述的好句子。"[47]

当国际上出现了一片哗然时,苏尔坎普出版社决定采取对策。出版社制作了一本有汉德克引文的名为《说明》的英语卷宗,并将这本用于澄清误会的卷宗寄给了英美文化界那些被指定的人。

当文学研究者也是汉德克的朋友斯考特·艾伯特在博客上发布这本卷宗时,汉德克的批评者马上怀疑其中有诈,他们呼吁苏尔坎普出版社的工作人员揭发这家柏林出版社的阴谋。吹哨人——这让人想起维基解密和爱德华·斯诺登，这场关于汉德克的争论达到了一个国际间谍案丑闻才有的紧张刺激效果。

（并非）一个复仇故事

在此期间，一个刚完成的汉德克手稿抵达了柏林苏尔坎普出版社大楼，这使人再次陷入到绝望中。这本书预计应在2020年春天出版，书的名字是《迟到的复仇》，到时候这本书或许可以证实与这个不妥协的顽固分子相关的所有偏见。这个新故事的主人公再次出发，为了杀死一个女记者。

不过，早在2019年4月和5月，在10月诺贝尔奖公布之前，汉德克就已经写下了这个故事。这个谋杀计划使人想起《孩子的故事》中的一个插曲：这位叙述者打算刺杀一个男人，这个男人为了给被屠杀的犹太人复仇，威胁要杀死叙述者的女儿。当叙述者站在这个男人面前时，却失去了行动能力："他不杀人。不是这么回事。手腕虚弱无力。"[48]

来自《孩子的故事》的这个插曲有一个真实的故事背景，《迟到的复仇》也是如此。然而，如果公开宣布汉德克新书的副标题是《迟到的复仇》，这种做法对处于当前形势中的苏尔坎普出版社来说似乎太过冒险。2019年11月，汉德克桌上放的长条校样的标题是《第二把剑——一个五月故事》。汉德克一开始不想接受修改标题的建议。不，他还是修改了，他起初把《第二把剑》中的字母"Z"大写了，出版社

后来说服他改成小写的 z……[49]

在诺贝尔奖引发争议的这几个星期里,《复仇的故事》可能会引起人的偏见,但这个故事在汉德克的生活和作品中早有根源。当电影中出现"根据真实事件改编"时,他向来都是将信将疑,汉德克说:"但这是一个真实的事件。"

实际上,这个仇杀故事受到了很多女性的启发。2006年,法国《解放报》以大版面发表了女作家希尔薇·马顿和露易丝·兰布里西斯猛烈攻击汉德克的文章。马顿还暗示汉德克的父亲是"奥地利纳粹党"的成员,他的父母都是不折不扣的纳粹。[50]这两位女作家的文章彻底激怒了汉德克,以至于他在给《解放报》的信中发誓,除了申报纳税外,以后再也不称自己是作家。[51]

在《无欲的悲歌》中,汉德克提到他的母亲对1938年的描述,这一年,奥地利人加入了希特勒的第三帝国。在新掌权者的统治下,她觉得每天的生活都像过节一样。后来,玛利亚·汉德克向她的儿子讲述她当年的感受,当时她还只是一个十七岁的女孩。[52]"她根本不是褒奖的意思,"汉德克解释说,"她们在那篇文章里说我母亲是纳粹。"

不过,实际上并不是一位女记者,而是一位戏剧女导演以含沙射影的方式进行诽谤。2014年,凯蒂·米切尔在城堡剧院俱乐部执导《无欲的悲歌》,她把一张照片投射到舞台上,照片上是在维也纳英雄广场上朝着希特勒欢呼的人群。[53]这位女导演把玛利亚·汉德克被修过的脸打到了这张狂热人群的照片上。

直到今天,也能看出汉德克对这件事的愤怒:"因为我在与南斯拉夫和塞尔维亚有关的事情上做了傻事,她们在对我展开的世界大战中把我的母亲也牵连进来,将她塑造成了女纳粹的形象。"[54]

汉德克当时没有用剑,而是用笔进行复仇。他在一封写给《解放报》的信中抗议对"我神圣母亲"的侮辱,《第二把剑》也如此称呼那位要复仇的人。[55]母亲被塑造成纳粹分子所带来的伤害一直存在,现在必须对这种伤害进行叙述。"它在我的脑海中挥之不去,然后就变成了这个虚构故事:一个和我一样的人出发了,为了报复那个人,那个怪物。"汉德克认为,这个故事与当前发生的事情相契合。"一个和我一样的人 …… 我与多个不同的自我玩游戏。"[56]

修改作品原稿对汉德克有好处,正是在这些天,他觉得一场针对他的新世界大战已经爆发。"我几乎为自己感到自豪,我当时在做我自己的事情。现在我也可以这样做。当时我无法想象,我能创造出一个能借助叙述来表达自我的词语,但总能找到这个词。"

《第二把剑》与汉德克自身又有何关系呢？很明显,汉德克觉得自己在当下的争议中被误解了。他将自己视为受害者和复仇者,尽管后来他通过副标题将这个复仇故事变成了一个"五月故事"。主标题《第二把剑》预示着这个宿命般的故事有一种深邃的、《圣经》层面的意义。"让我给你看看这个格言的出处。"汉德克说着,开始往后走去。

他很快就带着一摞毛样回来了。在我好奇的目光注视下,他将毛样放在桌上,手却没有离开桌子。"且慢！现在你可以读这段引言了,接着你将会 ……"在汉德克开车时,我朗读那些《新约》中的句子,这些句子被他放在了故事的前面。"不,不要大声读。该死！"汉德克笑了,他几乎又一次对他的传记作者感到绝望,后者总是按捺不住对文章的好奇心并总是想解释一番。

所以，我默读那些来自《路加福音》中的句子，耶稣在受难前与弟子告别："耶稣说：'如今有钱囊的可以带着，有口袋的也可以带着，没有刀的要卖衣服买刀。[……]'他们说：'主啊，请看！这里有两把刀。'耶稣说：'够了。'"[57]

"这是《第二把剑》这个故事的秘密。"最后汉德克这样说道。当我提到这个《圣经》故事的背景时，汉德克马上就否定了赫尔维希式的阐释学："不，这根本不是背景，我的天！不需要背景。这是疯狂的想法！"

这是一场棘手而又可笑的文本之争。传记作者们渴望探究隐藏其后的秘密。艺术家们想保守秘密，他们渴望被了解，但不希望被完全揭示，因此失去了藏身之地。一个人想解释，另一个人却想叙述。"你就不能尊重一下秘密吗？"汉德克生气地嘲讽道，"没有秘密就没有艺术！"

文学的秘密可能就在于每个人都能从中为自己找到一些不同的东西。与早期为集体事件创作的戏剧作品不同，汉德克的叙事文学作品是为孤独的阅读而写的，是为一部作品与一个男读者或女读者之间的对话而写。他的传记作者也只是一个读者，他思考着《路加福音》中那个格言的含义。

对叙述者来说，复仇是正当行为，可是惩罚呢？"……这可不是我的事。"[58]这位荷马旅行者最终放弃了他的计划。他没有杀她，而是在书的倒数第二页把这个女罪犯当作累赘从故事里扔了出去："这里面没有她的位置了。这就是我的复仇。作为复仇，这足够了。不管是过去还是现在，这足以称得上是复仇。复仇到此为止吧，阿门。不是钢制成的剑,而是另一种剑,第二把剑。"[59]以笔代剑,用别的话语复仇,在回答他的涅墨西斯①的问题时,汉德克依然是作家,不仅仅是在申报纳税时。

所以,这个迟来的复仇故事有一个美好的结局,以旅行者们在"终点站餐厅"的庆祝活动结束。在那里,叙述者看到自己周围"最明亮的客人们"。他在这些人组成的集体中突然感到很自在,这个集体不仅仅指在那里聚会的人们,也指所有的人组成的集体。哪怕在这些忧郁的表情中,也有一种"近乎超自然的光亮"在瞬间照亮了周围。[60]

即使是那对朝着对方高声怒骂,随即又海誓山盟的情侣(能够看出叙述者对此更加了解)也在叙述这种"近乎超自然的光亮"中找到了他们的位置。

对这位叙述者来说,在孤独和社交之间徘徊,这个终点站餐厅成为他对短暂易逝而又瞬间再现的庆祝。

他不再需要跟踪任何人,也不再被任何人跟踪,他只看到自己周围最"明亮的客人们"。这是一种神化,如同来自歌德的仁慈,歌德的诗《极乐的向往》中写道:

> 只要你没有拥有它
> 这样吧:死去并变成它!
> 你只是一个忧郁的旅人
> 在这黑暗的人世间。[61]

---

① 涅墨西斯是希腊神话中被人格化的冷酷无情的复仇女神。

还有比这更好的五月故事的结尾吗?

一步步走向叙事诗

2019年秋天,汉德克站在名誉之巅。与此同时,来自全世界的攻击和诽谤也让他的公众名誉一落千丈。这个天选之子同时也是一个被判刑的人:他被"归为无视法律的人之列"且为大多数人所不齿。尽管如此,他坚守着一个法则:他自己的法则。

正如他在半个多世纪前告诉母亲的预言,他将扬名立万。他已经实现了他作家生涯的梦想。"我告诉你们:那些成文的东西在我身上都会实现。"这不是指过去几十年关于汉德克的那些批评、画像和书籍,换种读法的话,这指的是他自己的作品,汉德克用他自己的作品树立了一个法则,写作的法则。

正因如此,当他受到攻击时,汉德克像母亲保护孩子一样毫不妥协地捍卫自己的作品,也包括那些批判性的、有争议的段落:"我写的关于南斯拉夫的任何一句话都不能被指责,一句都不行。这是文学。"[62]他从修辞上精心雕琢在匆忙中一定要写的那些话:通过一个句子,他的还击使政治变成了诗学,使他的批评者摇身一变成了告密者。

汉德克的抗议不仅是一个狂妄的借口。人们可以也有权就他对媒体的批评提出争议,更何况对他那本绿色散文集中的文章表示争议。回归文学艺术的特征并不意味着这些作品不再受到批评。

我们不应否认:这些作品显然带有偏见。但是,对文学作品的批评应当达到文学手法所能达到的水平,而不是从每一个可疑或多义的说法中解读出政治小册子那种无聊的单一性。"我希望读者在阅读这卷作品时，能像读我其他作品时一样具有节奏感。如果有人像我一样试图通过语言和节奏建立关联，我希望他能这么做，而不是立即受到中伤或被视为疯子。这是文学。"[63]

对汉德克而言，他的文学是经历了某种过程而产生的。有时他并不将自己的工作当作自主选择的行为，而是他必须服从的过程。"开始写作：写作终于又变得严肃起来，而我也变得严肃；允许这样，应该这样，必须这样……"2012年，他在日记中写道。[64]写作是通往自我认知的道路，能够得到意想不到的领悟。"写作：自己使自己感到惊喜。"[65]

因此，为了进入写作状态，行走对汉德克来说也非常重要："你是坐着写一本书吗？"这位名叫汉德克的日记作者问自己。"不，我行走。"[66]他自己的步伐产生的节奏感给汉德克带来节奏感。一步步向前走，就不必害怕写作障碍。他被牵着手走路。

"现在这是叙事的步伐，"《偷水果的姑娘》的叙述者思考着，"这意味着：步伐，被包含在内的步伐。我不是孤单一人走在苍穹之下。我跟着走。跟着谁呢？跟着什么呢？我跟着走。"[67]

在汉德克写作时，文本与他一起写作。就像叙述流淌穿过这个漫游者。叙述中的"我"变成了"我们"。"这令人感到无比轻松，不是'作品'和'财产'，而是被称作'大自然的作品'的东西。"[68]

法国文学理论家罗兰·巴特在六十年代末宣布"作者死了"，而这时，年轻的汉德克正在庆祝自己作为作家取得的最初胜利。写作的人不重要，巴特对此解释道，写作从作者的暴政中解放出来，并且追随自己的法则。实际上，我们完全可以将汉德克的作家之路与巴特的观点联系起来——借助 T.S. 艾略特的帮助。对于这位英国作家（也是后来的诺贝尔奖得主）来说，写作不是对个体的表达，而是对它的逃离。[69]

从汉德克开始写作到现在，我们也可以将他逃往写作中的行为看作是他的生存策略。他把自己从"自我的柱子"中解放出来：从令人痛苦的不确定性和敏感中解放出来，从他的焦躁中解放出来。

穿过森林

那就写吧。上路。汉德克为穿梭在风景中的漫游配上图画和评论，这些年来诞生了像《重大事件》和《偷水果的姑娘》等作品。"叙事诗：与风景融为一体，然后露出踪影。"[70]汉德克不是小说家，而是一个真正的叙事漫游者，他的节奏是"叙事的步子"：走路时的步数计数"变成叙述的步伐，叙述的这些步伐"。[71]

在《摩拉瓦之夜》中，自从汉德克将"那位曾经的作家"从政治斗争的世界带到了他在摩拉瓦河畔的船屋后，随后几年他再次发现了自家门前的叙事风景。他的主人公们和叙述者不再去巴尔干半岛或全世界旅行，而是从巴黎郊区前往国际大都市（《重大事件》）或乡下（《偷水果的姑娘》）。

如今，汉德克找到的风景位于巴黎东北部的法国皮卡第大区。2010年，他在维克桑自然公园附近买了一栋老房子，这个房子曾经是更换驿马的工作站，索菲把它重新装修了一番。

这个房子对他尤为重要，现在他经常去那里隐居。房子很难到达——步行到最近的火车站也要一个多小时的时间——对汉德克来说正合适。他觉得皮卡第与他平时所经历的风景不同。除了"无人湾"外，皮卡第成为汉德克心中一个新的神话之地，即"圣杯之国"。[72]他最初将"偷水果的姑娘"暂时命名为"最后的叙事诗"，标题中的每个单词都是他在皮卡第徒步时想到的。在那里，他可以"练习叙事的步伐，练到轻车熟路，练到烂熟于心，走过田野，穿过森林"[73]。

从那时起，他时常去乡下居住。他在巴黎的朋友见到他的次数更少了，他与索菲在一起的时间因此变长了。在这座古老建筑的一侧，汉德克搭建了一个用于工作和睡觉的房间。房间很小也有些暗，这让一些来访者想到一间就像是来自古老的格里芬时代的小农舍。房子周围是一巨大的花园，在花园里可以欣赏远方的景色。2016年，维姆·文德斯在距离这栋房子几公里的地方将汉德克的戏剧《阿兰胡埃斯的美好时光》拍成了电影。索菲在电影中扮演妻子，留着稀疏的小胡子、长相酷似汉德克的雷达·凯特布扮演丈夫。尼克·凯夫从柏林上空飞到地面，在钢琴旁演奏。汉德克本人也在电影中惊鸿一现，他客串一个沉默寡言的园丁。

变得坚定

> 当我想起我浪费的所有美好时光
>
> ——埃里克·伯登
>
> 汉德克日记的"今日格言"
>
> 2019年10月13日

沉默激发灵感。"一直以来：没有失语的领域就没有富有想象力的写作"，汉德克在2014年写下这句话。[74]当他文思干枯时，就从歌德那里寻求慰藉。读歌德的信，就像读父亲给他的建议一样："就像歌德在他那个时代严厉又不失温和地给他的朋友们写信：他也给我写信，在当下。"[75]

在他的日记中，当汉德克为他没有父亲而纠结时，便会想起歌德。汉德克回想起1963年夏天作为作家初次进行的艰难尝试："'尽管开始吧，尽管开始吧！'于是，我开始了真正的写作；我感到自己正处于把写作当成职业的门槛之上。"[76]

那时，汉德克不得不像念咒语一样——时刻提醒自己要保持淡定从容。即使到了晚年，他也没有完全克服那种潜在的紧张状态和自我怀疑。令他欣慰的是，他发现那位魏玛古典时期看似非常自信的伟大作家也一直经历着类似的挑战："年轻的歌德——不只是年轻时的歌德？——很少'淡定'，极少'从容'，所以，只要他能变得平静，这马上就变成了一个大事件，一个值得流传的事件。"[77]

然而，这段文字并未提及他们之间最令人惊讶的共同点，即这两位作家他们个人的经历。在对这个世界进行观察时，他们能够平静下来。在《意大利游记》中，歌德描述了他在观察罗马建筑物时所感受到的幸福感：

"现在，我住在这里，思绪清晰，心情平静，好久没有这种感觉了。我练习看和仔细观察一切事物，正如它们本来的样子，我的忠实让眼睛明亮，我完全摆脱一切傲慢，这些使我再次受益匪浅，使我从心底里感到非常高兴。每天都有一种新的古怪的东西，每天都见到清新的、宏大的、奇特的画和多年以来梦寐以求想见到的整体。这是凭想象力永远做不到的……现在回过头来谈谈我自己。一有机会我就喜欢这么做。我发现了使我无限喜悦甚至敢于说出来的一种情感。谁在这里严肃认真地环顾四周并且充满洞察力，他必定会变得坚定，并且能够理解坚定这一概念。这个概念对他来说从来没有这么有生机过。"[78]

明显可以看出，歌德与汉德克的文学手法非常相似：他们都展示了超越任何虚构的感知所具有的力量；一种尽可能仔细的观看，并尝试描述周围世界的图像和物品。如同《第二把剑》中所说："观察"已包含了太多的个人色彩："只要我在生活中从看和纯粹的观看过渡到诸如观察这样的行为时，我就已经做了一些无礼的、被禁止的事情，不只我一个人这么认为，至少对像我这样的人来说都是如此。"[79]真正的画面产生了，用歌德的话说，叙述者在"没有参与"的情况下，通过"彻底放弃所有的虚妄"才能察觉到它们的存在。汉德克对服从写作规律性（也包括对日记中的自己）的坚持与这位天才作家的公众形象截然不同，一切皆来自他的头脑风暴。实际上，在汉德克的周围，"灵感"的来源随处可寻：就在他的周围。对他来说，写作是一个警醒的、清醒的梦，而非幻想。因此，他的文本没有情节，作者也无须虚构情节。对汉德克来说，不是作者虚构文本，而是写作虚构作家。

最终，成功取决于与稳定性相关的经验。尽管汉德克容易紧张，他还是进行了精准的观察："在感知形式、接受形式、理解形式以及掌握形式的那一刻，就在观察一个生锈的门把手以及它在太阳下投下的影子的那一刻，我接近了秘密。"[80]

如果年老的汉德克更频繁地追随歌德的足迹去漫步，这并不令人惊讶，也不算狂妄。他不需要古希腊罗马的大型纪念碑，一个腐烂的厩对他来说已经足够。在日记集《深夜在树影墙前》中，他将送给"科彭尔斯仓库山墙"的献词放在了歌德格言之前。[81]

永远的草莓地！[①]

在经历了数周的讨论以及对他本人、瑞典学院、诺贝尔奖委员会和瑞典王室日益激烈的抗议活动后，汉德克最终到达了斯德哥尔摩。他把两个蘑菇压印作为义务性捐赠送给了诺贝尔博物馆。他身边有保镖陪同，2014年在奥斯陆给他颁发易卜生奖时，一直有人在场外抗议，当时也给他配置了保镖。索菲、阿米娜、利奥卡迪以及索菲在前一段关系中生下的儿子路易斯也陪伴在他的身边。汉德克的老朋友们胡伯特·布尔达、维姆·文德斯、迈克尔·克吕格尔和埃米尔·库斯图里察也在现场。

全世界都急切地期待着即将于12月6日举行的记者招待会。如果有人敢于提出与塞尔维亚有关的问题，现场会出现争论吗？11月我们在巴黎见面时，汉德克还没有拿定主意。"我该保持沉默还是该削尖铅笔？"[82]这个固执的人无法控制自己，这或许更好："我没有机会去挑战他们，他们也没有机会反对我。"[83]

该问的还是会问，在巴黎时我曾这么跟他说。这毕竟是我们记者的任务。如果他感到生气，这对他也无济于事。"我无法忍受'生气'

---

① 原文是英语：Strawberry fields forever! 这是披头士乐队的一首歌。

这个词,"汉德克回答说,"我不是生气——我是愤怒！这是有区别的！"另外,发怒只会对他自己造成伤害,这种借口使他变得冷酷:"天啊,遭受一点损失也没什么大不了的。我既不是天使,也不是蠢货。"

12月6日,在汉德克七十七岁生日那一天,他终于坐到了聚集在瑞典学院大厅里的世界媒体面前。他说话声音很轻,声音中透出疲惫。首先,要感谢瑞典作为东道主周到的外交手段,现场没有出现轰动性的丑闻。他们负责有序的流程,也确保记者们能够提出批判性的问题。最终,汉德克还是被问到了他对塞尔维亚战争罪行的态度,他拒绝回答这个问题,反而话锋一转提到自己在最近几个星期收到了许多来信。除了读者的祝福,他还收到了一封匿名信,信封里装着一张厕纸,寄信人在纸上画了"一个狗屁书法"。汉德克轻蔑地解释说,他认为这些匿名信都比这个记者的问题更友善。这场不乏恶言的争论达到了冰点。

第二天,汉德克在他的诺贝尔演讲中换了一种讲话风格。他演讲的第一段内容听起来像是他的一个自我咒语,他有节奏地将这个咒语公布于众,这是《关于乡村》中的一段引文:"……不要沉溺于命运的戏剧性,笑着将冲突化为碎片。展示出你真正的色彩,直到你被证明是对的,直到叶子的塞窣作响变得甜美。"[84]

汉德克挑选出来的这些话不是妥协,绝对不是。这个抒情的"我"在为自己的与众不同进行辩护,同时他也知道,这个"我"并非一开始就被证明是正确的。感动是可能的,汉德克也有可能被感动。这些话像是一个被悄悄展开的和平的枝条:你们朝这里看,如果你们让我这样做,我也可以在别处。"永久的和平是可能的",但却很难实现。

汉德克轻轻地、迟疑地朗读着。他朗诵了《关于乡村》中的一些段落,手像节拍器一样挥舞着,讲话时而停顿。他讲述了一个郊区女佣的故事,这个女佣曾跟他讲起他母亲的故事。女佣被一个农民强奸了。在她怀孕并生下孩子后,她的女主人把这个孩子从这个有智力缺陷的"女傻子"身边夺走了。有一天,这个孩子被铁丝网缠住了,女佣救了这个孩子,后来孩子问那个被他当成母亲的女人,为什么这个"Treapn"(克恩滕方言中对"傻女人"的称呼)有如此柔软的双手。

汉德克在这个地方停住了,显然被感动了。几十年前,他就已经再次记录了这个故事并把它变成了《短信长别》中的一个新故事:在费城,在深夜的一家酒吧,一首一唱三叹的叙事诗,歌手不是在唱,而是在喊:"这个孩子是我! 这个孩子是我!"[85]

汉德克在他的诺贝尔奖演讲中解释了他作品的根源,即"对我的写作经历起着决定性作用的"童年时期。他朗诵了圣母连祷经的一部分内容。在他还是孩子的时候,他在他的出生地格里芬教堂修道院里偷听斯洛文尼亚-斯拉夫语的连祷音调。他将其节奏融入他早期的戏剧作品中。

接着是母亲讲述的关于她的两个哥哥格里高尔和汉斯的故事,他们在战争中阵亡:一个哥哥是温和而骄傲的果农,另一个则是命运多舛的牧师学生。汉德克在这两个人身上看到了自己的影子。从《大黄蜂》到《风暴依旧》,他让他们在他的作品中复活,让他们活下来。他认为很多事情都归功于他们,包括写作的权利。十年前,汉德克还没有获得诺贝尔奖,有一次他将梦中的一个邂逅写在了日记中:"这位先辈对我说：'我们是奶牛牧场、果园和玉米地的臣民，永远都是！我现在去照料牲畜！'——'那我呢？'——'你负责这些单词！'"[86]

对汉德克来说，事情并非一成不变。这位天选之子内心骄傲，但也常常受到罪恶感和自我怀疑的折磨。他实现了从格里芬奶牛牧场到斯德哥尔摩的飞跃，这一点他要感谢他的那些先辈。在汉德克的诺贝尔奖演讲中，他没有感谢在世的人，而是感谢了那些已故的人，这合乎情理。

演讲接近尾声时，汉德克讲述了他2014年在奥斯陆的经历，他提到了他的那位挪威保镖写的爱情诗以及他在一家书店的偶遇。透过书店橱窗的光亮，他看到站在他身旁的一个年轻男人的侧影。这个人，"几乎还是一个孩子，"指着展示架上的一本书，兴高采烈地说，"就在那儿，我的第一本书！……今天出版了！第一天。"人们不能指责汉德克曾将他的作家事业视为理所当然。因为这个男孩就是汉德克自己："这种来自他，这位作者，这位创作者的喜悦，直到今天也没有消失。可能永远不会消失。"

接下来的典礼按计划进行。瑞典国王在颁奖台上把奖项授予身穿燕尾服的汉德克，"斯雷布雷尼察的母亲们"以及上百个示威者在安全距离范围内进行抗议。晚上，他与王室成员、部长们和其他约上千名宾客在斯德哥尔摩议政厅共进晚宴，晚宴期间，这位诺贝尔奖得主做了一个简短的感谢演讲。

汉德克再次打破了对这个欢庆之夜的所有期待。他祝尼尔斯[①]的

---

① 尼尔斯是瑞典女作家塞尔玛·拉格洛夫（Selma Lagerlöf, 1858—1940）创作的童话《尼尔斯骑鹅旅行记》中的同名主人公。

野鹅一切顺利,并向在此欢聚的瑞典社会名流发表了这天晚上后现代式的祝酒词:"塞尔玛·拉格洛夫的野鹅永存! 永远的草莓地! 永远的野草莓!"将近午夜,上千人组成的庆祝队伍到楼上的金色大厅里跳舞。汉德克没有跳舞,他站在那里,情绪激动又如释重负,与王子画廊里的瑞典国王相距几米,那里正在供应夜宵维也纳香肠。他做到了。"彼得是重金属。"埃米尔·库斯图里察如此说道。[87]

这是圆满的结局吗? 最后,这位获奖者和他的对手们都获得了成功。对他的批评者来说,颁发这个诺贝尔奖是个丑闻。不过,如果没有这个丑闻,这段发生在巴尔干半岛并且在西方备受打压的欧洲新历史会成为举世瞩目的焦点吗? 愤怒的石头激起千层浪,日益激烈的争论最终远远地超出了对汉德克本人的争议,希望这场争论不会这么快结束。

对汉德克而言,关于他和他作品的争议或许是一个机遇。即使没有公众中的争论,诺贝尔奖以及随之而来的立碑现象也成为一些获奖者的负担。赫尔曼·黑塞在1946年写给他妻子尼农的一封信中诅咒道:"如今我还没有摆脱这件事情,与斯德哥尔摩有关……让这该死的破事见鬼去吧。"[88]没有什么比固化为具有代表性的纪念碑以及不得不管理自我荣誉更无聊、更无益的了。没有什么比异口同声的附和更具麻痹性。一些诺贝尔奖得主几乎没有再取得什么重要的成就。

对汉德克而言,写作,直到写出最后一个句子,这并不是一件理所当然的事情,而是要通过不断的斗争才能实现。这让他声名远扬,也让他声名狼藉;这让他被人群簇拥,也让他孤独落寞。

魔鬼们

当今时代，我们对英雄史诗、圣者生平、榜样和光环人物的渴望不亚于先前时代。不过，那些罪孽深重的人，那些误入歧途的人，他们的生活难道不是更加具有启示性吗？这是人的故事，而非传奇。从他们身上主要能学到一点：人永远不应停止对自己的怀疑。

汉德克也深知这一点，他宣判自己罪恶深重。对彼得·汉德克最激烈的批评来自他自己。我们第一次见面时，他曾说："对我自己展开的这场斗争是一场大规模战争。"[89] 十年后，他再次引用了先知的话："战争中最伟大的战争是对自己发动的战争。"为了在那些本来就好战的时期不至于变得太好斗，汉德克自嘲地补充道："我可不是泰坦①，泰坦们与自己作战，我只不过做了一个手指钩。"

当我问他还想讲述哪些故事时，汉德克的回答没有半点犹豫。《路加福音》中有一个令他难以忘怀的故事：在格拉森被鬼附身之人的故事。耶稣在加利利湖遇到了一个人，他被邪恶的魔鬼们附了身。耶稣用驱邪术将魔鬼们驱走，把它们赶入一个羊群中，后来它们坠入湖中，溺死了。[90] "这个之前被魔鬼附身并大喊大叫的人，"汉德克讲述，"此时感到心情轻松，他太激动了……他想告诉每个人，他现在自由了。"[91]

这是一个戏剧性的、短小的《圣经》故事：这个被治愈的人离开

---

① 泰坦是希腊神话中传说曾统治世界的巨人族，这个家族是乌拉诺斯和大地女神盖娅的子女，他们试图统治天国，但被宙斯家族推翻并取代。

了这个世界，他在福音书中的踪迹消失了。对汉德克来说，当这个被鬼附身的人成为一个叙述者时，这个故事才刚刚开始。"我想写发生在他身上的故事。故事还在继续，这是一个漫长的故事。"

在汉德克还是一位年轻的作家时，他去过一次以色列，但他从来没有去过加利利湖。他不想浪费时间，这次旅行对他来说太重要了。他担心他脆弱的心脏。七十七年前，他在圣尼古拉斯日来到这个世界上，从那以后，这个先天的缺陷一直伴随着他。在他出生时，魔鬼怒吼着穿过村庄。

他渴望尽快追随这个被治愈的、被魔鬼附身的人的足迹，去游览加利利湖周围的风景。"到那时，我会看看他都经历了什么。他在没有被魔鬼附身的情况下如何周游各地，如何讲述发生在他身上的故事。"

或许这会是一个幸福的结局？摆脱了邪恶的魔鬼？永久的和平是可能的吗？如果魔鬼们消失了，那将是多么奇妙的感觉，汉德克思索着。

"或许他想让它们再次回到他的身边？"[92]

致 谢

感谢以下诸位接受访谈，给出建议，提供文献：兹拉坦·阿利霍齐奇、卢克·邦迪、胡伯特·布尔达、玛丽·库滨、托马斯·戴希曼、约翰·德苏拉、布鲁诺·甘茨、乔治斯－阿图尔·戈德施米德、法比扬·哈夫纳、阿米娜·汉德克、汉斯和罗斯玛丽·汉德克、瓦伦丁·豪瑟、伊内斯·伊万诺维奇、约亨·容、彼得·史蒂芬·容克、西格蒙德·卡斯特纳、阿尔弗雷德·科勒赤、迈克尔·克吕格尔、蒂埃里·拉兰德、珍妮·莫劳、雷纳·莫里茨、莱因哈德·穆萨、卡塔琳娜·佩克托、沃尔夫冈·彼得里奇、克劳斯·佩曼、安妮特·波彭哈格、彼得·波尔曼、彼得·罗宾逊、海茵茨和莫妮卡·舍内曼、利普伽特·施瓦茨、索菲·塞敏、格奥尔格·肖茨、马可·斯拉多耶维奇、洛塔·施特鲁克、约阿希姆·翁泽尔德、乌拉·翁泽尔德－贝尔科维茨、维姆·文德斯、汉斯和格海德·维德里希、苏珊·佐布尔。

对于我在查询档案时给予的支持，感谢维也纳奥地利文学档案馆的本恩哈特·费茨、克劳斯·卡斯特贝格尔和马丁·韦德尔；马尔巴赫德国文学档案馆的乌尔里希·劳夫、乌尔里希·封·比洛和克里斯蒂娜·德奇；维也纳文学之家的乌尔苏拉·西伯；慕尼黑歌德学院电影部的克里斯蒂安·勒夫；柏林驻军问讯处、克恩滕州档案馆、布克斯特胡德①户口登记处以及汉堡大学图书馆的工作人员。苏尔坎普出版社的工作人员雷蒙德·费林格拒绝为本作者提供齐格弗里德·翁泽尔德和汉德克的来往记录，也拒绝做关于汉德克与出版社关系的访谈。汉德克给齐格弗里德·翁泽尔德的那封长信是私人收藏物品，所以，在2012年末苏尔坎普出版社出版这封信之前，我允许在本书中引用这封信的内容。感谢瑞典学院的秘书马茨·马尔姆邀请我去斯德哥尔摩参加诺贝尔奖颁奖典礼。

书稿能成书，我要感谢德意志出版社（DVA）的编辑迈克尔·米勒、托马斯·拉赫诺、马里昂·科勒和安妮特·瓦尔特，我还要感谢卡琳·格拉夫。

感谢吉姆·里德和里奇·罗伯逊（牛津大学）、朱迪特·瑞安（哈佛大学）和赫尔曼·库尔兹克（美因茨）给我提供深刻的见地和最初的灵感。

对于很多建设性的提议，我要感谢安德烈-亚历山大·布兰特，以及在萨尔茨堡给予我帮助的塔西亚纳和史蒂芬·海德，始终生活在卡塞尔的父母，衷心感谢在苏黎世的英格伯格·加塞尔和马库斯·加塞尔。我要特别感谢我的妻子金百莉，在我写这本书时，她对我偶尔不只是精神方面的缺席表示理解，同时也给予我支持。

最后，我感谢圣日耳曼大道利普啤酒馆里的朋友们提供的啤酒以及彼得·汉德克的蘑菇汤。剩下的这些是我自己完成的。

---

① 德国下萨克森州的一个城市，在汉堡市的西南面，距离汉堡20公里。

年　表

1942　12月6日，彼得·汉德克作为有斯洛文尼亚血统的克恩滕人玛利亚·肖茨（Sivec）和德国国防军军官埃里希·舍内曼的私生子在克恩滕州格里芬出生；1942年11月，汉德克的母亲与来自柏林的士官布鲁诺·汉德克结婚。

1943　汉德克在外祖父家里长大。两个舅舅格里高尔和汉斯·肖茨在东线阵亡。

1944　玛利亚·汉德克带着儿子移居柏林，去她丈夫的家人那里，不久后又回到格里芬。

1945　再次迁居柏林，战后布鲁诺·汉德克回到柏林。

1947　异父妹妹莫妮卡出生。

1948　6月，汉德克一家人从被苏联占领的东柏林越过两个占领区界线逃往格里芬，在格里芬他们住在外祖父家。同年9月，彼得·汉德克报名上小学。

1949　异父弟弟汉斯·格里高尔出生。

1950　以及接下来的几年：根据《无欲的悲歌》(1972)中的描写，父母关系越来越差；这个年轻人还不知道布鲁诺·汉德克只是他的继父。

1951	转到格里芬男女中学，成绩优秀。
1954	按照他的要求，7月开始在马里亚纳姆的坦岑贝格主教男生学院和天主教人文高级文理中学上学。
1955	以及接下来的几年：在寄宿中学成绩优秀。最初的文学尝试。
1957/1958	德语老师莱因哈特·穆萨成为汉德克的支持者，与他讨论他的文章。
1959	学年还未结束他便从天主教神学院退学，转到克拉根福人文高级中学就读；再次住在格里芬的家里。《克恩滕人民日报》发表他的两篇文章。
1960	也因为母亲对他提出的要求，尝试深入的写作，母亲让他讲述他的经历。
1961	中学毕业，成绩优异（高级中学毕业考试）。第一次与生父书信往来。开始在格拉茨学习法律，打各种零工赚取大学学费。
1962	夏天，与埃里希·舍内曼在格里芬见面。
1963	以及接下来的几年：大学生汉德克迷上了电影和摇滚乐。开始参与格拉茨"城市公园论坛"举办的活动，与阿里弗雷德·科勒赤成为朋友。在施泰尔马克州广播电台工作。
1964	7月和8月，在克尔克岛度假期间，完成长篇小说《大黄蜂》的大部分内容。
1965	苏尔坎普出版社接受了《大黄蜂》的手稿。随后中断大学学习。与女演员利普伽特·施瓦茨相识。

1966 　《大黄蜂》出版,《骂观众》首演。在普林斯顿四七社大会上引起轰动,因为谴责同时代的德语作家"描述力阳痿"。与利普伽特·施瓦茨在杜塞尔多夫定居。

1967 　与利普伽特·施瓦茨结婚。《监事会的欢迎词》出版。

1968 　《卡斯帕》首演。

1969 　移居柏林,女儿阿米娜在柏林出生;从柏林迁居巴黎。诗集《内部世界之外部世界之内部世界》出版。

1970 　回到德国。凭借小说《守门员面对罚点球时的焦虑》获得知名度,同年,小说被维姆·文德斯拍成电影。

1971 　在法兰克福附近的克龙贝格买了一栋房子。4月和5月,与妻子和科勒赤周游美国。11月19日至20日的夜里,母亲自杀。

1972 　以婚姻问题和美国旅行期间的经历为素材的小说《短信长别》问世。9月,《无欲的悲歌》出版,这是一部描述母亲生活与自杀的小说。

1973 　获毕希纳文学奖。年底,与利普伽特·施瓦茨分开后,带着阿米娜移居巴黎。

1974 　《不理性的人终将消亡》首演。诗与文章的合集《当愿望还有帮助时》发表。和珍妮·莫劳成为情人。

1975 　《真实感受的时刻》出版。开始专心写日记。

1976 　小说《左撇子女人》完成。

1977 　在巴黎近郊的房子里把上一年写的小说《左撇子女人》拍成电影。

1978	去阿拉斯加长途旅行,这是《缓慢的归乡》的原景地;经历了一次严重的写作危机,在作家赫尔曼·伦茨和他的妻子那里寻求帮助。
1979	在伦茨位于斯图加特郊区的房子里战胜了危机;讲述"变化"的《缓慢的归乡》出版。获卡夫卡奖,在萨尔茨堡定居。
1980	开始高强度的翻译工作(其中有莎士比亚、索福克勒斯、埃斯库罗斯、让·热内、朱利安·格林、古斯塔夫·亚诺斯的作品)。《圣山启示录》发表。
1981	完成戏剧《关于乡村》,作品描述他的家乡以及那里的人们。
1982	上一年完成的剧本在萨尔茨堡文艺节首演。
1983	和演员玛丽·库滨成为情人。《痛苦的中国人》完成。
1985	与玛丽·库滨一起把玛格丽特·杜拉斯的《死亡疾病》搬上银幕。
1986	小说《去往第九王国》出版,讲述在祖先之国斯洛文尼亚的旅行。
1987	11月退掉在萨尔茨堡的房子,开始为时近三年的世界之旅。
1988	继父布鲁诺·汉德克去世。
1989	《试论疲倦》完成。
1990	《问题的游戏》首演。在巴黎近郊沙勒维买了一栋房子。索菲·塞敏成为他新的生活伴侣。
1991	共同的女儿利奥卡迪出生。7月,汉德克在《南德意志报》对南斯拉夫战争首次发表看法。对媒体先入为主的报道进行批评。

1992	《形同陌路的时刻》在维也纳首演。
1993	3月,生父埃里希·舍内曼去世。
1994	和珍妮·莫劳把《缺席》拍成电影。索菲·塞敏和布鲁诺·甘茨主演。《我在无人湾的岁月》出版。
1995	与索菲·塞敏结婚。与索菲·塞敏和两个塞尔维亚朋友一起开始长时间的旅行。
1996	在《南德意志报》发表关于塞尔维亚旅行的报道。因为对塞尔维亚的支持,引起世界范围的不满。12月,在保莱探望波斯尼亚塞尔维亚首领拉多万·卡拉季奇。
1997	《黑夜中我走出寂静的家》出版。
1999	尽管北约空袭,汉德克两次在塞尔维亚和科索沃旅行。为了抗议德国军队参与轰炸这两个国家,汉德克退回了1973年颁发给他的毕希纳奖。
2000	关于对上一年两次旅行的报道《含泪质问》发表。
2002	小说《图像消失》出版。对海牙的战争战犯法庭持批判态度。
2003	被授予萨尔茨堡大学荣誉博士称号。
2005	在《文学》杂志上发表《对斯洛博丹·米洛舍维奇的非现场证人报道——戴米拉·戴米埃尔之塔》
2008	3月18日,参加斯洛博丹·米洛舍维奇的葬礼。戏剧演出因此被取消,杜塞尔多夫市政府拒绝支付其海涅奖金。
2009	《魏丽卡·霍卡的布谷鸟》发表。作为首位外国人获得塞尔维亚文学勋章"拉扎尔国王金质十字勋章"。
2010	受奥地利联邦总统海茵茨·费舍尔接见,总统承诺,如果他

	回家乡，将得到支持。戏剧《风暴依旧》出版，讲述他的家族史以及"二战"时克恩滕游击队员的故事。
2011	获涅斯特洛伊戏剧奖，买了一辆自行车。
2012	《风暴依旧》被评为梅尔海姆戏剧奖年度最佳德语剧本。
2013	《试论寂静之地》发表后，《试论蘑菇痴儿》问世，这是目前汉德克"试论"系列的最后一部作品。
2014	获国际易卜生奖。在奥斯陆颁奖时，有人抗议游行。
2017	在皮卡第的漫游在叙事诗《偷水果的姑娘或轻松开往内陆》中找到切入点。
2018	获涅斯特洛伊奖终身成就奖和克恩滕州金质勋章。
2019	把诺贝尔奖颁发给汉德克引起国际上对他那些关于南斯拉夫文章的争论。
2020	2月，《第二把剑——一个五月故事》出版。

缩写和缩略符号

A	《缺席——一个童话》(*Die Abwesenheit. Ein Märchen*)，美因河畔法兰克福，1987年。
Abschied des Träumers	《梦想者告别第九王国》(*Abschied des Träumers vom neunten Land*)，美因河畔法兰克福，1998年。
Bildverlust	《图像消失》(*Der Bildverlust*)，美因河畔法兰克福，2003年。
Cds	《痛苦的中国人》(*Der Chinese des Schmerzes*)，美因河畔法兰克福，1986年。
DKdF	《提问的艺术》(*Die Kunst des Fragens*)，美因河畔法兰克福，1994年。
Dörfer	《关于乡村》(*Über die Dörfer*)，美因河畔法兰克福，1981年。
DLA	迈巴赫德语文学档案馆
EBT	《我是一个象牙塔里的居民》(*Ich bin ein Bewohner des Elfenbeinturms*)，载于:《路标》。

Felsfenster	《在悬崖窗边的早上》(Am Felsfenster morgens)，美因河畔法兰克福，2000年。
Flanieren	《漫步结束》(Das Ende des Flanierens)，美因河畔法兰克福，1985年。
GdB	《铅笔的故事》(Die Geschichte des Bleistifts)，美因河畔法兰克福，1982年。
GdW	《世界的重量》(Das Gewicht der Welt)，萨尔茨堡，1977年。
GU	《昨日在路上》(Gestern Unterwegs)，美因河畔法兰克福，2007年。
H	《大黄蜂》，美因河畔法兰克福，1983(1966)年。
Hamm 2002	彼得·哈姆(Peter Hamm)《彼得·汉德克——忧郁的游戏者》(Der schwermütige Spieler)，纪录片，2002年。
Haslinger	阿道夫·哈斯林格《彼得·汉德克——一个作家的青年时代》(Jugend eines Schriftstellers)，美因河畔法兰克福，1995年。
Höller	汉斯·霍勒《彼得·汉德克》(Peter Handke)，莱茵贝克，2007年。
KB	《短信长别》(Der kurze Brief zum langen Abschied)，美因河畔法兰克福，1972年。
Kindergeschichte	《孩子的故事》(Kindergeschichte)，美因河畔法兰克福，1984年。

LF	《左撇子女人》(Die linkshändige Frau)，美因河畔法兰克福，1976年。
LH	《缓慢的归乡》(Langsame Heimkehr)，美因河畔法兰克福，1979年。
Lis	《在影子中慢慢来——碎片集1980—1992》(Langsam im Schatten. Gesammelte Verzettelungen 1980-1992)，美因河畔法兰克福，1992年。
Melzer	格哈德·梅尔策(Gerhard Melzer)《写下的天堂——彼得·汉德克作品中的童年作为诗意的存在形式》(Das erschriebene Paradies. Kindheit als poetische Daseinsform im Werk Peter Handkes)，彼得·汉德克《世界的缓慢性》(Die Langsamkeit der Welt)，格哈德·福克斯与格哈德·梅尔策主编，格拉茨，1993年，第47—62页。
MN	《摩拉瓦之夜》(Die morawische Nacht)，美因河畔法兰克福，2008年。
Müller	与安德烈·米勒(André Müller)的访谈(http://www.a-e-m-gmbh.com/andre/muller)。
N	《我在无人湾的岁月》(Mein Jahr in der Niemandsbucht)，美因河畔法兰克福，1994年。
Nachmittag	《一个作家的下午》(Nachmittag eines

	Schriftstellers），美因河畔法兰克福，1989年。
Nacht	《黑夜中我走出寂静的家》(*In einer dunklen Nacht ging ich aus meinem stillen Haus*)，美因河畔法兰克福，1999年。
ÖLA	维也纳奥地利文学档案馆
Ortstafeln	彼得·汉德克《我的路标——我的时间表1967—2007》(*Meine Ortstafeln. Meine Zeittafeln 1967-2007*)，美因河畔法兰克福，2007年。
PdW	《重温之想象》(*Phantasien der Wiederholung*)，美因河畔法兰克福，1996年。
Pichler	格奥尔格·皮希勒（Georg Pichler）《对幸福的描述——彼得·汉德克传》，维也纳，2002年。
Poesie	没有诗意的生活（*Leben ohne Poesie*），美因河畔法兰克福，2007年。
profil 1973	西格丽德·洛夫勒，艾哈德·施达克尔（Sigrid Löffler, Erhard Stackl）《年轻汉德克的烦恼》，《侧面》，1973年4月27日。
profil 1996	《彼得·汉德克——这位与给予塞尔维亚的正义有关的作家》，与克里斯汀·塞勒和沃尔夫冈·莱特的访谈，《侧面》，1996年3月18日。

Publikumsbeschimpfung	《骂观众》(*Publikumsbeschimpfung*)，美因河畔法兰克福，2008（1966）年。
Reise	《多瑙河、萨瓦河、摩拉瓦河和德里纳河冬日之行或给予塞尔维亚的正义》(*Eine winterliche Reise zu den Flüssen Donau, Save, Morawa und Dirna oder Gerechtigkeit für Serbien*)，美因河畔法兰克福，1996年。
Spiegel 1994	《"我希望自己冷静"——作家彼得·汉德克谈论他的新作、语言、政治和性》，《明镜》周刊(*Der Spiegel*)，1994年12月5日。
stern 1973	约根·赛尔克《奥林匹斯山上的年轻人——年轻作家彼得·汉德克如何变成了一位经典作家》(*Der Twen auf dem Olymp. Wie der Jung-Schriftsteller Peter Handke ein Klassiker wurde*)，《明星》周刊(*stern*)，1973年10月11日。
stern 2006	《彼得·汉德克〈我喜欢不合礼仪之事〉》，与斯文·米夏埃尔森的访谈，《明星》周刊，2002年1月25日。
Sturm	《风暴依旧》(*Immer noch Sturm*)，美因河畔法兰克福，2010年。
SV	《圣山启示录》(*Die Lehre der Sainte-Victoire*)，美因河畔法兰克福，1980年。

SvF	《提问的游戏或前往洪亮国度的旅行》(*Das Spiel vom Fragen oder Die Reise zum sonoren Land*),美因河畔法兰克福,1989年。
Tablas	《戴米拉·戴米埃尔之塔》(*Die Tablas von Daimiel*),美因河畔法兰克福,2006年。
Tag	《直到这天把你们分开或光之间:一个内心独白》(*Bis daß der Tag euch scheidet oder Eine Frage des Lichts*),美因河畔法兰克福,2009年。
Thukydides	《再次献给修昔底德》(*Noch einmal für Thukydides*),慕尼黑,1997年。
Tormann	《守门员面对罚点球时的焦虑》(*Die Angst des Tormanns beim Elfmeter*),美因河畔法兰克福,1970年。
Tribunal	《围绕这个大法庭》(*Rund um das große Tribunal*),美因河畔法兰克福,2003年。
Versuche	《试论三部曲:试论疲倦 试论点唱机 试论成功的日子》(*Die drei Versuche: Versuch über die Müdigkeit. Versuch über die Jukebox. Versuch über den geglückten Tag*),美因河畔法兰克福,1998年。
W	《去往第九王国》(*Die Wiederholung*),美因河畔法兰克福,1989年。

WASt	国防军信息中心　柏林
WU	《无欲的悲歌》(Wunschloses Unglück)，萨尔茨堡，1972年。
Wünschen	《当祝愿还有用时》(Als das Wünschen noch geholfen hat)，美因河畔法兰克福，1974年。
Zeitmagazin 1985	齐格弗里德·舒伯《美女和诗人》(Die Schöne und der Dichter)，《时代周报副刊》(Zeitmagazin)，1985年12月6日。
ZfdU	《对不朽的装备：一部皇家戏剧》(Zurüstungen für die Unsterblichkeit: Ein Königsdrama)，美因河畔法兰克福，1997年。
ZS	《第二把剑：一个魔法故事》(Das zweite Schwert: Eine Magiegeschichte)，柏林，2020年。

注 释

增补版前言

1 彼得·汉德克写给马尔特·赫尔维希的信,2019年12月17日。

2 《我是一个象牙塔里的居民》,汉德克文集,文章 I, 24.

第1章

1 汉斯·维德里希(Hans Widrich)《大黄蜂,也称之为来自下克恩滕州的拼接照片》,莱蒙德·菲林格(Raimund Fellinger)主编,美因河畔法兰克福,1985年,第25—35页;第27页。

2 《无欲的悲歌》(WU),第19页。

3 德国军人服务局问讯处(WASt),2010年4月26日。

4 《直到这天把你们分开或光之问:一个内心独白》(Tag),第18页。

5 安娜·普拉策尔特 – 曼妮(Anna Platzelt-Menne)《时代变迁中一个乡村接生婆的工作》,赫马格拉(Hermagoras)出版社1986年,第130页。

6 《筹划生命的永恒:一部国王剧》(ZfdU),第14页。

7 同上。

8 与彼得·汉德克的谈话,沙维勒,2009年3月11日。

9 "当我6个月大时,我可能还不知道是谁在我的面前俯下身子并带着奇特的想法看着我",彼得·汉德克在1962年5月18日给埃里希·舍内曼的一封信里如此写道;私人物品。

10 《去往第九王国》(W),第69页及下一页。

11 《风暴》(Sturm),第67页;第80页。

12 《铅笔的故事》(GdB),第150页。

13 《去往第九王国》,第101页及下一页。

14 《铅笔的故事》,第98页。

15 梅尔策(Melzer),第52页。

16 《无欲的悲歌》(WU),第14页。

17 《去往第九王国》(W),第68页。

18 《我在无人湾的岁月》(N),第113页。

19 《圣山启示录》(SV),第69页,当今如果来到福尔克马克特区的地方历史博物馆,仍然能够想象得到当时做出这样的决定一定需要巨大的勇气。来自三十年代的宣传壁画展示投票箱旁一个由骄傲的克恩滕人排成的长队,他们投票表决以反对奥地利南部地区加入新成立的南斯拉夫。只有一个人脸上露出愤怒,手里偷偷握着一张赞成加入南斯拉夫的白色选票。

20 与彼得·汉德克的谈话,沙维勒,2009年3月11日。

21 玛利亚·汉德克写给彼得·汉德克的信,o.D.;奥地利文学档案馆 维也纳。

22 彼得·汉德克写给玛利亚·汉德克的信,1961年12月3日。

23 《无欲的悲歌》(WU),第12页及下一页。

24　《无欲的悲歌》，第25页。

25　德国军人服务局问询处，2010年2月15日。

26　与彼得·汉德克的谈话，沙维勒，2009年3月11日。

27　《去往第九王国》，第69页。

28　引自曼弗雷德·杜尔扎克（Manfred Durzak）《彼得·汉德克与德国当代文学》，斯图加特，1982年，第51页。

29　与彼得·汉德克的谈话，沙维勒，2009年3月11日。

30　《侧面》，1996年。

31　《去往第九王国》（W），第317页。

32　《侧面》，1996年。

33　《大黄蜂》（H），第252、253页。

34　《无欲的悲歌》（WU），第28、29页。

35　德国军人服务局问询处（WASt），2010年4月26日。

36　玛利亚·汉德克写给埃里希·舍内曼的信，1961年9月14日；私人物品。

37　弗兰茨·霍乐（Franz Hohler）《"您经常感到无聊吗？"向彼得·汉德克提出的问题》，载于弗兰茨·霍乐《对他人的提问》，柏林，1973年，第21页。

38　《我不想被他人崇拜》，与雷纳特·波萨尼格（Renate Paßarnig）的对话，《明星》周刊，40/1982。

39　维德里希（Widrich）《大黄蜂》；参见注释I, 27。

40　《无欲的悲歌》，第30页。

41　彼得·汉德克写给埃里希·舍内曼的信，1962年7月8日；私人物品。

42 彼得·汉德克《安塞姆·基弗或柏拉图的另一个洞穴》,《时代》周刊（*Die Zeit*），1999年12月9日。

43 与彼得·汉德克的谈话，沙维勒，2008年1月2日。

44 《"道德是形容专制的另一个词"作家彼得·汉德克关于北约轰炸塞尔维亚以及对美国为什么必须被改造这一问题的看法》(《*Moral ist ein anderes Wort für Willkür*〈 *Der Schriftsteller Peter Handke über die Natobomben auf Serbien und die Frage, warum Amerika umerzogen werden muß*《),《南德意志报》(*Süddeutsche Zeitung*)，1999年5月15日。

45 《费加罗报文学周刊》(*Le Figaro littéraire*)，2004年4月15日。

46 与彼得·汉德克的谈话，沙维勒，2009年3月11日。

47 与彼得·汉德克的谈话，沙维勒，2009年12月16日。

48 《无欲的悲歌》，第68页及下一页。

49 《侧面》，1973年。

50 《无欲的悲歌》，第29页。

51 《无欲的悲歌》，第32页。

52 《无欲的悲歌》，第24页。

53 同上。

54 《无欲的悲歌》，第32、33页。

55 《无欲的悲歌》，第51页。

56 《无欲的悲歌》，第33、34页。

57 《无欲的悲歌》，第54页。

58 《无欲的悲歌》，第33、39、55页。

59 《大黄蜂》，第154页。

60 《大黄蜂》,第153页。

61 《无欲的悲歌》,第46页。

62 《无欲的悲歌》,第54页。

63 《明镜》周刊,1994年。

64 玛利亚·汉德克写给埃里希·舍内曼的信,1961年11月27日;私人物品。

65 《大黄蜂》,第131页及下一页。

66 玛利亚·汉德克写给埃里希·舍内曼的信,阿尔腾马克特,1961年9月14日;私人物品。

67 《无欲的悲歌》,第65页。

68 《无欲的悲歌》,第64页及下一页。

69 《无欲的悲歌》,第66页。

70 布鲁诺·汉德克写给彼得·汉德克的信,未标明日期;奥地利文学档案馆 维也纳。

71 布鲁诺·汉德克写给彼得·汉德克的信,阿尔腾马克特,1977年1月23日。

72 哈斯林格(Haslinger),第46页及下一页。

73 《提问的游戏或去往洪亮国度的旅行》(SvF),第57页及下一页。

74 《明镜》周刊,1994年。

75 《短信长别》(KB),第141页。

76 《对不朽的装备:一部皇家戏剧》(ZfdU),第17页。

77 《第二把剑》(*Schwert*),第72页。

78 与彼得·汉德克的谈话,沙维勒,2009年12月16日。

79 《圣山启示录》(SV)，第72页。

80 《去往第九王国》，第306页。

81 《铅笔的故事》，第194页。

82 《大黄蜂》，第19页。

83 《缓慢的归乡》，第100页。

84 《去往第九王国》，第14页。

85 《圣山启示录》，第12页。

86 《圣山启示录》，第12、13页。

87 《痛苦的中国人》(CdS)，第220、221页。

88 《昨日在路上》(GU)，第442页。

89 《世界的重量》(GdW)，第267页。

90 《缺席——一个童话》(A)，第166页。

91 《明镜》周刊，1994年。

92 弗兰茨·霍乐（Franz Hohler）《"您经常感到无聊吗？"向彼得·汉德克提出的问题》，载于弗兰茨·霍乐《对他人的提问》，柏林，1973年，第33页；引自皮希勒，第28页。

93 与汉斯·汉德克的谈话，格里芬，2009年5月28日。

94 《无欲的悲歌》，第41页。

95 《无欲的悲歌》，第54页。

96 《无欲的悲歌》，第54、55页。

97 与彼得·汉德克的谈话，格里芬，2009年5月27日。

98 玛利亚·汉德克写给埃里希·舍内曼的信，阿尔腾马克特，1961年8月14日；私人物品。

99　埃里希·舍内曼写给玛利亚·汉德克的信，布克斯特胡德，储蓄所，1961年8月21日；私人物品。

100　《无欲的悲歌》，第28页。

101　埃里希·舍内曼写给玛利亚·汉德克的信，布克斯特胡德，储蓄所，1961年8月21日；私人物品。

102　彼得·汉德克写给莱因哈特·穆萨的信，1961年12月10日。

103　《无欲的悲歌》，第27页。

104　同上。

105　《无欲的悲歌》，第28页。

106　彼得·汉德克写给埃里希·舍内曼的信，1962年7月19日；私人物品。

107　玛利亚·汉德克写给埃里希·舍内曼的信，阿尔腾马克特，1961年9月14日；私人物品。

108　同上。

109　玛利亚·汉德克写给埃里希·舍内曼的信，1961年11月27日；私人物品。

110　玛利亚·汉德克写给埃里希·舍内曼的信，1962年12月13日；私人物品。

111　彼得·汉德克写给埃里希·舍内曼的信，1961年9月4日；私人物品。

112　彼得·汉德克写给埃里希·舍内曼的信，1961年10月8日；私人物品。

113　彼得·汉德克写给埃里希·舍内曼的信，1962年4月18日；私人物品。

114　彼得·汉德克写给埃里希·舍内曼的信，1962年11月29日；私人物品。

115　彼得·汉德克写给埃里希·舍内曼的信，1962年4月18日；私人物品。

116 彼得·汉德克写给埃里希·舍内曼的信,1973年11月5日;私人物品。

117 彼得·汉德克写给埃里希·舍内曼的信,1963年6月11日;私人物品。

118 彼得·汉德克写给埃里希·舍内曼的信,1962年9月12日;私人物品。

119 考试科目是希腊语、数学和哲学。

120 玛利亚·汉德克写给埃里希·舍内曼的信,1961年9月14日;私人物品。

121 玛利亚·汉德克写给埃里希·舍内曼的信,1962年12月13日;私人物品。

122 彼得·汉德克写给埃里希·舍内曼的信,1962年3月13日;私人物品。

123 彼得·汉德克写给埃里希·舍内曼的信,1963年2月2日;私人物品。

124 彼得·汉德克写给阿道夫·哈斯林格的信,1990年12月16日;引自哈斯林格,第47页。

125 彼得·汉德克给埃里希·舍内曼写的信,未标明日期;私人物品。

126 《明镜》周刊,1994年。

127 彼得·汉德克写给埃里希·舍内曼的信,1985年4月15日;私人物品。

128 彼得·汉德克写给埃里希·舍内曼的信,1985年11月26日;私人物品,埃里希·舍内曼给彼得·汉德克的回信,1988年12月2日;奥地利文学档案馆 维也纳。

129 彼得·汉德克写给埃里希·舍内曼的信,1991年1月21日;私人物品。

130 彼得·汉德克写给埃里希·舍内曼的信,1991年11月7日;私人物品。

第2章

1 《短信长别》,第9页。

2 《短信长别》,第75页。

3 《侧面》,1973年。

4 彼得·汉德克在以下文章中使用了"考古学"这一概念:《"这些是促使我写作的事情"——彼得·汉德克与乌尔里希·霍茨关于双影人、亡者、门槛的谈话》,《歌德纪念馆》(*Goetheanum*)67.4(1988年1月24日),第21—25页;第22页。

5 《铅笔的故事》,第217页。

6 《柏林苍穹下——彼得·汉德克和维姆·文德斯创作的电影剧本》,美因河畔法兰克福[o.D.],第57页。

7 《大黄蜂》,第98页。

8 与彼得·汉德克的谈话,沙维勒,2009年12月16日。

9 《圣山启示录》,第69页及下一页。

10 皮希勒,第20页及下一页。

11 齐格弗里德·翁泽尔德(Siegfried Unseld)主编《最初的阅读经历》,美因河畔法兰克福,1975年。

12 《我在无人湾的岁月》,第979页及下一页。

13 《克恩滕日报》(*Kärntner Tageszeitung*),1967年11月30日。

14 《关于萨尔茨堡城市的简短演讲》(*Kleine Rede über die Stadt Salzburg*),载于《慢慢投入影子中,碎片集1980—1992》(Lis),第86页。

15 《"这些是促使我写作的事情"——彼得·汉德克与乌尔里希·霍茨关于双影人、亡者、门槛的谈话》,《歌德纪念馆》(*Goetheanum*)67.4(1988年1月24日),第21—25页;第22页。

16 《漫步的结束》,第56页及下一页。

17 与彼得·汉德克的谈话,格里芬,2009年5月28日。

18 profil,1973年。

19 《梦想着告别第九王国》,第9页。

20 对乌尔里希·霍茨的访谈。

21 《圣山启示录》,第69、70页。

22 《大黄蜂》,第274页。

23 《大黄蜂》,第199页。

24 对乌尔里希·霍茨的访谈,参见第2章注释4。

25 同上。

26 与汉斯·汉德克的谈话,格里芬,2009年5月28日。

27 彼得·汉德克给玛利亚·汉德克写的信,1963年6月3日;引自哈斯林格,第74页及下一页。

28 《短信长别》,第50、51页。

29 《侧面》,1973年,第49页。

30 被授予克恩滕州文化奖时发表的演讲,1983年12月13日;引自皮希勒,第27页。

31 《大黄蜂》,第240、241页。

32 《大黄蜂》中关于杀猪的描写中有这样的话,《大黄蜂》,第107页。

33 《大黄蜂》,第107、108页。

34 《无欲的悲歌》,第19页。

35 《大黄蜂》,第262页;第270页。

36 《大黄蜂》,第211页。

37 《大黄蜂》,第17、18页。

38 《大黄蜂》，第147页。

39 《大黄蜂》，第15页。

40 《大黄蜂》，第47页。

41 《缺席——一个童话》，第218页。

42 与彼得·汉德克的谈话，沙维勒，2009年3月11日。

43 同上。

44 《铅笔的故事》，第217页。

45 日记，1987年4月21日；迈巴赫德语文学档案馆。

46 日记，1986年12月25日："这棵石榴树，这棵树（不是我童年果园里缺少的那一棵，也不是我心之向往的那一棵……）。"

47 日记，1987年1月18日。

48 弗兰茨·霍乐（Franz Hohler）《"您经常感到无聊吗？"向彼得·汉德克提出的问题》，载于弗兰茨·霍乐《对他人的提问》，柏林，1973年，第33页；引自皮希勒，第28页。

49 玛利亚·汉德克给埃里希·舍内曼写的信，1961年12月14日；私人物品。

50 采访《小报》，2009年5月28日。

51 "缓和分裂、无助（学校）：鉴于市郊列车中的所有矛盾（赞扬市郊列车）"；《世界的重量》，第202页。

52 授予彼特拉克奖时关于古斯塔夫·亚诺斯的演讲，《时代》周刊，1984年6页29日。

53 《萨尔茨堡新闻报》，2009年9月11日。

54 "如果我作为读者在阅读一本书的开头时……被直接攀谈，我就没法再专注,并且也失去了展开想象的任何一种可能性 —— 特别是另外还有人明确感召我的个人经历(这有些像在学校时老师在学生作报告时盯着一个人看)";《铅笔的故事》,第50页。

55 《布里吉特》(*Brigitte*),1974年7月5日。

56 《在悬崖窗边的早上》,第261页。

57 《世界的重量》,第47页。

58 2009年在格里芬举办的阅读比赛结束后,《小报》(*Kleine Zeitung*)对汉德克的访谈。

59 《我在无人湾的岁月》,第176、177页。

60 米勒,1988年。

61 同上。

62 与彼得·汉德克的谈话,沙维勒,2009年3月11日。

63 《侧面》,1996年。

64 《明星》周刊,1973年。

65 《去往第九王国》,第33页及下一页;第44页。

66 马里亚纳姆,彼得·汉德克的学生档案。

67 哈姆,2002年。

68 《彼得·汉德克 —— 这位敏感者的大祭司》,BR2广播纪录片,2009年12月1日。

69 马里亚纳姆,彼得·汉德克的学生档案。

70 《无欲的悲歌》,第53页。

71 《侧面》,1973年。

72 同上。

73　同上。

74　彼得·汉德克《一个自传散文》，载于《我的路标 —— 我的时间表 1967—2007》，美因河畔法兰克福，2007年，第13页。

75　《去往第九王国》，第17页。

76　《侧面》，1973年。

77　参见日记，1987年3月17日，在日记中彼得·汉德克记下了用于《提问的艺术》的日记："当老师当着所有人的面表扬我并强调我是唯一一个没有离题并且提问题的人（1958）。"

78　与莱因哈特·穆萨通电话，2009年3月24日。

79　皮希勒，第34页。

80　参见《去往第九王国》，第12、13页。

81　《短信长别》，第124页。

82　彼得·汉德克写给校长莫查尔的信，1995年；引自皮希勒，第35页。

83　哈斯林格，第91页。

84　作为复制品刊载于：《彼得·汉德克：写作的自由 —— 文字的秩序》，克劳斯·卡斯特伯格（Klaus Kastberger）主编，维也纳，2009年，第7—10页。

85　2008年，他在德国电视二台深夜工作室一定是这么对主持人福尔克·潘策讲的。

86　与莱因哈特·穆萨的谈话，菲拉赫，2009年5月28日。

87　《去往第九王国》，第37页。

88　彼得·汉德克写给莱因哈特·穆萨的信，1987年2月5日。

89　同上。

90　彼得·汉德克写给莱因哈特·穆萨的信，1988年12月14日。

91 彼得·汉德克写给莱因哈特·穆萨的信，1961年12月10日；引自皮希勒，第33页。

92 马里亚纳姆，彼得·汉德克的学生档案。

93 《昨日在路上》，第54、55页。

94 哈姆，2002年。

95 《去往第九王国》，第33页。

96 《我的路标——我的时间表1967—2007》，第38页。

97 《侧面》，1973年。

98 《明星》周刊，1973年。

99 《在悬崖窗边的早上》，1983年6月21日，第83页。

100 《重温之想象》，第95页。

101 《明镜》周刊，1966年6月13日。

102 霍勒，第24、25页。

103 《侧面》，1973年。

104 汉斯·维德里希《彼得·汉德克与僧侣山——一篇个人报道》；打字稿。

105 莱因哈特·穆萨持有的《火炬》样本。

106 《去往第九王国》，第39页。

107 《去往第九王国》，第35页。

108 玛利亚·汉德克写给埃里希·舍内曼的信，1961年9月14日；私人物品。

109 与彼得·汉德克的谈话，沙维勒，2009年3月11日。

110 《去往第九王国》，第44页。

111 《在悬崖窗边的早上》,第420页。

第3章

1 彼得·汉德克写给玛利亚·汉德克的信;皮希勒,第55页。

2 《明星》周刊,2006年。

3 《我来自梦境》,《时代》周刊,2006年2月1日。

4 《明星》周刊,1973年。

5 与弗兰茨·霍勒的谈话,《那里的这个》,1973年。

6 安德烈·米勒《与彼得·汉德克的谈话》,维特拉,1993年,第24、25页。

7 同上。

8 《无欲的悲歌》,第63页。

9 哈斯林格,第99页。

10 玛利亚·汉德克给彼得·汉德克写的信,1961年11月29日。

11 引自哈斯林格,第56页及下一页。

12 引自哈斯林格,第57页及下一页。

13 《去往第九王国》,第15页。

14 米勒,1971年。

15 《侧面》,1973年。

16 与乌尔里希·格雷纳(Ulrich Greiner)的访谈,《时代》周刊,2006年2月1日,第6期。

17 同上。

18 彼得·汉德克写给玛利亚·汉德克的信,1962年10月15日;引自哈斯林格，第92页及下一页。

19 玛利亚·汉德克写给彼得·汉德克的信，1970年6月19日；奥地利文学档案馆 维也纳。

20 玛利亚·汉德克写给彼得·汉德克的信，1971年9月30日；奥地利文学档案馆 维也纳。

21 《工作－笔记－日历1960》；奥地利文学档案馆 维也纳。

22 《寂静的权力》，《明镜》周刊，1969年2月10日。

23 彼得·汉德克写给玛利亚·汉德克的信，1967年3月31日；引自哈斯林格，第126页。

24 《世界的重量》，第26页。

25 《工作－笔记－日历1960》；奥地利文学档案馆 维也纳。

26 与彼得·汉德克的谈话，沙维勒，2008年1月2日。

27 载于《没有诗学的生活》，美因河畔法兰克福，2007年，第185页。

28 彼得·汉德克写给埃里希·舍内曼的信，1962年4月18日；私人物品。

29 参见尾注28。

30 彼得·汉德克写给埃里希·舍内曼的信，1962年5月28日；私人物品。

31 与弗兰茨·霍勒的谈话，《那里的这个》，1973年。

32 彼得·汉德克写给汉斯·维德里希（Hans Widrich）的信，1966年1月5日；引自格奥尔格·皮希勒《在格拉茨的彼得·汉德克》，《手稿》，2002年第25期。

33 海茵茨·路德维希·阿诺尔德（Hans Ludwig Arnold）《与彼得·汉德克的谈话》，载于《文本＋批评》（*Text+Kritik*）24，1976年第3版，第15—37页。

34 彼得·汉德克写给玛利亚·汉德克的信,1961年10月20日。

35 格里高尔·肖茨(Gregor Siutz)的遗嘱,阿尔腾马克特,1967年11月15日;私人物品。

36 《试论三部曲:试论疲倦 试论点唱机 试论成功的日子》,第10、11页。

37 《对乡村影院和家乡电影的初步评论》,《我的路标——我的时间表1967—2007》,第527—533页;第528页及下一页。

38 同上。

39 皮希勒,第28页。

40 与阿尔弗雷德·科勒赤的谈话,格拉茨,2009年5月29日。

41 与彼得·汉德克的谈话,沙维勒,2009年12月16日。

42 《侧面》,1973年。

43 哈斯林格,第100页。

44 阿尔弗雷德·科勒赤《旁注》,《手稿》,2002年第4期。

45 《明星》周刊,2006年。

46 《去往第九王国》,第16页。

47 《我是一个象牙塔里的居民》,第38页。

48 米勒,1971年。

49 彼得·汉德克给埃里希·舍内曼写的信,1964年12月8日;私人物品。

50 《侧面》,1973年。

51 《"这些是促使我写作的事情"——彼得·汉德克与乌尔里希·霍茨关于双影人、亡者、门槛的谈话》,《歌德纪念馆》(Goetheanum)67.4(1988年1月24日),第21—25页;第22页。

52 阿尔弗雷德·科勒赤《彼得·汉德克在格拉茨的文学初始》,载于

《彼得·汉德克》,莱蒙德·菲林格(Raimund Fellinger)主编,美因河畔法兰克福,1985年,第11—24页;第17页。

53　哈斯林格,第94页。

54　曼弗雷德·米克斯勒(Manfred Mixner)《彼得·汉德克》,克隆伯格,1977年,第170页。

55　保守杂志《走进人民中的艺术》的主编这么认为。载于:彼得·莱姆勒(Peter Laemmle)、约克·朱斯(Jörg Drews)《为了征服文学,格拉茨人如何离开。年轻奥地利作者的文本、肖像和文献》,慕尼黑,1975年,第20页。

56　《侧面》,1973年。

57　格哈德·罗特(Gerhard Roth)《关于彼得·庞拉茨》,载于:《人、图画、木偶》,美因河畔法兰克福,1979年,第55页。

58　与阿尔弗雷德·科勒赤的谈话,格拉茨,2009年5月29日。

59　《摩拉瓦之夜》,第135页。

60　皮希勒,第25页。

61　哈斯林格,第38—40页。

62　哈姆,2002年。

63　同上。

64　哈斯林格,第40页。

65　《提问的游戏或去往洪亮国度的旅行》,第57、58页。

66　《明镜》周刊,1994年。

67　《对生活的描述》,载于《彼得·汉德克:散文　诗歌　戏剧　广播剧　文章》,美因河畔法兰克福,1969年,第100页。

68　哈拉尔德·巴洛赫《对彼得·汉德克截至1983年的作品中宗教和仪式的研究》，神学博士论文，格拉茨，1988年，第425页，参见尾注36；引自哈斯林格，第103页。

69　《侧面》，1973年。

70　彼得·汉德克写给玛利亚·汉德克的信，1965年3月3日。

71　与阿尔弗雷德·科勒赤的谈话，格拉茨，2009年5月29日。

72　参见尾注71。

73　与克劳斯·佩曼（Claus Peymann）的谈话，柏林，2009年5月22日。

74　米勒，1971年。

75　《寂静的权力》，《明镜》周刊，1969年2月10日。

76　《我是一个象牙塔里的居民》，第38页。

77　《我是一个象牙塔里的居民》，第42页。

78　《我是一个象牙塔里的居民》，第41、42页。

79　彼得·莱姆勒、约克·朱斯《为了征服文学，格拉茨人如何离开。年轻奥地利作者的文本、肖像和文献》，慕尼黑，1975年。

80　《彼得·汉德克与阿尔弗雷德·科勒赤书信集：美是第一项市民义务》，萨尔茨堡，2008年，第291页。

81　与阿尔弗雷德·科勒赤的谈话，格拉茨，2009年5月29日。

82　《手稿1960—1980，摘选》，阿尔弗雷德·科勒赤和茜茜·塔克斯主编，美因河畔法兰克福，1980年，第158、159页。

83　《汉德克讲述这位莫罗是如何向他讲述的，就像……》，《花花公子》（Playboy），1975年第10期。

84　《慢慢投入影子中——碎片集1980—1992》，第78页。

85 霍勒,第67页。

86 彼得·哈姆《德国内在性的新事件:彼得·汉德克》,《切实》(*konkret*),1969年6月2日。

87 《向前,回到将来》,《南德意志报》,1972年3月22日。

88 同上。

89 《时代》周刊,1996年2月2日。

90 《书角》,1965年4月26日,广播电台手稿,奥地利国家电视台/施泰尔马克广播电台演播室;引自皮希勒,第27页。

91 彼得·汉德克写给玛利亚·汉德克的信,1963年4月。

92 同上。

93 与彼得·汉德克的谈话,沙维勒,2008年1月2日。

94 与彼得·汉德克的谈话,沙维勒,2009年12月16日。

95 《侧面》,1973年。

96 同上。

97 彼得·汉德克写给玛利亚·汉德克的信,1965年11月24日;私人物品。

98 彼得·汉德克写给利普伽特·施瓦茨的信,1965年8月27日;奥地利文学档案馆 维也纳。

99 彼得·汉德克写给利普伽特·施瓦茨的信,1965年8月30日;奥地利文学档案馆 维也纳。

100 同上。

101 "这枚戒指符合你的品位",汉德克在1965年8月30日写的同一封信中写道。

102 《侧面》,1973年。

103　《明星》周刊，1973年。

104　与利普伽特·施瓦茨的谈话，维也纳，2009年8月30日。

105　利普伽特·施瓦茨写给彼得·汉德克的信，1968年10月1日。

106　与彼得·史蒂芬·容克的谈话，巴黎，2009年12月15日。

107　同上。

108　《短信长别》，第44、45页。

109　彼得·汉德克写给利普伽特·施瓦茨的信，1966年8月16日；奥地利文学档案馆 维也纳。

110　彼得·汉德克写给阿尔弗雷德·科勒赤的信，1967年11月28日。载于《彼得·汉德克与阿尔弗雷德·科勒赤书信集：美是第一项市民义务》，萨尔茨堡，2008年，第20页。克劳斯·霍弗（Klaus Hoffer），1942年出生在格拉茨，作家；奥古斯丁·施赖埃尔（Augustin Schreier），阿尔弗雷德·科勒赤的一个朋友，也是汉德克的证婚人；君特·比希（Günter Büch）(1932—1977)，戏剧导演；威廉·亨斯特勒（Wilhelm Hengstler），1944年出生在格拉茨，作家和导演。

111　玛利亚·汉德克写给利普伽特·施瓦茨的信，1966年8月18日。

112　《大黄蜂》，第276页。

113　《大黄蜂》，第277页。

114　托马斯·斯特尔那斯·艾略特（T. S. Eliot）《诗集》，夏娃·黑塞主编，美因河畔法兰克福，1988年，第14页。

115　《原文中：彼得·汉德克在普林斯顿的"出场"以及汉斯·迈耶的回答》，载于《文本＋批评》，海茵茨·路德维希·阿诺尔德主编，1989年第5版，第17—20页；第17页。

116　《明镜》周刊，1970年5月25日。

117　与彼得·汉德克的谈话，沙维勒，2009年12月16日。

118　《明镜》周刊，1966年6月13日。

119　与克劳斯·佩曼的谈话，柏林，2009年5月22日。

120　参见尾注119。

121　《明镜》周刊，1970年5月25日。

122　《骂观众》，第9页。

123　与彼得·汉德克的谈话，沙维勒，2009年12月16日。

124　《信使》，1966年7月1日。

125　彼得·汉德克写给利普伽特·施瓦茨的信，1966年8月16日。

126　与阿米娜·汉德克的谈话，维也纳，2009年8月20日。

127　彼得·汉德克写给玛利亚·汉德克的信，1965年1月31日；引自哈斯林格，第77页。

128　与彼得·汉德克的谈话，沙维勒，2009年12月16日。关于约翰·列侬的书《工作中的西班牙人》（*A Spaniard in the works*），纽约，1965年（签名版本是私人物品）。

129　《图像消失》，第19页。

130　与克劳斯·佩曼的谈话，柏林，2009年5月22日。

131　《骂观众》，第18页。

132　《骂观众》，第46页。

133　阿尔弗雷德·科勒赤《彼得·汉德克在格拉茨的文学初始》，载于《彼得·汉德克》，莱蒙德·菲林格主编，美因河畔法兰克福，1985年，第11—24页；第21页。

134 《明镜》周刊，1970年5月25日。

135 《书角》，1965年11月29日，广播电台手稿，奥地利国家电视台/施泰尔马克广播电台演播室；引自皮希勒，第98页。

136 米勒，1971年。

137 《可我只活在空隙中——彼得·汉德克与赫伯特·甘博（Herbert Gamper）的谈话》，苏黎世，1987年，第123、124页。

138 《骂观众》，第43、44页。

139 《明镜》周刊，1966年6月13日。

140 与克劳斯·佩曼的谈话，柏林，2009年5月22日。

141 《明镜》周刊，1970年5月25日。

142 《那时我可能有些幼稚》，《小报》，2010年5月7日。

143 与克劳斯·佩曼的谈话，柏林，2009年5月22日。

144 马丁·瓦尔泽，《日记1963—1973》，莱茵贝克，2007年，第201页。

145 与克劳斯·佩曼的谈话，柏林，2009年5月22日。

146 米勒，1971年。

147 《明镜》周刊，1968年5月20日。

148 同上。

149 彼得·汉德克写给利普伽特·施瓦茨的信，1966年8月16日；奥地利文学档案馆 维也纳。

150 彼得·汉德克写给埃里希·舍内曼的信，1964年6月17日；私人物品。

151 阿尔弗雷德·科勒赤《彼得·汉德克在格拉茨的文学初始》，载于《彼得·汉德克》，莱蒙德·菲林格主编，美因河畔法兰克福，1985年，第11—24页；第22页。

152 与彼得·史蒂芬·容克的谈话,巴黎,2009年12月15日。

第4章

1 《无畏的天真》,《明镜》周刊,1970年5月25日。

2 同上。

3 《在汉德克那里所有人都是罪犯》,《慕尼黑信使报》,1972年2月18日。

4 彼得·哈姆《德国内在精神的最新事件:彼得·汉德克》。《切实》(konkret),1969年6月2日。

5 彼得·汉德克《关于彼得·哈姆关于彼得·汉德克》。载于《关于彼得·汉德克》,迈克尔·沙朗主编,美因河畔法兰克福,1972年,第114—118页。

6 《无畏的天真》,《明镜》周刊,1970年5月25日。

7 《汉德克讲述这位莫罗是如何向他讲述的,就像……》,《花花公子》(Playboy),1975年第10期。

8 米勒,1971年。

9 也可参见《短信长别》,第169页:"……我到处都用大钞付款,只需掏一次口袋。"

10 《短信长别》,第15页。

11 亚克·卡尔松克《来自愉快的暴政——亚克·卡尔松克谈论彼得·汉德克的书〈短信长别〉》,《纽伦堡报》(Nürnberger Nachrichten),1972年3月10日。

12 《汉德克讲述这位莫罗是如何向他讲述的,就像……》,《花花公子》,1975年第10期。

13　米勒，1971年。

14　《守门员面对罚点球时的焦虑》，第57页。

15　海因里希·福姆韦格《面对汉德克的一个守门员》，《世界周刊》，1970年5月12日。

16　《大黄蜂》，第19页。

17　《大黄蜂》，第147页。

18　《世界的重量》，第5页。

19　同上。

20　日记，1976年3月；迈巴赫德语文学档案馆。

21　《世界的重量》，第42页。

22　《守门员面对罚点球时的焦虑》，第108、109页。

23　日记，1976年4月27日；迈巴赫德语文学档案馆。

24　日记，1976年11月—1977年1月。

25　日记，1976年11月—1977年1月，此处：1976年11月20日；迈巴赫德语文学档案馆。

26　《关于恐惧的插画》，《当希冀还有用时》，第101页。

27　《当希冀还有用时》，第102页。

28　《颅顶下的安全》，《当希冀还有用时》，第80页。

29　与迈克尔·麦尔、简科·菲克和托马斯·格茨的谈话，《人类地理》，维也纳，1993年，第24页；引自皮希勒，第198页。

30　同上；也可参见："我清楚自己不是一个离群索居的人，也不是一个靠资产过日子的人。"《痛苦的中国人》，第37页。

31　《短信长别》，第9页。

32 彼得·汉德克写给玛利亚·汉德克的信,1963年1月13日;引自霍勒,第7页。

33 《意大利游记》,1786年11月10日。

34 《短信长别》,第92、93页。

35 《孩子的故事》,第11页。

36 同上。

37 《孩子的故事》,第22页。

38 《明镜》周刊,1970年5月25日。

39 同上。

40 《布里吉特》,1974年7月5日;《侧面》,1973年。

41 彼得·汉德克写给埃里希·舍内曼的信,1973年11月5日;私人物品。

42 《孩子的故事》,第13页。

43 与利普伽特·施瓦茨的谈话,维也纳,2009年8月24日。

44 汉德克将在小说《我在无人湾的岁月》预知到与他第二任妻子索菲·塞敏的分手——在举办婚礼的前一年。索菲后来读到法语译本时,两人已经分开了。

45 《布里吉特》,1974年7月5日。

46 福尔克·哈格《一次逃亡?——不,一次旅行——与彼得·汉德克的一次谈话》。载于《书评》,弗莱堡,1972年2月。

47 同上。

48 《短信长别》,第88页;第16页。

49 《短信长别》,第27页。

50 《短信长别》,第126页。

51 《短信长别》，第9页。

52 《短信长别》，第57页。

53 《孩子的故事》，第42页。

54 同上。

55 《短信长别》，第128页。

56 《孩子的故事》，第37页。

57 《短信长别》，第158、159页。

58 同上。

59 《短信长别》，第98页。

60 赫尔穆特·卡拉塞克《没有普遍化——与彼得·汉德克的一次谈话》，《时代》周刊，1972年3月31日。

61 《短信长别》，第142页。

62 米勒，1971年。

63 《短信长别》，第18页。

64 《短信长别》，第19、20页。

65 《短信长别》，第78页。

66 《当希冀还有用时》，第21页。

67 《短信长别》，第18页。

68 《短信长别》，第135页。

69 《短信长别》，第184页。

70 与阿尔弗雷德·科勒赤的谈话，格拉茨，2009年5月29日。

71 《短信长别》，第102页。

72 《短信长别》，第195页。

73 《人民舞台》,《明镜》周刊,1975年1月。

74 《再见》,《王冠报》专栏,1975年1月3日。

75 《如果这位诗人和这位女明星》,《巴登最新新闻》,1975年1月18日。

76 与布鲁诺·甘茨的谈话,柏林,2010年5月13日。

77 同尾注76。

78 与让娜·莫罗的谈话,巴黎,2010年5月6日。

79 彼得·汉德克写给马尔特·赫尔维希的信,2010年5月14日。

80 日记,1976年3月,迈巴赫德语文学档案馆。

81 日记,册1976年11月—1977年1月;迈巴赫德语文学档案馆。

82 《明镜》周刊,1990年4月16日。

83 《明镜》周刊,1978年6月10日。

84 彼得·汉德克《通过一扇神秘的门进入,那里那些法则消失了》,载于:《彼得·汉德克》,莱蒙德·菲林格主编,美因河畔法兰克福,1985年,第234—241页;第234页。

85 《左撇子女人》,第45、46页。

86 米勒,2007年。

87 《左撇子女人》,第47、48页。

88 与阿米娜·汉德克的谈话,维也纳,2009年8月20日。

89 彼得·汉德克《关于音乐。关于阿米娜·汉德克的插图》,格哈德·梅尔策主编并撰写后记,格拉茨,2003年。

90 奥地利文学档案馆 维也纳,维德里希的藏品,照片盒:照片504号。

91 感谢阿米娜·汉德克提供这张照片。

92 在纪录片《忧郁的浪荡者》中(哈姆2002)。

93 《无欲的悲歌》,第80页。

94 《无欲的悲歌》,第88页。

95 《无欲的悲歌》,第89页。

96 奥地利文学档案馆 维也纳,维德里希的藏品,《无欲的悲歌》卷。

97 《无欲的悲歌》,第10页。

98 彼得·汉德克写给埃里希·舍内曼的信,1962年5月28日;私人物品。

99 《无欲的悲歌》,第45页。

100 《无欲的悲歌》,第93页。

101 《无欲的悲歌》,第44、45页。

102 《无欲的悲歌》,第83页。

103 玛利亚·汉德克写给彼得·汉德克的信,1970年4月28日;奥地利文学档案馆 维也纳。

104 玛利亚·汉德克写给彼得·汉德克的信,1970年5月22日;奥地利文学档案馆 维也纳。

105 玛利亚·汉德克写给彼得·汉德克的信,1970年6月19日。

106 玛利亚·汉德克写给彼得·汉德克的信,1971年6月30日。

107 彼得·汉德克写给埃里希·舍内曼的信,1973年11月5日;私人物品。

108 与彼得·史蒂芬·容克的谈话,巴黎,2009年12月15日。

109 袖珍日历,1972年;奥地利文学档案馆 维也纳。

110 米勒,1971年。

111 《孩子的故事》,第19页。

112 《布里吉特》,1974年7月5日。

113 《孩子的故事》,第40页。

114 《当希冀还有用时》，第17页。

115 《当希冀还有用时》，第13页。

116 《短信长别》，第124页。

117 托尼·迈斯纳《彼得·汉德克对世界有了兴趣》，《晚报》，1974年8月20日。

118 卡尔·克罗洛《汉德克的诗意生活》，《行为》，1974年8月31日。

119 《笨拙的手》，《明镜》周刊，1975年11月3日。

120 《布里吉特》，1974年7月5日。

121 与彼得·汉德克的谈话，沙维勒，2008年1月2日。

122 《摩拉瓦之夜》，第242页。

123 《摩拉瓦之夜》，第245页。

124 日记，1976年3月；迈巴赫德语文学档案馆。

125 与彼得·汉德克的谈话，沙维勒，2008年1月2日。

126 参见尾注125。

127 日记，1975年5月3日；迈巴赫德语文学档案馆。

128 日记，1976年3月15日—1976年4月15日；迈巴赫德语文学档案馆。

129 日记，1976年3月30日；迈巴赫德语文学档案馆。

130 日记，1976年5月4日；迈巴赫德语文学档案馆。

131 与彼得·汉德克的谈话，沙维勒，2008年1月2日。

132 《当希冀还有用时》，第84页。

133 《颅顶下的安全》，《当希冀还有用时》，第71页。

134 与汉斯·汉德克的谈话，格里芬，2009年5月28日。

135 赫尔曼·伦茨《写作有时比言谈容易》，《斯图加特报纸》，1974年

2月9日。

136　袖珍日历，1972年，奥地利文学档案馆　维也纳。

137　《当希冀还有用时》，第100页。

138　《当希冀还有用时》，第86页。

139　赫尔曼·伦茨《写作有时比言谈容易》，《斯图加特报》，1974年2月9日。

140　同上。

141　1975年3月30日。参见《彼得·汉德克　赫尔曼·伦茨：白天的新闻记者》，赫尔穆特·波特迪格等主编，美因河畔法兰克福，2006年，第70页。

142　《一位作者介绍自己——赫尔曼·伦茨在慕尼黑朗诵》，《南德意志报》，1976年2月23日。

143　胡伯特·布尔达（Hubert Burda）《另一种真实——授予彼得·汉德克托马斯·曼奖的颁奖词》，《手稿》2008年第12期。

144　《缓慢的归乡》，第9页。

145　与彼得·汉德克的谈话，沙维勒，2008年1月2日。

146　彼得·汉德克写给瓦尔特·格赖纳特的信，1977年12月27日；奥地利文学档案馆　维也纳。

147　彼得·汉德克写给瓦尔特·格赖纳特的信，1977年12月5日；奥地利文学档案馆　维也纳。

148　彼得·汉德克写给瓦尔特·格赖纳特的信，1977年12月17日；奥地利文学档案馆　维也纳。

149　彼得·汉德克《与齐格弗里德·翁泽尔德在一起的日子（没有时

代之词）》，载于《爱上成功并爱上成功的手段——为了纪念齐格弗里德·翁泽尔德》，美因河畔法兰克福，2003年，第183页。

150　霍勒，第88页。

151　彼得·汉德克《与齐格弗里德·翁泽尔德在一起的时代（没有时代之词）》，载于《爱上成功并爱上成功的手段——为了纪念齐格弗里德·翁泽尔德》，美因河畔法兰克福，2003年，第183页及下一页。

152　《明镜》周刊，1994年。

153　哈姆，2002年。

154　同上。

155　汉德克对在慕尼黑举行的一次朗诵会的听众如此讲述伦茨（《一位作者介绍自己——赫尔曼·伦茨在慕尼黑朗诵》，《南德意志报》，1976年2月23日）。

156　《彼得·汉德克　赫尔曼·伦茨：白天的新闻记者》，赫尔穆特·波特迪格等主编，美因河畔法兰克福，2006年，第131页。

157　彼得·汉德克《致赫尔曼·伦茨的墓前悼词》，《白天的新闻记者》，2006年，第412—414页；第412页。

158　《缓慢的归乡》，第140页。

159　《"这些是促使我写作的事情"——彼得·汉德克与乌尔里希·霍茨关于双影人、亡者、门槛的谈话》，《歌德纪念馆》（Goetheanum）67.4（1988年1月24日）。

第5章

1　《铅笔的故事》，第342页。

2　与彼得·汉德克的谈话，格里芬，2009年5月27日。

3　《侧面》，1973年。

4　彼得·汉德克《当权者粗暴的装腔作势——对共和国纪念日的个人评论》，《新论坛》，1975年7月/8月。

5　《对电视评论的抗议》，《新闻报》，1975年5月20日。

6　彼得·哈耶克（Peter Jajek）《汉德克谈电视中的汉德克》，《信使报》，1969年7月2日。

7　彼得·汉德克《当权者粗暴的装腔作势——对共和国纪念日的个人评论》，《新论坛》，1975年7月/8月。

8　彼得·哈耶克（Peter Jajek）《汉德克谈电视中的汉德克》，《信使报》，1969年7月2日。

9　《孩子的故事》，第97页。

10　《世界的重量》，第21页。

11　《在悬崖窗边的早上》，第98页。

12　《世界的重量》，第345页。

13　《奥地利和那些作家（以弗兰茨·纳布尔为例）》，《我的路标——我的时间表1967—2007》，第304—307页；第304页及下一页。

14　彼得·汉德克《当权者粗暴的装腔作势——对共和国纪念日的个人品论》。

15　同上。

16　汉斯·海德《奥地利现象》，《新闻报》，1978年7月18日。

17　《关于乡村》，第26页。

18　《提问的游戏或去往洪亮国度的旅行》，第474页。

19 《去往第九王国》,第326页。

20 彼得·汉德克写给埃里希·舍内曼的信,1976年6月2日;私人物品。

21 汉斯·海德《奥地利现象》,《新闻报》,1978年7月18日。

22 米勒,2007年。

23 《我不想被他人崇拜》,与雷纳特·波萨尼格的访谈,《明星》周刊,40/1982。

24 《日常生活一如死水》,《明镜》周刊,16/1990。

25 彼得·汉德克写给埃里希·舍内曼的信,1976年4月5日;私人物品:"目前我都在巴黎,因为我的身体状况不是特别好。由于心脏问题,我在医院被观察了六天,进一步的检查将显示更多结果。我还有些疲惫。"

26 《我在无人湾的岁月》,第11页。

27 彼得·汉德克写给赫尔曼·伦茨的信,1979年2月8日。

28 米勒,1972年。

29 《"我是一个幸运儿"——克劳斯·佩曼与安德烈·米勒的访谈》,《时代》周刊,1988年5月26日。

30 彼得·汉德克写给克劳斯·佩曼的信,1989年1月11日;引自《佩曼从A到Z》,柏林,2008年,第260页。

31 《日常生活一如死水》,《明镜》周刊,16/1990。

32 《缓慢的归乡》,第194页,第205页。

33 《在悬崖窗边的早上》,第392页。

34 《缓慢的归乡》,第143页。

35 与彼得·汉德克的谈话,沙维勒,2008年1月2日。

36 《漫步的结束》,第157页及下一页。

37 《重温之想象》，第39页。

38 日记，1986年12月9日。

39 《铅笔的故事》，第310页。

40 与彼得·汉德克的谈话，沙维勒，2009年3月11日。

41 《布拉卡·卡里奇基金会》的文件，2000年9月；帕特里夏·海史密斯写给彼得汉德克的信，1981年5月18日；记事本，1985年2月14日；奥地利文学档案馆 维也纳。

42 与汉斯·维德里希的谈话，萨尔茨堡，2009年5月25日。

43 维德里希《彼得·汉德克和僧侣山——一篇个人报道》，《打字稿》。

44 彼得·汉德克写给汉斯·维德里希的信，1978年12月17日；私人物品。

45 与汉斯·维德里希的谈话，萨尔茨堡，2009年5月25日。

46 《在悬崖窗边的早上》，第221页。

47 彼得·汉德克写给瓦尔特·格赖纳特的信，1979年9月3日；奥地利文学档案馆 维也纳。

48 《在悬崖窗边的早上》，第122页，第5页。

49 彼得·汉德克写给瓦尔特·格赖纳特的信，1979年10月17日；奥地利文学档案馆 维也纳。

50 彼得·汉德克写给埃里希·舍内曼的信，1979年9月21日；私人物品。

51 《孩子的故事》，第65页。

52 齐格弗里德·舒伯《美女和诗人——爱情肖像》，《时代》杂志，1985年12月6日。

53 《一个作家的下午》，第5页。

54 日记，1987年4月29日。

55 《日常生活一如死水》,《明镜》周刊,16/1990。

56 《一个作家的下午》,第8页。

57 《一个作家的下午》,第11页。

58 与汉斯·维德里希的谈话,萨尔茨堡,2009年5月25日。

59 《痛苦的中国人》,第147页。

60 《侧面》,1981年4月27日。

61 《一个作家的下午》,第48页。

62 《一个作家的下午》,第44页。

63 《在悬崖窗边的早上》,第103页。

64 米勒,1988年。

65 《在悬崖窗边的早上》,第100页。

66 《痛苦的中国人》,第108页。

67 《痛苦的中国人》,第241页。

68 《痛苦的中国人》,第97页。

69 与汉斯·维德里希的谈话,萨尔茨堡,2009年5月25日。

70 彼得·汉德克写给埃里希·舍内曼的信,1976年3月4日;私人物品。

71 与彼得·汉德克的谈话,沙维勒,2009年3月11日。

72 《彼得·汉德克被骗了遗产吗? 因为逃跑受阻百万骗子麻醉了他的狗》,《克恩滕日报》,1981年1月9日。

73 彼得·汉德克写给沃尔夫冈·沙夫勒的信,1981年1月23日;奥地利文学档案馆 维也纳。

74 《关于乡村》,第13页。

75 与汉斯·维德里希的谈话,萨尔茨堡,2009年5月25日。

76 《关于乡村》，第121页。

77 与汉斯·汉德克的谈话，格里芬，2009年5月25日。

78 《关于乡村》，第94页。

79 阿道夫·哈斯林格《注意，大黄蜂！关于彼得·汉德克的早期散文》，载于《彼得·汉德克 —— 世界的缓慢》，1993年，第98页。

80 格哈德·福克斯《对一个被治愈世界的向往 —— 彼得·汉德克后期散文中的"写作运动"》，载于《彼得·汉德克 —— 世界的缓慢》，1993年，第115页。

81 《我不想被他人崇拜》。与雷纳特·波萨尼格的访谈，《明星》周刊，40/1982。

82 《关于乡村》，第110页。

83 《铅笔的故事》，第231页。

84 《圣山启示录》，第91页及以下两页。参见多米尼卡·凯斯多夫写给彼得·汉德克的信，1980年3月23日；奥地利文学档案馆 维也纳。

85 《关于乡村》，第28页。

86 汉斯·汉德克写给彼得·汉德克的信，1979年10月10日和1980年3月21日；奥地利文学档案馆 维也纳。

87 布鲁诺·汉德克写给彼得·汉德克的信，1977年1月23日；奥地利文学档案馆 维也纳。

88 莫妮卡·拉菲纳写给彼得·汉德克的信，1975年1月12日；奥地利文学档案馆 维也纳。

89 《关于乡村》，第16页。

90 《关于乡村》，第20页。

91　《关于乡村》，第11页及下一页。

92　与汉斯·汉德克的谈话，格里芬，2009年5月28日。

93　《关于乡村》，第93页。

94　《关于乡村》，第46页。

95　与汉斯·汉德克的谈话，格里芬，2009年5月25日。

96　与汉斯·维德里希的谈话，萨尔茨堡，2009年5月25日。

97　与彼得·汉德克的谈话，沙维勒，2008年1月2日。

98　与汉斯·维德里希的谈话，萨尔茨堡，2009年5月25日。

99　日记，1985年9月19日；迈巴赫德语文学档案馆。

100　《孩子的故事》，第7页。

101　与玛丽·库滨的谈话，萨尔茨堡，2009年8月8日。

102　与汉斯·维德里希的谈话，萨尔茨堡，2009年8月9日。

103　齐格弗里德·舒伯《美女和诗人——爱情肖像》，《时代》杂志，1985年。

104　与布鲁诺·甘茨的谈话，柏林，2010年5月13日。

105　齐格弗里德·舒伯，参见注释103。

106　《玛丽·库滨与彼得·汉德克：特别形式的爱情》，《画报》，1986年1月7日。

107　彼得·汉德克写与玛丽·库滨的信，5月29日（没有年份）；私人物品。

108　参见注释103。

109　《寻找美——找到了库滨》，《汉堡晨报》，1986年12月23日。

110　彼得·汉德克写给玛丽·库滨的信，杜奇德奥斯塔宾馆，地利亚斯特，1985年9月6日，9点钟。

111　与布鲁诺·甘茨的谈话，柏林，2010年5月13日。

112　与阿尔弗雷德·科勒赤的谈话，格拉茨，2009年5月29日。

113　与米夏埃尔·克吕格尔的谈话，慕尼黑，2009年7月11日。

114　与玛丽·库滨的谈话，萨尔茨堡，2009年8月8日。

115　玛丽·库滨《你是法西斯主义思想家》，《格式》，1999年5月24日。

116　同上。

117　与彼得·汉德克的谈话，沙维勒，2009年3月11日。

118　参见注释117。

119　参见注释117。

120　《摩拉瓦之夜》，第131页。

121　彼得·汉德克写给玛丽·库滨的信，1986年2月22日。

122　《时代》杂志，1985年。

123　《关于乡村》，第45页。

124　彼得·汉德克写给玛丽·库滨的信，1990年8月8日；私人物品。

125　《摩拉瓦之夜》，第452页。

第6章

1　日记，2006年3月21日；私人物品。

2　汉德克为斯洛博丹·米洛舍维奇在波扎雷瓦茨举行的葬礼准备的演讲稿，2006年3月18日；奥地利文学档案馆　维也纳。

3　指的是《戴米拉·戴米埃尔之塔》。

4　《与南斯拉夫的漫长告别》，《新苏黎世报》，2006年6月17日。

5　同上。

6　与彼得·汉德克的谈话，沙维勒，2009年12月16日。

7 《"反对聒噪者和煽动者"——彼得·汉德克接受 News 的采访谈他为斯洛博丹·米洛舍维奇发表的悼词》，News，2006年3月23日。

8 日记，2006年3月21日；私人物品。

9 《"反对聒噪者和煽动者"》，参见注释7。

10 汉德克为斯洛博丹·米洛舍维奇在波扎雷瓦茨举行的葬礼准备的演讲稿，2006年3月18日；奥地利文学档案馆 维也纳。

11 同上。

12 与彼得·汉德克的谈话，沙维勒，2009年12月16日。

13 参见注释12。

14 日记，2006年3月21日；私人物品。

15 卢特·瓦伦蒂尼《彼得·汉德克在波扎雷瓦茨》，《新观察家》，2006年4月6日。

16 彼得·汉德克《最后几乎什么都无法被理解》，《南德意志报》，2006年5月31日。

17 同上。

18 与胡伯特·布尔达的谈话，巴特维西，2009年7月11日。

19 与彼得·史蒂芬·容克的谈话，巴黎，2009年12月15日。

20 日记，1985年12月16日；迈巴赫德语文学档案馆。

21 彼得·汉德克写给埃里希·舍内曼的信，1964年6月17日；私人物品。

22 彼得·汉德克写给埃里希·舍内曼的信，1964年8月6日；私人物品。

23 同上。

24 《摩拉瓦之夜》，第130—132页。

25 彼得·汉德克写给埃里希·舍内曼的信，1964年8月6日；私人物品。

26 彼得·汉德克写给埃里希·舍内曼的信,1964年9月30日;私人物品。

27 《摩拉瓦之夜》,第131页。

28 与彼得·汉德克的谈话,沙维勒,2009年12月16日。

29 《摩拉瓦之夜》,第131页及下一页。

30 《摩拉瓦之夜》,第135页。

31 《漫步的结束》,第156页。

32 与阿尔弗雷德·科勒赤的谈话,格拉茨,2009年5月29日。

33 与米夏埃尔·克吕格尔的谈话,慕尼黑,2009年7月11日。

34 日记,2006年3月21日;私人物品。

35 《摩拉瓦之夜》,第35页。

36 哈姆,2002年。

37 《在悬崖窗边的早上》,第461页,第364页。

38 彼得·汉德克给阿米娜·汉德克的信,1987年8月24日,奥地利文学档案馆 维也纳。

39 汉斯·维德里希《彼得·汉德克和僧侣山——一篇个人报道》,《打字稿》。

40 《在悬崖窗边的早上》,第541页。

41 《明星》周刊采访,1994年12月22日。

42 《昨日在路上》(GU),第226页。

43 《昨日在路上》,第29页。

44 《再次献给修昔底德》(*Thukydides*),第88页及以下两页。

45 《字母–旅行》(德国电视二台),1975年。

46 《试论三部曲:试论疲倦,试论点唱机,试论成功的日子》,第102页及下一页。

47　彼得·汉德克写给瓦尔特·格赖纳特的信，1992年12月13日；奥地利文学档案馆 维也纳。

48　彼得·汉德克写给埃里希·舍内曼的信，1990年10月15日；私人物品。

49　彼得·汉德克写给埃里希·舍内曼的信，1991年2月14日；私人物品。

50　彼得·汉德克写给格赖纳特夫妇的信，1991年2月9日；奥地利文学档案馆 维也纳。

51　《我喜欢做不合礼仪之事》，《明星》周刊，2006年9月28日。

52　同上。

53　彼得·汉德克写给埃里希·舍内曼的信，10月30日；私人物品。

54　彼得·汉德克写给埃里希·舍内曼的信，1991年2月14日；私人物品。

55　日记，1996年1月4日；私人物品。

56　彼得·汉德克写给马尔特·赫尔维希的信，2019年12月17日。

57　彼得·汉德克写给埃里希·舍内曼的信，1991年4月15日；私人物品。

58　彼得·汉德克写给埃里希·舍内曼的信，1991年9月24日；私人物品。

59　彼得·汉德克写给兹拉特科·博科基奇的信，1991年9月9日；奥地利文学档案馆 维也纳。

60　彼得·汉德克写给埃里希·舍内曼的信，1991年9月24日；私人物品。

61　彼得·汉德克写给埃里希·舍内曼的信，1991年12月23日；私人物品。

62　彼得·汉德克写给埃里希·舍内曼的信，1992年11月5日；私人物品。

63　莱蒙德·菲林格《"写作:退休"——〈我在无人湾的岁月〉的诞生》，载于《彼得·汉德克:写作的自由——文字的秩序》，克劳斯·拉斯特伯格主编，维也纳，2009年，第133—142页，第133页。

64　《时不时有小鬼刺我》,《明星》周刊,1994年12月22日。

65　《在悬崖窗边的早上》,第416页。

66　《摩拉瓦之夜》,第130页。

67　《在悬崖窗边的早上》,第381页。

68　彼得·汉德克写给瓦尔特·格赖纳特的信,1994年5月12日;奥地利文学档案馆 维也纳。

69　《我喜欢做不合礼仪之事》,《明星》周刊,2006年9月28日。

70　《我在无人湾的岁月》,第18页。

71　同上。

72　《我在无人湾的岁月》,第40页。

73　《我在无人湾的岁月》,第43页。

74　《重温之想象》,第94页。

75　与布鲁诺·甘茨的谈话,柏林,2010年5月13日。

76　《我在无人湾的岁月》,第41页。

77　与汉斯·维德里希的谈话,萨尔茨堡,2009年8月9日。

78　《我在无人湾的岁月》,第1067页。

79　《我在无人湾的岁月》,第699页。

80　《我在无人湾的岁月》,第348页及下一页。

81　《我在无人湾的岁月》,第364页。

82　例如日记,1996年1月4日;私人物品。

83　日记,1996年1月4日;私人物品。

84　《我在无人湾的岁月》,第15页。

85　与汉德克的对话,沙维勒,2019年11月21日。

86 《重温之想象》,第54页。

87 《我在无人湾的岁月》,第17页。

88 《我在无人湾的岁月》,第56页。

89 《我在无人湾的岁月》,第22页。

90 参见第306页。

91 与彼得·史蒂芬·容克的谈话,巴黎,2009年12月15日。

92 日记,1996年1月5日;私人物品。

93 日记,1996年1月15日;私人物品。

94 分两部分发表在1996年1月5/6日和1月13/14日。

95 《再次为了南斯拉夫:彼得·汉德克》,托马斯·戴希曼主编,美因河畔法兰克福,1999年,第208页及下一页。

96 日记,1996年1月20日;私人物品。

97 《多瑙河、萨瓦河、摩拉瓦河和德里纳河冬日之行或给予塞尔维亚的正义》,第133页。

98 《多瑙河、萨瓦河、摩拉瓦河和德里纳河冬日之行或给予塞尔维亚的正义》,第102页及下一页。

99 《我在无人湾的岁月》,第19页及下一页。

100 《世界的重量》,第224页。

101 《黑夜中我走出寂静的家》,第96页。

102 与彼得·汉德克的谈话,沙维勒,2008年1月2日。

103 《缓慢的归乡》,第177页及下一页。

104 《多瑙河、萨瓦河、摩拉瓦河和德里纳河冬日之行或给予塞尔维亚的正义》,第134页。

105 《重温之想象》，第51页。

106 《柏林苍穹下——彼得·汉德克和维姆·文德斯创作的电影剧本》，美因河畔法兰克福 [o.D.]，第57页。

107 维姆·文德斯写给马尔特·赫尔维希的信，2010年1月23日。

108 彼得·汉德克写给瓦尔特·格赖纳特的信，1996年5月1日。

109 日记，1996年1月30日。

110 日记，1996年1月15日。

111 日记，1996年1月19日。

112 日记，1996年1月20日。

113 日记，1996年1月17日。

114 彼得·汉德克写给瓦尔特·格赖纳特的信，1996年12月1日；奥地利文学档案馆 维也纳。

115 日记，1996年；私人物品。

116 《多瑙河、萨瓦河、摩拉瓦河和德里纳河冬日之行或给予塞尔维亚的正义》，第37页及下一页。

117 《多瑙河、萨瓦河、摩拉瓦河和德里纳河冬日之行或给予塞尔维亚的正义》，第38页。

118 《多瑙河、萨瓦河、摩拉瓦河和德里纳河冬日之行或给予塞尔维亚的正义》，第42页。

119 《围绕这个大法庭》，第62页。

120 《多瑙河、萨瓦河、摩拉瓦河和德里纳河冬日之行或给予塞尔维亚的正义》，第45页。

121 与彼得·汉德克的谈话，沙维勒，2009年12月16日。

122 参见注释119。

123 同上。

124 同上。

125 拉多万·卡拉季奇写给马尔特·赫尔维希的信,2009年11月30日。

126 与彼得·汉德克的谈话,沙维勒,2009年12月16日。

127 《戴米拉·戴米埃尔之塔》,第30页。

第7章

1 《图像消失》,第5页。

2 伊本·阿拉比《世界之树》,2000年;私人物品。

3 《图像消失》,第21页。

4 《颅顶下的安全》,《我的路标——我的时间表1967—2007》,第67页及以下两页。

5 与彼得·汉德克的谈话,沙维勒,2009年12月16日。

6 参见注释5。

7 哈姆,2002年。

8 同上。

9 同上。

10 彼得·汉德克写给埃里希·舍内曼的信,1962年11月29—30日;私人物品。

11 《围绕这个大法庭》,第12页。

12 《围绕这个大法庭》,第11页。

13 《没有诗意的生活》,第147页。

14　《孩子的故事》，第74页。

15　与彼得·汉德克的谈话，沙维勒，2009年12月16日。

16　《孩子的故事》，第74页。

17　与彼得·汉德克的谈话，沙维勒，2009年12月16日。

18　《戴米拉·戴米埃尔之塔》，第17页。

19　《对滥杀无辜的建议》，《墨鱼 文学年鉴》，1968年第1期，第26页及下一页。

20　与安德烈·米勒的访谈，1978年6月。发表在《剥夺》，慕尼黑，1979年。

21　与阿米娜·汉德克的谈话，维也纳，2009年8月20日。

22　米勒，1988年。

23　与布鲁诺·甘茨的谈话，柏林，2010年5月13日。

24　与阿尔弗雷德·科勒赤的谈话，格拉茨，2009年5月29日。

25　阿尔弗雷德·科勒赤写给彼得·汉德克的信，1979年3月7日；私人物品。

26　与约亨·荣格的谈话，萨尔茨堡，2009年8月10日和10月7日。

27　乌拉·翁泽尔德-贝尔凯维奇写给马尔特·赫尔维希的信，2009年9月18日。

28　在这场风暴平息后，翁泽尔德的儿子约阿希姆把书偷偷地从纸篓里捡了出来并再次让莱希-拉尼茨基签了名（与约阿希姆·翁泽尔德的谈话，美因河畔法兰克福，2009年10月15日），这位评论家本人至今还未对汉德克发表过观点。"另外我请您注意，"让莱希-拉尼茨基在回答问题时解释说，"我也发表过很多关于汉德克的正面内容。"（马塞尔·莱

希-拉尼茨基写给马尔特·赫尔维希的信,2010年5月3日)

29 《戴米拉·戴米埃尔之塔》,第18页。

30 彼得·汉德克写给齐格弗里德·翁泽尔德的信,1981年2月25日;奥地利文学档案馆 维也纳。

31 《戴米拉·戴米埃尔之塔》,第18页。

32 与彼得·汉德克的谈话,沙维勒,2009年9月10日。

33 与彼得·史蒂芬·容克的谈话,巴黎,2009年12月15日。

34 与阿尔弗雷德·科勒赤的谈话,格拉茨,2009年5月29日。

35 与彼得·史蒂芬·容克的谈话,巴黎,2009年12月15日。

36 与阿尔弗雷德·科勒赤的谈话,格拉茨,2009年5月29日。

37 阿尔弗雷德·科勒赤写给彼得·汉德克的信,1979年3月7日;私人物品。

38 与约亨·荣格的谈话,萨尔茨堡,2009年8月10日。

39 与索菲·塞敏的谈话,巴黎,2009年12月17日。

40 与胡伯特·布尔达的谈话,巴特维西,2009年7月11日。

41 维姆·文德斯写给马尔特·赫尔维希的信,2009年7月30日。

42 与卢克·邦迪的谈话,巴黎,2009年7月8日。

43 卢克·邦迪《窗边》,维也纳,2009年。

44 同上,第38页。

45 《在悬崖窗边的早上》,第94页。

46 与胡伯特·布尔达的谈话,巴特维西,2009年7月11日。

47 与布鲁诺·甘茨的谈话,柏林,2010年5月13日。

48 卢克·邦迪《窗边》,维也纳,2009年,第38页。

49　同上，第101页。

50　与彼得·史蒂芬·容克的谈话，巴黎，2009年12月15日。

51　彼得·汉德克《没有感知的告密》，《明镜》周刊，1975年3月17日。

52　卡琳·斯特鲁克写给彼得·汉德克的信，1975年2月15日和7月26日；奥地利文学档案馆　维也纳。

53　与汉斯·维德里希的谈话，萨尔茨堡，2009年5月25日。

54　《摩拉瓦之夜》，第242页及下一页。

55　与利普伽特·施瓦茨的谈话，维也纳，2009年8月24日。

56　与玛丽·库滨的谈话，萨尔茨堡，2009年8月8日。

57　与索菲·塞敏的谈话，巴黎，2009年12月17日。

58　彼得·格鲁布米勒《玛丽·库滨：回首过去》，《上奥地利州新闻》，2010年8月4日。

59　《光的一个问题或直到这一天把你们分开：一个内心独白》，第14页。

60　日记，1987年5月13日；迈巴赫文学档案馆。

61　与索菲·塞敏的谈话，巴黎，2009年12月17日。

62　《摩拉瓦之夜》，第23页。

63　《摩拉瓦之夜》，第272页。

64　《摩拉瓦之夜》，第269页及以下两页。除了曾经的德国外交部长约什卡·费舍尔以及美国总统乔治·沃克·布什，汉德克在这里也把三位反对者的名字隐藏到一个名字当中：在这个怪物"伯恩哈德·辛里奇·格鲁克斯克劳特"（Bernhard-Hinrich Glückskraut）的名字中隐藏着三位法国知识分子的名字，分别是Bernhard-Henri Lévy、Alain Finkielkraut和André Glucksmann，在与南斯拉夫有关的讨论中，他们是汉德克的反对者。

65　与彼得·汉德克的谈话，沙维勒，2009年12月16日。

66　参见注释65。

67　约瑟夫·麦克布莱德《寻找约翰·福特——一种生活》，2003年，由马尔特·赫尔维希翻译。

68　同上。

69　与彼得·汉德克的谈话，沙维勒，2009年12月16日。

70　德国军人服务局问讯处，2010年2月15日。

71　彼得·汉德克写给埃里希·舍内曼的信，1962年4月18日；私人物品。

72　《去往第九王国》，第174页。

73　《去往第九王国》，第176页。

74　《去往第九王国》，第185页。

75　《在悬崖窗边的早上》，第540页。

76　《摩拉瓦之夜》，第494页。

77　日记，1996年1月10日；私人物品。

78　《摩拉瓦之夜》，第481页。

79　日记，2008年3月5日；私人物品。

80　日记，2006年3月2日；私人物品。

81　日记，2007年10月20日；私人物品。

82　日记，2008年1月4日；私人物品。

83　与彼得·汉德克的谈话，沙维勒，2009年3月11日。

84　格里高尔·肖茨，1942年10月8日；私人物品。

85　格里高尔·肖茨，1943年10月16日；私人物品。

86　日记，2008年1月4日；私人物品。

87　与彼得·汉德克的谈话，沙维勒，2009年3月11日。

88　《风暴依旧》，第161页。

89　《风暴依旧》，第121页。

90　《风暴依旧》，第80页。

91　《风暴依旧》，第154页。

92　《风暴依旧》，第43页。

93　格里高尔·肖茨，1942年11月10日；私人物品。

94　《风暴依旧》，第162页。

95　《去往第九王国》，第161页。

96　《去往第九王国》，第164页。

第8章

1　与莱因哈特·穆萨通电话，2009年3月24日。

2　与汉德克的对话，沙维勒，2019年11月21日。

3　在巴黎的谈话，2019年11月20日。

4　海米托·封·多德勒《斯特鲁德霍夫台阶》，第859页。

5　《深夜在树影墙前》，第797页。

6　https://opcija.net/andricgrad-kusturicaodrzao-predavanje-peterhandke-apostol-istine/，最近一次检索时间是2020年2月4日。

7　推特上的萨沙·斯塔尼西奇，Twitter, 14.10.2019. https://twitter.com/sasa_s/status/1194162885146099712?s=20，2020年2月4日检索衔接内容。

8　安德斯·奥尔森写给"波斯尼亚和黑塞哥维那出版商团体"的信，斯德哥尔摩，2019年11月15日。英语由马尔特·赫尔维希译成德语。

9 引自《新闻报》，2019年10月17日。

10 《亨里克·彼得森的观点声明，诺贝尔奖委员会成员》，《明镜》周刊线上，2019年10月17日。https://www.spiegel.de/kultur/ literatur/peter-handkestellungnahme-akademie-mitglied-petersena-1292062.html，最近一次检索时间是2020年3月5日。

11 这就是这位有远见的文学评论家保尔·简德在《新苏黎世报》上发表的结论，2020年2月27日。

12 《卡尔·奥韦·克瑙斯高追忆〈我的奋斗〉》，《纽约客》，2018年11月11日。

13 引自《小报》，2019年11月4日。

14 同上。

15 《暴风雨》中空中的精灵爱丽儿如此说道，第Ⅰ幕，第2场。

16 《偷水果的姑娘》，第42页。

17 《信使报》，2019年10月16日。

18 https://kaernten.orf.at/stories/3017432/，最近一次检索时间是2020年2月14日。

19 https://kaernten.orf.at/stories/3017432/，最近一次检索时间是2020年2月14日。

20 《南德意志报》，2019年11月22日。https://www.sueddeutsche.de/kultur/ peter-handke-weiteresinterview-abgebrochen-1.4693666，最近一次检索时间是2019年2月14日。

21 德国广播电台，2019年11月21日。https://www.deutschlandfunkkultur.de/peter-handkesinterview-er-schmettertalles-ab.1270.de.html，最近一次检

索时间是2020年2月14日。

22 《南德意志报》，2019年10月16日。

23 https://www.suhrkamp.de/werkausgabe/peter_handke_bibliothek_221.html，最近一次检索是2020年2月5日。

24 关于汉德克写的南斯拉夫文章的争论，参见施图克的概述《他和他的南斯拉夫》。《处于文学、媒体和政治紧张区域中的彼得·汉德克》，莱比锡，2013年。

25 与汉德克的对话，沙维勒，2019年11月21日。

26 同上。

27 参见译者安德鲁·哈默尔的博客上对使用英语的读者有用的辅助信息：https://andrewhammel.blog/2019/10/22/a-fake-quotefrom-peter-handke-inthe-new-yorktimesand-everywhere-else/，最近一次检索时间是2020年2月2日。

28 引自《汉德克谈论斯雷布雷尼察》，《南德意志报》，2019年10月25日。

29 彼得·汉德克《最后几乎什么都无法被理解》，《南德意志报》，2010年5月19日。

30 《异端信件》，第169册，2011年9月/10月。

31 引自《汉德克谈论斯雷布雷尼察》，《南德意志报》，2019年10月25日。

32 赫蒙《纽约时报》。

33 《文章集2》，第361页。

34 与沃尔夫冈·佩特里奇的电话通话，2019年11月28日。

35 在巴黎的对话，2008年9月10日。

36 https://handkeonline.onb.ac.at/node/2495，最近一次检索时间是2020

年2月6日。

37　《最新事件编年史》，《小报》，2019年11月21日。

38　与汉德克的对话，沙维勒，2019年11月21日。

39　https://orf.at/stories/3143495/，最近一次检索时间是2020年2月6日。

40　在节目《诺贝尔文学奖 关于彼得·汉德克的争议》中的采访，2019年11月28日发送给了法德合资公共电视台（ARTE）。

41　https://www.ots.at/presseaussendung/OTS_20191114_OTS0164/peter-handke-und-derliteratur-nobelpreis，最近一次检索时间是2020年2月6日。签名者中除了有倡议者丹尼尔·威瑟、多隆·拉比诺维奇、茱莉亚·拉比诺维希和克劳斯·卡斯特伯格之外，还有汉德克的传记作家。

42　与汉德克的对话，沙维勒，2019年11月21日。

43　《克恩滕日报》，1967年11月30日。

44　与汉德克的对话，沙维勒，2019年11月21日。

45　参见第5章，《生活是一个建筑工地》。

46　以玛格丽特·斯托科夫斯基为例，她把作品和艺术家的区分成为"狡诈的垃圾分类"。https://www.spiegel.de/kultur/gesellschaft/peter-handke-und-dernobelpreis-perfide-muelltrennung-a-1291617.html，更加难以捉摸的是女编辑多丽丝·阿克拉普，她在《日报》里直接骂汉德克是"王八蛋"。https://taz.de/Nobelpreis-fuerPeter-Handke/!5644647/，最近一次检索时间是2019年12月10日。

47　《世界的重量》，第345页。

48　《孩子的故事》，第74页；《第二把剑》，第71页；参见第7章《诗人的临时军事法庭》。

49　2020年3月9日进行的对话。

50　希尔薇·马顿《斯雷布雷尼察小事》和露易丝·兰布里西斯《汉德克，一件有益的事情》，《解放报》，2006年5月15日。

51　《抱歉让您向我解释》，《解放报》。汉德克在回复中承认，他在《无欲的悲歌》中谴责他的父亲是"政党一员"。写这部作品时，他二十九岁，当时他恨他的父亲并且一直在寻找他的过责证明。如今他对此感到遗憾并认识到，曾有形形色色的纳粹党员。

52　《无欲的悲歌》，汉德克图书馆，散文I，第726页。

53　参见《第二把剑：一个魔法故事》，第73页及下一页。对这部作品的评论详见 https://onlinemerker.com/wien-kasinowunschloses-unglueck/, sowie Lothar Strucks Besprechung http://www.glanzundelend.de/Red20/g-i-20/peterhandke-das-zweiteschwert-lothar-struck.htm，最近一次检索时间是2020年2月22日。

54　与汉德克的对话，沙维勒，2019年11月21日。

55　与汉德克的对话，沙维勒，2019年11月21日。参见《第二把剑：一个魔法故事》，第50页。

56　与汉德克的对话，沙维勒，2019年11月21日。

57　《路加福音》第22章，36—38节，载于《第二把剑：一个魔法故事》，第7页。

58　《第二把剑：一个魔法故事》，第72页。

59　《第二把剑：一个魔法故事》，第157页。

60　《第二把剑：一个魔法故事》，第154页。

61　《歌德作品集》，第2卷，埃里希特伦茨主编，慕尼黑，1981年，第19页。

62 安德烈亚斯·普拉特豪斯《证人》,《法兰克福汇报》,2019年12月6日。

63 沃尔夫冈·胡伯-朗《再次打断一个谈话——彼得·汉德克:我们到此为止 请您离开这座房子》,《小报》,2019年11月22日。

64 《深夜在树影墙前》(BSW),汉德克图书馆,期刊3,第1007页。

65 同上。

66 《深夜在树影墙前》,第798页。

67 《偷水果的姑娘》,第55页。

68 《偷水果的姑娘》,第33页。

69 托马斯·斯特尔那斯·艾略特《神木和早期主要散文》,伦敦,1998年,第33页。

70 《深夜在树影墙前》,第1062页。

71 《深夜在树影墙前》,第1121页。

72 《深夜在树影墙前》,第1012页。

73 同上。

74 《深夜在树影墙前》,第1058页。

75 《深夜在树影墙前》,第1124页。

76 《深夜在树影墙前》,第821页。

77 《深夜在树影墙前》,第1114页。

78 《歌德作品集》,第2卷,埃里希特伦茨主编,慕尼黑,1981年,第135页。

79 《第二把剑:一个魔法故事》,第26页。

80 《深夜在树影墙前》,第828页。

81 《深夜在树影墙前》,第779页。

82　与汉德克的对话，沙维勒，2019年11月21日。

83　同上。

84　《彼得·汉德克的诺贝尔课 2019年诺贝尔文学奖获得者》，印刷品，诺贝尔基金会，2019年，1。

85　HB [= 汉德克文集] 文章 II，第61页。

86　《深夜在树影墙前》，第855页。

87　在斯德哥尔摩的谈话，2019年12月10日。

88　赫尔曼·黑塞《书信集1936—1948》，法兰克福，1982年，第385页。

89　与汉德克的对话，沙维勒，2008年1月2日。

90　《格拉森被鬼附身的人被治愈的故事》，《马太福音》第5章，1—20节。也可参见《路加福音》第8章，26—29节。

91　与汉德克的对话，沙维勒，2019年11月21日。

92　也可参见《深夜在树影墙前》里的笔记："你应该让你的魔鬼动起来！"（十一戒中的一戒）《深夜在树影墙前》，第892页；"无辜之人"：那些并非恶魔的人——那些身边没有魔鬼，没有一个好的魔鬼也没有一个有恶鬼——激发出魔鬼体内最深的邪恶？《深夜在树影墙前》，第1039页；《我拒绝驱逐我的魔鬼 否则我又如何能看见天使》（阿多尼斯）《深夜在树影墙前》，第1044页。

译后记

汉德克的写作有一种神奇的魅力。在阅读他的作品时，你会情不自禁地进入到他的文学世界当中并与他的文字同频共振，比如会同情《无欲的悲歌》中那位有欲而不得求的母亲并为她的迷茫挣扎感到痛心；会为《左撇子女人》中那位走上独立之路的母亲感到欣慰甚至受到鼓舞；身处这个不知疲倦的绩效社会中，会逐渐理解《试论疲倦》中各种各样的疲倦已经成为个体感知世界的一种方式；在一些尴尬、孤独的时刻，会突然明白《试论寂静之地》中的"寂静之地"厕所原来真如汉德克所说，是一个抵挡噪声和困扰的"庇护所"和"隐居处"。汉德克的作品让人产生共鸣的同时，他反传统的写作方式和时而流畅、时而晦涩的语言又"让读者感到迷惘，让文学评论家感到尴尬甚至恼怒不堪"。这时，我们或许想知道，汉德克到底是一个什么样的人，他的一言一行为何会引发那么多争论，他又为何成为西方世界眼中"经典的麻烦制造者""意识形态的怪物""内向的自恋者""活着的经典"和"活在象牙塔里"的作家。赫尔维希的这本传记,或许能帮助读者撕掉附加在汉德克身上的种种标签,还原一个"真实"的汉德克。

这本传记记录了汉德克的人生变化:童年、青年、先锋作家、抹去了"先锋"的作家、"古典"作家、始终保持犀利与棱角的作家、始终追求"新"与"变"的作家。在叙述汉德克的生平时,传记作者并没有严格按照线性时间进行叙述,而是按照不同的主题进行刻画:战争、写作、名誉、门槛、家乡、南斯拉夫、天选之子。在这本传记中,这些主题互为交错,相互映照,它们成为理解汉德克的关键词,让读者在对汉德克有所了解后,可以自行判断文学评论中诸如"在他的语言里,他是最好的作家"这样的句子到底是抬高之语还是揶揄之词。依托这本传记,汉德克不再是西方媒体眼中那位永远在挑衅、永远在愤怒的作家,而是一个丰富立体的、有血有肉的人。

我们生活在一个"图像消失"的时代,这也是汉德克一部小说的名字。各式各样的媒介制造出众多让人眼花缭乱的图像,它们貌似在丰富着我们紧张而又疲惫的生活,但图像爆炸的背后,其实是我们生活中真实图像的消失。汉德克一直在追求"真":真实的语言,"主观真实性"的写作,自我的"真实"。他对真实的追求、对"文学与语言的纯净"的捍卫、对新时代种种现象的冷静思考,在善于虚构、制造效果、博人眼球、难分真假的新媒体时代,可谓一股清泉,我们在看向清泉的同时,也看见了自己。

这本传记引用了不少汉德克作品中的德语原文,中文译文参考了韩瑞祥教授主编的包括《守门员面对罚点球时的焦虑》《骂观众》《左撇子女人》《无欲的悲歌》《去往第九王国》《缓慢的归乡》《形同陌路的时刻》《痛苦的中国人》和《试论疲倦》在内的世纪文景出版的《汉德克文集》,在此对各位译者表示感谢。对于在译书过程中给予本人无私帮助和支持的师长和朋友,译者在此表示深深的谢意:北京外国语大学韩瑞祥教授、人民文学出版社欧阳韬编辑,北京理工大学 Christoph Deupmann 教授和 Ulrich Jörg 博士,北京外国语大学顾牧教授、一起探讨文学的朋友南鑫。

张培
2024年1月